隐藏在

红楼梦

里的大语文

赵集广 编著

北京出版集团
北京工艺美术出版社

图书在版编目（CIP）数据

隐藏在红楼梦里的大语文 / 赵集广编著． -- 北京：
北京工艺美术出版社，2024.7
ISBN 978-7-5140-2810-2

Ⅰ．①隐… Ⅱ．①赵… Ⅲ．①《红楼梦》－青少年读
物 Ⅳ．① I242.4

中国国家版本馆 CIP 数据核字（2024）第 072471 号

出 版 人：夏中南　　　　策划编辑：高　岩
装帧设计：姜家璇　　　　责任编辑：刘艳霞　李文瀚
责任印制：范志勇

隐藏在红楼梦里的大语文
YINCANG ZAI HONGLOU MENG LI DE DA YUWEN

赵集广　编著

出　　　版　北京出版集团
　　　　　　北京工艺美术出版社
发　　　行　北京美联京工图书有限公司
地　　　址　北京市西城区北三环中路6号　京版大厦B座702室
邮　　　编　100120
电　　　话　（010）58572763（总编室）
　　　　　　（010）58572878（编辑室）
　　　　　　（010）64280045（发　行）
传　　　真　（010）64280045/58572763
经　　　销　全国新华书店
印　　　刷　天津海德伟业印务有限公司
开　　　本　710 毫米×1000 毫米　1/16
印　　　张　23.5
字　　　数　50千字
版　　　次　2024年7月第1版
印　　　次　2024年7月第1次印刷
印　　　数　1～10000
定　　　价　98.00元

目录

第一章

木石前盟

——红楼梦为何又叫石头记

水火不容的一对冤家

火神
水神,走远点!小心我把你烤成了水蒸气!

水神
凭什么总是让我给你让道?

火神
谁叫你是水呢?要不你混点泥巴,变成水泥,哈哈哈!

水神
我是水!想去哪就去哪,我还怕你不成!

火神
你在干什么?再靠近我半步,你就真的要上天了。

水神
谁怕谁……啊!救命啊……

《红楼梦》悬疑

※你知道吗?我国古代很多著名的故事都有一个神奇的开头,《红楼梦》也不例外。话说远古时,水神和火神闹得不可开交,结果两位大神干起架来,百回合下来,水神惨败。然而,人类从此面临空前的灾难,一个传奇的故事也由此开篇……

相传**远古时代**,天由四根柱子支撑着。后来,**水神共工**造反,被**火神祝融**给打败了。水神羞愤不已,撞倒了西方的不周山。不周山是撑天的柱子,被水神这么一撞,天出现了一个大窟窿,地出现了一道道大裂纹,山林也燃起了熊熊大火,顷刻之间,世界陷入巨大的灾难。

女娲作为人类之母,为了拯救**众生**于水火之中,用神火炼了三万六千五百零一块五色石,填补天地的窟窿。不久,天地四方的柱子重新竖立了起来,中原大地恢复了往日的平静。然而,就在女娲辛劳补天的时候,却发生了一件颇为**蹊**(qī)**跷**(qiao)的事。据传,女娲当时用了三万六千五百块五色石,只单单剩了一块未用,被她随手丢在了大荒山无稽崖青埂(gěng)峰下,后被茫茫大士、渺渺真人带入红尘,历尽离合悲欢。然而,这块被遗弃的石头却开启了《红楼梦》的传奇故事。

1.刨根问底

远古时代是现存文字记载出现以前的历史时代,中国远古时代一般指夏以前的时代。远古时代的代表人物有:有巢(cháo)氏、燧(suì)人氏、伏羲(xī)氏、神农氏、轩(xuān)辕(yuán)氏等。

2.引申词释义

众生:泛指一切有生命的,有时专指人和动物。《礼记·祭义》:"众生必死,死必归土。"

蹊跷:指事情奇怪可疑,古怪,不对劲。

3.说文解字

火神

民间俗神信仰中的神祇（qí）之一，司火之神，最著名的火神为祝融。据《山海经》记载，祝融长着兽身人面，架乘着两条龙，直接听命于天帝。

水神

神话传说中的司水之神，共工是神话中的水神。在《山海经》中，火神祝融生下了儿子水神共工，然而，父子关系却是水火不容。

4.细挖《红楼梦》

女娲补天时准备了 36501 块石头，却剩下一块未用，难道是这块石头无才、不中用吗？如果无才，又为何将其选入其中呢？作者曹雪芹所说的无才，并不是真的无才，而是隐射自己虽然一身才华，但因家族的关系，终究不能受到朝廷的接纳，是作者内心的自嘲和无奈。

一块石头的前世今生

老曹
无材可去补苍天，枉入红尘若许年。此系身前身后事，倩谁记去作奇传？——《石上偈〔jì〕》。

顽石
同样出于女娲之手，我却被扔在这荒郊野岭。

老曹
还没经历，怎么能轻易下结论呢？

顽石
好歹也是被女娲娘娘选中的，就这么中看不中用吗？

脂砚斋
你要是被派去修补苍天了，老曹的大作不就打水漂了。

顽石
唉，可惜白来尘世一趟，没能成就一番事业呀。

老曹
活得像个混世魔王一样，没心没肺，不也挺好。

《红楼梦》另类研究

※《石上偈》一诗，看似简单，其实是《红楼梦》的灵魂所在。偈是佛经中的唱词。曹公借顽石诉说自己半生潦倒、一事无成，把自己对现实的感受写成小说《石头记》，即《红楼梦》。曹公借女娲补天的神话，虚构出一个顽石"幻形入世"的故事。而顽石的经历，正是贾宝玉的经历，也隐射了曹公自己。脂砚〔yàn〕斋〔zhāi〕据说是曹公的好友，当年曹公写《红楼梦》时，他经常"在线围观"，还时不时地点评几句。不过，此人的身份，学术界颇有争议。

1.人物鉴赏

女娲：是中国远古神话中的**创世女神和始母神**，是华夏民族人文先始，是福佑（yòu）社稷（jì）之正神，又称娲皇。相传女娲人首蛇身，神通广大，不仅是补天救世的英雄和抟（tuán）土造人的女神，还是一个创造万物的自然之神，每天至少能创造出七十样东西，因此又被称为大地之母。

2.《红楼梦》冷知识链接

清代小说家曹雪芹先世原是汉族，后为满洲正白旗"包衣"人。曾祖起，三代任江宁织造，祖父曹寅为康熙帝所任用。曹家早年生活繁华，后因受统治阶级内部斗争所牵连，家道衰落，产业被抄，趋于艰困。曹雪芹具有深厚的文化修养和卓越的艺术才能，能诗，善画石，曾用十年时间，专心创作《石头记》（即《红楼梦》）。

3.冷知识探真

这场空前灾难之后，九州万物一片荒凉，人类濒（bīn）临灭绝。为了使人口增多，女娲以泥土仿照自己抟土造人，创造了人类社会，使人类不断繁衍后代。但是一个个捏太累了，于是女娲找来一条麻绳抽打黄泥，泥点顿时四处飞溅，飞出去的泥点就变成了人。

4.歇后语

两个狮子打架——**不是你死**，**就是我死**。

两虎相斗——**必有一伤**。

1.《红楼梦》的开篇是从什么东西说起的? ( )

A. 绛珠仙草　　　B. 大石头　　　C. 道士　　　D. 美玉

2. 女娲补天是因为天被谁给搞破了。( )

A. 火神祝融　　　B. 水神共工　　　C. 伏羲　　　D. 后羿

3. 下列注音不正确的一项是 ( )。

A. 女娲（wā）　　B. 蹊（xī）跷（qiāo）　　C. 社稷（jì）　　D. 潦（liáo）倒

4. 下列句子中没有错别字的一项是 ( )。

A. 不知道什么时候，出现了一个神通广大的女神，名叫女娲。

B. 你别把他俩安排在一起，因为他俩水火不相溶。

C. 雪花倾刻而至，没有任何前兆，就那么纷纷扬扬地飘落下来。

D. 这场空前灾难之后，九州万物一片荒凉，人类频临灭绝。

5. 古代的神话故事与小说联系十分密切，可以说是小说的渊源。《红楼梦》就是以_____的神话开篇的。

6. 在《红楼梦》第一回《甄士隐梦幻识通灵，贾雨村风尘怀闺秀》中，在顽石上有一篇诗文："无材可去补苍天，枉入红尘若许年。此系身前身后事，倩谁记去作奇传。"其中（　　　　　）（　　　　　）二句讲的是这块石头没有中选补天，而是被遗弃在大荒山无根崖上的遭遇。

顽石转世

道人

癞头法师，你瞧这石头，如此晶莹剔透，好像有灵性一样。

顽石

我可不是普通的石头，我是被女娲娘娘修炼过的宝贝！

道人

啊？石头竟然会说话？

顽石

刚才听你俩唠嗑，说人间多么美妙，可不可以带我到人间走一遭？

和尚

人间虽有乐事，却美中不足，好事多磨，你可要想好了。

顽石

我比那压在五指山下的孙猴子还惨，如今心意已定，十匹马都拉不回来！

和尚

善哉，善哉！看着确实不像一般的石头。

《红楼梦》悬疑

※话说，那块被扔在青埂峰下的石头，虽然没被派上用场，但毕竟经过女娲娘娘的锤（chuí）炼，时间长了，慢慢吸收了日月精华和天地灵气，变得有了灵性。后来，它随一癞（lài）头和尚和一跛（bǒ）足道人来到人间，你可知它都经历了哪些人世繁华、体会了哪些人生纠葛吗？

被扔在青埂峰下的那块顽石,虽然未能入选补天的队伍,但是经过女娲娘娘的锤炼,竟也有了灵性。这天,一个和尚与一个道士来到青埂峰下,被眼前的这块**晶莹剔透**的顽石所吸引。

和尚把它托在手心,说:"这可真是一个宝贝啊,我要在你身上刻几个字,带你到繁荣昌盛的国家、富可敌国的**名门望族**、**风光旖（yǐ）旎（nǐ）**的地方走一趟。"

石头听得入神,非常想到人间走一遭,问:"不知要刻什么字?把我带到哪儿去?"

和尚笑着说:"你先别问,将来自然明白。"说完,和尚施展法力,将这块石头变成一块美玉,并刻上 "**通灵宝玉**" 四个字。之后,和尚把石头放在袖中,与道士飘然离去。

不知过了多少万年,有个空空道人路过大荒山青埂峰下,见到一块巨石,上面刻着许多字,就从头到尾看了一遍,并将石上所刻的故事抄录下来,而这正是这块顽石落入红尘、投胎人世的一段凄美的故事。

1.刨根问底

通灵宝玉:原本是女娲炼就的一块顽石,因无才补天而随神瑛（yīng）侍者（贾宝玉的前世）入世,幻化为贾宝玉降世时口衔的美玉,上有"通灵宝玉"四字,贾母将之称为贾宝玉的命根子,是《红楼梦》中贾宝玉的神话形象。

2.引申词释义

晶莹剔透:形容器物精致,光亮通明,结构细巧,可以透过光,常指各种宝石。

名门望族:指高贵的、地位显要的家庭或有特权的家族。名门:豪门。

风光旖旎:形容景色柔和而美好,风光美丽动人。旖旎:原义是旌（jīng）旗随风飘扬的样子,引申为柔和而美丽,多用来描写景物柔美、婀娜多姿的样子;也比喻女子美丽;亦有雄伟的意思。

3.说文解字

富可敌国

私人拥有的财富可与国家的资财相匹敌,形容极为富有。在古代,商人的地位很低,但有的商人可以说是富可敌国。比如,元末明初的商人沈万三,是江南第一富豪。朱元璋称帝后,他曾捐巨资修建长城以及南京城。清代乾隆时期军机大臣和珅(shēn),被抄家时,竟有十几倍国库的家产。

金陵四大家族

宁国公贾演　　　　　　　　　　荣国公贾源

4.细扒《红楼梦》

话说,那"通灵宝玉"无缘修补天崩地裂,于是投胎到敕(chì)造荣国府,这可是一个钟鸣鼎(dǐng)食之家、翰(hàn)墨诗书之族。当时京城"八公",贾府宁国公、荣国公就占了二席,而且还是金陵四大家族之一。贾家的宁国公和荣国公是一母同胞亲兄弟,宁国公贾演是哥哥,荣国公贾源是弟弟。兄弟俩因跟随皇帝建功立业,立下赫赫功勋(xūn),获封国公爵位,地位之高,不容小觑(qù)。

木石前缘认证

神瑛侍者
仙子，我已决定下凡人间，到那时，我们就能长相厮 (sī) 守了。

绛珠仙子
恩人，你的恩情让我如何报答？

曹公
神瑛侍者，到那时我会送你一件终极护身法器，这可是高端货，一定要好好爱护。

神瑛侍者
法器，这是什么劳什子，一听就不是什么好东西，罢了罢了。

曹公
人间花花世界，多个宝物伴身，别人就不会算计你了。

神瑛侍者
好吧，只要能见到仙子，我愿意接受。

绛珠仙子
恩人，不久的将来，我们就能相见了，好期待哟。

《红楼梦》另类研究

※神瑛侍者对绛珠仙草的浇灌之恩，已经夹杂了其他的情绪。只可惜，一个是神仙，一个是修成女体的仙草。这样的关系注定无法厮守。于是，曹公让神瑛侍者下凡投胎，作为人间的男子，他就能够娶妻生子，享受儿女情长。不过，但凡投胎到人间的仙人，都会携带一件法器来护身。于是，曹公又让无才补天的顽石，随着神瑛侍者一起落草凡间。这样，通灵宝玉就成了宝玉在凡间的护身宝物。于是，一仙一石相结合为一体，演绎一段三生石上的故事。

1. 人物鉴赏

一僧一道：这里的僧人和道士人称**癞头和尚**、**跛足道人**，法号分别是茫茫大士、渺渺真人。僧人是佛教的出家人，道士是以修道为本职的人。他俩可以说是《红楼梦》里最忙碌的人，虽然形象疯疯癫（diān）癫，却是《红楼梦》幕后的总策划。他俩化身成形象不堪的癞头和尚、跛足道人，看似游戏人间，实则是在度人积攒功德。

2. 《红楼梦》冷知识链接

从隋唐到明末，国公的品级与郡王一样，为从一品。也就是说，皇室最高封郡王，功臣最高封国公，两者的品级地位是一样的。因此，宁荣二公的权力、地位与郡王相当。不过，宁荣二公的品级却不一样。宁国公相当于辅国公，荣国公相当于镇国公。荣国公虽然是宁国公的弟弟，却比宁国公的爵位高一等。

3. 冷知识探真

敕造荣国府：荣国府是《红楼梦》中贾家的豪宅，这里的"敕"是皇帝的诏令的意思，敕造就是遵奉皇帝的命令建造的荣国府。

钟鸣鼎食：钟：古代乐器；鼎：古代炊器。意思是贵族吃饭时，要奏乐击钟，用昂贵的鼎盛着各种食物。现在用钟鸣鼎食代指权贵。

4. 歇后语

正白旗的曹雪芹——**真个别**。

老母猪戴金耳环——**冒富**。

1. 女娲补天剩下的一块顽石幻化为通灵宝玉，被一僧一道带到人间，后经几世轮回，被一道人发现，将其石上所刻的故事抄录下来，这位道人是谁？（　　　）

　　　A. 茫茫大士　　　　B. 空空道人　　　　C. 渺渺真人　　　　D. 跛足道人

2. 以下不属于《红楼梦》的别名的一项是（　　　）。

A.《石头记》　　　　B.《风月宝鉴》　　　　C.《镜花缘》　　　　D.《情僧录》

3.《红楼梦》第一回写道："只见一块鲜明莹洁的美玉……可佩可拿。"又于第四回，袭人道："连一家子也不知来历，上头还有天然的眼儿。"这里所说的美玉指的是＿＿＿＿＿＿。

4.《红楼梦》是中国古代章回体长篇小说，原名＿＿＿＿＿，后空空道人改为＿＿＿＿＿，曹雪芹在（悼红轩）批阅十载增删五次，将它题为＿＿＿＿＿＿＿。

5. 填出《红楼梦》开卷诗的前两句，"＿＿＿＿＿＿＿＿＿＿＿＿＿＿！都云作者痴，谁解其中味。"

6. 阅读下面这首诗词，回答问题。

"满纸荒唐言，一把辛酸泪！都云作者痴，谁解其中味。"

（1）这首诗出自哪里？作者是谁？

_____

（2）这首诗的大意是什么？其中，荒唐、辛酸、痴分别是什么意思？

_____

前世的缘分

神瑛侍者
你也不浇，他也不浇，绛珠仙草何时才能长高？

绛珠仙草
多谢神瑛侍者日日以甘露灌溉，我这颗小草才有了希望。

神瑛侍者
谁叫我是仙界浇水哥呢。

绛珠仙草
话说，你现在可是在仙界一战成名了。

神瑛侍者
照顾植物，就得像呵护孩子一样，要细心，要有耐心。

绛珠仙草
虽然我是一株不起眼的小草，但我会以自己的方式回报你。

神瑛侍者
好感动啊！

《红楼梦》悬疑

※古时候，人们特别相信因果缘分，认为有所因必有所果。一部《红楼梦》在写尽社会百态、人世沧桑的同时，更为我们描写了一段因果报应的故事。作者曹雪芹在文章的开头，除了引出故事的见证者——"石头哥"，还指出人的任何思想和行为都必然会导致相应的后果。可以说，《红楼梦》中，到处都是因果关系，到处都是命中注定的因果轮回。

释义故事

《红楼梦》的第一回记载，在西方灵河边上，三生石畔（pàn），有一株**绛珠仙草**，这株仙草**婀**（ē）**娜**（nuó）可爱，但是因为缺乏灌溉有些枯黄。一日，天上**赤瑕宫**的**神瑛侍者**在灵河岸边行走时，发现这株仙草**摇曳**（yè）多姿，于是心生怜惜，每日以甘露浇灌。就这样，绛珠仙草不知被浇灌了几生几世，再加上吸收天地的精华与灵气，最后脱了草木之胎，幻化人形，修成女体，成为绛珠仙子。如此，林黛玉的前世就是这株绛珠仙草，贾宝玉的前世就是赤霞宫的神瑛侍者。

1.刨根问底

在中国神话体系中，西方属于佛国，灵山、灵河都是佛国的山水。神瑛侍者的身份不言而喻，属于佛教侍者，而贾宝玉的前生就是一个和尚。灵河：灵在古代汉语里有"神灵""圣灵"的意思。这里的灵河指的是恒河。

2.引申词释义

绛（jiàng）：是一种颜色，即大红色。如《说文解字》说，"绛，大赤也。"又作地名，指春秋时代晋国都城，在今山西绛县。

瑛（yīng）：指玉的光彩，组词玉有瑛华；也指像玉一样的美石，组词瑛瑶（yáo），亦形容人品质雅洁。

婀娜：形容柳枝等较为纤细的植物体态优美；也形容女子身姿优雅，亭亭玉立，轻盈柔美。

摇曳：指逍遥，轻轻地摆荡。形容东西在风中轻轻摆动的样子，也指优游自得的样子。

3.说文解字

三生

是佛教词语,指前生、今生、来生。人们常用"三生"指宿命、因果、缘分。"三生石"是中国最有名的一块石头,可以媲美女娲补天所剩的那块顽石。据说,"三生石"不在灵河岸,而在忘川河畔,奈何桥边。它可以照见一个人的前世、今生和未来。现在朋友之间常以三生为誓言,寄托双方的友情,之后又逐渐发展为男女爱情盟约,是为"缘订三生"。

离恨天

佛经指出,须弥(mí)山正中有一天,四方各有八天,共三十三天。民间传说,三十三天中最高者是离恨天。也比喻男女生离、抱恨终身的境地。

4.细挖《红楼梦》

自从绛珠仙草成为绛珠仙子后,心里就总想着报答神瑛侍者对她的浇灌之恩,也许没有神瑛侍者的浇灌就没有她的新生。然而,绛珠仙草修炼成仙后,神瑛侍者便不能日日见到她,也不能日日相处,毕竟神瑛侍者的身份是佛门侍者,在仙界他们是不能在一起的。

表面上看,是绛珠仙子未曾报答灌溉之恩,实际上,她已对神瑛侍者生出一种情愫。而神瑛侍者又如何能够接受绛珠仙子的感情呢?结果,神瑛侍者若有所失,绛珠仙子终日游于离恨天外,心中有一团抑郁之气,始终无法释怀。绛珠仙子对神瑛侍者的爱情始终无法说出口,只能深埋心底。

天生我材必有用

脂砚斋
老曹，你这简直就是神来之笔呀，佩服，佩服！

老曹
真正的高手是《山海经》的作者，他那神奇的想象力才令人叹服。

脂砚斋
读万卷书、行万里路，终究是有用的。

神瑛侍者
这么看来，我也不是废材啊。

脂砚斋
心存善念的人，果然自带光芒。

老曹
与人为善、广种福田吧。

神瑛侍者
那是必须的！

《红楼梦》另类研究

※长在三生石畔的这株小草，因能结出赤红之果，故名绛珠草。奈何她只是一株普通凡草，难免岁月荣枯。可是，神瑛侍者偏偏对这绛珠草一见倾心。每次携带赤瑕宫收集的甘露浇灌它。此甘露具有超凡的功效。别说是一株绛珠草，就算是石头也能开窍。后来，在神瑛侍者的浇灌下，绛珠草不但延续了生命，还生出了灵性。

第一章 ● 木石前盟——红楼梦为何又叫石头记

17

大语文拓展

1.人物鉴赏

神瑛侍者：是《红楼梦》中的一个虚构角色。从《脂砚斋重评石头记》的描写看来，神瑛侍者为贾宝玉的前身，他对三生石畔的绛珠仙草有灌溉之恩。他身上的通灵宝玉是由顽石变化而成的。

2.《红楼梦》冷知识链接

在《红楼梦》中，我们处处都可以看到红色。比如《红楼梦》首回交代：只因西方灵河岸上三生石畔，有绛珠草一株，时有赤瑕宫神瑛侍者，日以甘露灌溉，这绛珠草始得久延岁月。这里的赤就是红，瑕也有"带红色的玉"的意思。而绛珠仙草中的绛，也是大红色，而且是很浓很浓的红色。

此外，汉语中，形容红色的字还有很多，比如：**丹**（红色）、**朱**（大红色）、**彤**（赤红色）、**绯**（fēi 深红色）、**赭**（zhě 红褐色）、**殷**（yān 发黑的红色），等等。

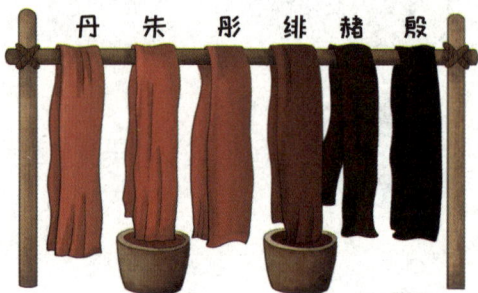

3.冷知识探真

古时候流传着很多"投桃报李"的报恩故事。我国古代四大经典爱情故事之一的《白蛇传》，不仅让白娘子与许仙的爱情故事流传成一段佳话，而且也述说了一个感人的报恩故事。传说，许仙前世曾救过一条小蛇，若干年后，那小蛇就变成一位女子嫁给了他。

4.歇后语

滴水之恩——当**涌泉**相**报**。

受人恩惠——**千年报**。

1. _____曾灌溉过一棵_____，此仙草幻化成形，承诺要用一生的眼泪还他的灌溉之恩。

2. 赤瑕宫神瑛侍者以甘露之水浇灌西方灵河岸上三生石畔行将枯萎的绛珠草，使其"得延岁月"，修成女形。神瑛侍者欲下世为人，绛珠草感念他的恩惠，发誓用一生的眼泪来偿还他，跟随他下凡历劫，这就是所谓的_____。

3. 阅读下文，回答问题。

　　那僧笑道："此事说来好笑。竟是千古未闻的罕事。只因西方灵河岸上三生石畔，有绛珠草一株，时有赤瑕宫神瑛侍者，日以甘露灌溉，这绛珠草始得久延岁月。后来既受天地精华，复得雨露滋润，遂得脱却草胎木质，得换人形，仅修成个女体，终日游于离恨天外……恰近日这神瑛侍者凡心偶炽，乘此昌明太平朝世，意欲下凡造历幻缘，已在警幻仙子案前挂了号。警幻亦曾问及，灌溉之情未偿，趁此倒可了结的。

　　那绛珠仙子道：'他是甘露之惠，我并无此水可还。他既下世为人，我也去下世为人，但把我一生所有的眼泪还他，也偿还得过他了。'因此一事，就勾出多少风流冤家来，陪他们去了结此案。"

（1）文中提到的"神瑛侍者""绛珠仙子"下世为人，分别指的是小说中哪两个人物？

_____

（2）文中的划线词是什么意思？

_____

到人间潇洒走一回

神瑛侍者
仙子，难道我两只能是彼此生命中的过客吗？

绛珠仙草
恩人，有些人一旦错过就不再来了。

神瑛侍者
为了缘，为了情，我要到人间潇洒走一回！

脂砚斋
小老弟，你可想好了，这是要付出代价的。

神瑛侍者
如今我和仙子的缘分已成，怎么能说放弃就放弃呢？

神瑛侍者
仙子，你怎么哭了呢？

绛珠仙草
我真的是一个太容易被感动的人了，一点小温暖，就让我想流泪。

神瑛侍者
走，哥哥带你一起去看那人间花柳繁华、温柔富贵。

《红楼梦》悬疑

※西方灵河岸上三生石畔生着一株绛珠仙草，赤瑕宫中的神瑛侍者爱其娇美，日日以甘露灌溉。时间久了，绛珠仙草的内心对神瑛侍者生出了别样的感情。绛珠仙草和神瑛侍者的神话有何寓意，他们最后在一起了吗？

神瑛侍者一想到自己日日不能见到绛珠仙子,于是就动了凡心,他要下凡造历幻缘。他要去昌明隆盛之邦、诗礼簪缨之族、花柳繁华之地、温柔富贵之乡走一遭;他要享受家庭琐事、闺(guī)阁(gé)闲情;他要感受人间的喜怒哀乐、悲欢离合;他要经历一场轰轰烈烈的爱情。于是,神瑛侍者到太虚幻境、警幻仙子那里挂了一个号,去往下界。当绛珠仙子得知神瑛侍者下凡了,也赶紧去找警幻仙子,只说是为了还神瑛侍者的恩情。

1.刨根问底

在《红楼梦》第一回中,曹雪芹早年依仗天恩祖德(康熙帝之恩),在昌明隆盛之邦(康雍盛世)、花柳繁华之地(南京)、诗礼簪(zān)缨(yīng)之族(江宁织造府)、温柔富贵之乡(西园)享受了一段锦衣纨(wán)绔(kù)、富贵风流的公子哥儿生活,日子过得心满意足。因此,他对这段幸福生活一直都记忆犹新。

2.引申词释义

昌明隆盛之邦:邦,指国家、邦国;昌明隆盛之邦,指兴盛发达的国家。

诗礼簪缨之族:指书香门第、官宦(huàn)之家,泛指读书人家以诗书礼仪教育子弟。簪缨:本意是古代达官贵人的冠饰,也比喻高官显宦。

闺阁:即闺房,指女子所居住的卧室。

3.说文解字

下凡

在中国民间神话中,有天庭和人间之分。神仙一般居住在天宫,下凡就是神仙来到人间的一种行为。按照天庭法令,神仙是不可以在天上和人间随意出入的,私自下凡是重罪。不过,神仙下凡也造就了一个个优美的神话爱情传说,比如织女、七仙女、沉香之母华岳三娘等。通常,当我们形容一个女子容貌非常好时,会说她似"天仙下凡"一般。

警幻仙子

是《红楼梦》杜撰(zhuàn)的一个角色,居住在离恨天之上,擅长处理人间的感情问题,相当于西方的维纳斯、丘比特。

太虚幻境

位于离恨天之上,由警幻仙子掌管。太虚幻境就是《红楼梦》中贾府的天上版。太虚就是一片无穷无尽的虚无,它是古人眼中的宇宙和世界。

4.细挖《红楼梦》

警幻仙子清楚神瑛侍者和绛珠仙子的缘分,也明白绛珠仙子的心思。当神瑛侍者要求下凡造历幻缘时,警幻仙子同意了。警幻仙子又问绛珠仙子是否愿意陪神瑛侍者下凡,好偿还当年的灌溉之恩。绛珠仙子说,自己受了神瑛侍者雨露的恩惠,按理也应该用雨露来还,可是苦于自己没有甘露,于是决定用自己的眼泪来偿还这份大恩大德。可以说,还泪是《红楼梦》中一个极具浪漫主义色彩的象征,不仅充满新意,也很容易打动读者。

天上掉下个林妹妹

贾宝玉
我这是在哪儿？

脂砚斋
老曹，你这简直就是神来之笔呀，佩服，佩服！

贾宝玉
绛珠仙子呢？老曹，快快显灵，请给我一点提示……

老曹
呼——

贾宝玉
气死我了！这个老曹，关键时候给我掉链子。

林黛玉
我这是在哪儿，神瑛侍者呢？

脂砚斋
姑娘，欢迎你来到人间天堂——扬州！

贾宝玉
林妹妹，林妹妹……你听到我的呼唤了吗？

《红楼梦》另类研究

※神瑛侍者下凡托生成了 贾宝玉，降落在京城；林黛玉 正是随他一起下凡的绛珠仙草，降落在扬州；顽石则化为贾宝玉口中的那块通灵宝玉。如此，贾宝玉既是神瑛侍者转世，也是青埂峰下的顽石转世，他们三个是三位一体的关系。

大语文拓展

1.人物鉴赏

绛珠仙草：是作者虚拟的神话中的仙草，是《红楼梦》及其衍生作品中的仙草。因其花朵颜色为绛红色，形状像珠子一样，因此得名绛珠仙草。绛珠就是红色的珠子，暗示泪血，预示林黛玉好哭的性格和悲惨的结局。因神瑛侍者对其有恩，所以下凡以泪水报答，最后泪尽而逝。绛珠仙草也有正、反两面：从正面看，是生在三生石畔的一株仙草；从反面看，则是喻指一个人，即黛玉的前生。

2.《红楼梦》冷知识链接

为了突出林黛玉的好哭性格，曹雪芹在她出世之前，用浪漫的笔调、奇特的想象和诗意，创造了新奇绝妙的"还泪"之说，同时也预示了宝黛爱情的悲剧结局。这种写作手法可以起到夸张、渲染和强化的作用。《红楼梦》中，曹雪芹把林黛玉和贾宝玉的关系称为"木石前盟"。

三生石

3.冷知识探真

"滴水之恩，当涌泉相报。"这是一种非常朴素，并且充满人间烟火气的美好情感。感恩之心，仙人有之；报恩之意，仙亦有之。在《红楼梦》这部著作中，我们不难看出曹雪芹所要阐明的观点：知恩图报，乃人之常情，人间如此，仙界亦如此。可以说，曹雪芹的写作手法非常接地气，而这正是该书问世以来，长盛不衰的原因之一。

4.歇后语

神仙女下凡间——天配良缘。

七仙女走娘家——云里来，雾里去。

会不会过关题典

1. 绛珠仙子下凡有什么任务?（　　　）

    A. 解除诅咒　　　　B. 嫁给恩人　　　　C. 还泪　　　　D. 拯救世界

2. "木石前盟"是指开篇神话中_____和_____的"还泪之说"。

    A. 绛珠仙草、神瑛侍者　　　　　　B. 警幻仙子、补天之石

    C. 空空道人、补天之石　　　　　　D. 神瑛仙草、绛珠侍者

3. 下列关于"木石前盟"的说法有误的一项是（　　　）。

    A. "木石前盟"的故事里，神瑛侍者以甘露之水浇灌西方灵河岸上三生石畔的补天之石。

    B. 木石前盟是前世约定，是前世就已演绎的一段情感，延续到现实，影响来生，所谓"缘定三生"。

    C. 神瑛侍者降世时变为宝玉，嘴里含着一块玉，这块玉便是女娲补天时剩下的那块石头，上面写着这样几个字："莫失莫忘，仙寿恒昌"。

    D. 当神瑛侍者要求下凡造历幻缘时，绛珠仙子也愿意陪其下凡，好偿还当年的灌溉之恩。神瑛侍者顺带着顽石下凡，绛珠仙子成为林黛玉，神瑛侍者化为贾宝玉，顽石化为贾宝玉口中的美玉。

4. 请结合相关内容，回答《红楼梦》开篇"木石前盟"有关的问题。

（1）"木石前盟"这个神话的具体指向是什么?

_____

（2）这个神话故事在全书有何作用。

_____

_____

第一章 · 木石前盟——红楼梦为何又叫石头记

瞎子摸鱼——撞大运了

甄士隐
年轻人，我看你是块料子。走，跟我去银行提现金，就当给你的赞助资金。

贾雨村
可是，大人，我就是个穷书生，恐怕无力回报您哪。

甄士隐
我是那种求回报的人吗？

贾雨村
不会吧，难道是瞎子摸鱼——撞上大运了？

甄士隐
我是爱惜你的才华，欣赏你的抱负。加油呀！

脂砚斋
甄老，听说你还动用了自己在帝都的人脉，是不是先查一查这小子的背景啊？

甄士隐
我觉得他行，他就行！

贾雨村
威武！没想到恩人还是一个霸道总裁呢。

《红楼梦》悬疑

※至此，《红楼梦》的故事从仙界转到人间，来到一户姓甄（zhēn）的人家。这家主人名叫甄士隐，性格淡然，喜欢读书人，是个热心肠的人。他家旁边有一个葫芦庙，庙里住着一位落魄文人贾雨村，此人有学识、有抱负，唯一缺的就是钱。结果，你猜发生了什么？

释义故事

在《红楼梦》第一回中,"甄士隐梦幻识通灵,贾雨村风尘怀闺秀"提到了两个重要人物,一个是出世的谪(zhé)仙人物甄士隐,一个是入世的世俗者贾雨村。他们真正扯上关系,源于一次中秋节。

这天,贾雨村迫于囊(náng)中羞涩(sè),只能暂住在葫芦庙,靠作文卖字凑路费。然而,这个穷书生却是个有志青年,"玉在椟(dú)中求善价,钗(chāi)于奁(lián)内待时飞。"于是,乐善好施的甄士隐便资助给他五十两银子和两套冬衣,让他进京赶考。可以说,甄士隐是贾雨村生命中的第一个贵人。然而,不曾想到的是,贾雨村拿到钱后,却不辞而别。

1.刨根问底

考取功名:是古人参加科举考试的说法。明清时期,第一级考试叫院试,考中者称为秀才;第二级考试叫乡试,每三年一次,考中者为举人,第一名称解元;第三级考试为会试,每三年一次,考中者称贡士,第一名称会元;第四级考试为殿试,由皇帝主持,考中者称进士,殿试又分三甲录取,第一甲取三名,依次称状元、榜眼、探花,合称三鼎甲。

贡士 —参与→ 殿试
⋀
举人 —参与→ 会试
⋀
秀才 —参与→ 乡试
⋀
童生 —参与→ 童考

2.引申词释义

乐善好施:意思是喜欢做善事,乐于拿财物接济有困难的人。善,即做好事;施,即施舍。

囊中羞涩:口袋里没钱,比喻经济困难;让人感到难为情,是经济不宽裕的委婉说法。

怀才不遇:胸怀才学,但生不逢时,难以施展,不被赏识任用。多指屈居不得志。

第一章 · 木石前盟——红楼梦为何又叫石头记

3.说文解字

在"玉在椟中求善价,钗于奁内待时飞"这句话中,椟,指木匣;奁,指装着化妆用具的盒子。玉和钗都是珍贵的东西,但是一个在椟中,一个在奁内。美好的东西没有被发现,所以一个"求善价",一个"待时飞"。贾雨村将自己比作玉和钗,觉得自己满腹才学,只是苦于没有门路。此时,贾雨村还没有考取功名,暗喻自己现在的怀才不遇是暂时的,只要时机成熟就能一飞冲天。甄士隐听了贾雨村的这句诗,大赞其胸怀大志,于是倾囊相助。

4.细抠《红楼梦》

贾雨村确实有真才实学,不然也得不到甄士隐的器重和帮助。分别后不久,贾雨村就高中进士并做了官。但是甄士隐也看错了人,贾雨村虽然有才华,却品行不端,是个为了达到个人目的不择手段的卑鄙小人。

谐音梗不扣钱

脂砚斋
曹公，听说你那谐音梗可是火遍红楼圈啦！

曹公
你要不要也来加入谐音梗的文字游戏啊。

脂砚斋
好，我说上句，你答下句。乘车的时候，为什么会经常头晕？

曹公
那是因为，你没有背乘法口诀啊。

脂砚斋
甄士隐一觉醒来，乌鸡竟然变凤凰。

曹公
长得不帅又何妨！

《红楼梦》另类研究

※《红楼梦》里有很多有趣的谐音梗(gěng)。比如，甄士隐，谐音为"真事隐"，意味着小说里暗藏着曹公本人的生活经历。再比如，贾雨村，谐音为"假语村"，言外之意是这部小说更多的是假语，不能太过认真。《红楼梦》开篇，曹雪芹就郑重地说，这是一部"将真事隐去"，用"假语村言"讲述的故事。

1.人物鉴赏

甄士隐:《红楼梦》里的开场人物,他是隐居的乡宦,被当地推为望族,秉性恬(tián)淡,每日以观花修竹、酌酒吟诗为乐。无论是社会阶层,还是家族财富,甄士隐都是令人羡慕嫉妒的上流贵族,然而,后来发生的一切,完全改变了他的一生。

2.《红楼梦》冷知识链接

贾雨村这个名字也颇有内涵。贾雨村,名化,字时飞,号雨村。"化",即化解,意思是往好处改变。"时飞",预示等待时机飞黄腾达。"雨村",既有文人雅趣,又有粗鄙之辈的意思。正因如此,贾政初次见到贾雨村时,就对他留下了很好的印象,觉得贾雨村相貌魁(kuí)伟,言语不俗,可堪重用。

3.冷知识探真

甄士隐当初不仅资助了贾雨村进京赶考的路费和寒冬所需的冬衣,还专门写了两封荐书,让他带到京城。不得不说,甄士隐对贾雨村真的是仁至义尽,而且他这个隐居的乡宦,本就没想过将来有一天贾雨村飞黄腾达了,能给他带来什么好处,只是单纯地爱才惜才,希望尽己所能给这个读书人铺铺路罢了。

4.歇后语

瞎子摸鱼——撞大运了。
诸葛亮住茅庐——怀才不遇。

隐藏在红楼梦里的大语文

1. 在《红楼梦》的第一回，曹雪芹交代了本书的缘起，其中很多人名展现了他高超的谐音艺术。比如，"甄士隐"的谐音为_____，"贾雨村"的谐音为_____。

2. 古人参加科举考试，最高级别的是殿试，由皇帝主持，考中者称_____。殿试又分三甲录取，第一甲取三名，依次称_____、_____、_____。

3. 贾雨村考取功名之前住在哪里？（　　）

　　A. 有福客栈　　　　B. 葫芦庙　　　　C. 甄士隐家　　　　D. 茄子庙

4. 贾雨村最初是靠谁的接济，才得以进京赴试？（　　）

　　A. 林如海　　　　B. 贾政　　　　C. 冷子兴　　　　D. 甄士隐

5. 关联人物连线。

　　癞头　　　　道人　　　　茫茫大士

　　跛足　　　　和尚　　　　渺渺真人

6. 阅读下文，请说一说这首诗表达了作者怎样的思想感情。

　　《红楼梦》第一回写到：中秋佳节，穷书生贾雨村触景生情，在吟罢一首情诗之后，因又思及平生抱负，苦未逢时，乃又搔首对天长叹，复高吟一联云："玉在椟中求善价，钗于奁内待时飞。"

_____

_____

遛娃有风险，时刻需谨慎

道人
癞头法师，你看这老爹，怀里抱的是什么？

僧人
看到这个女娃，我怎么忍不住想要呜呜呢？

甄士隐
俺娃喜人着呢，你哭个啥？

僧人
我已看过了面象，此娃有命无运，会拖累爹娘啊！

甄士隐
我看你是木鱼敲久了，脑子敲糊涂了吧。

僧人
善哉，善哉！

道人
大事不好，你们快看，天边闪过一道光！

僧人
此乃凶兆，遛娃有风险，时刻需谨慎哪！

《红楼梦》悬疑

　　※这一僧一道对甄士隐说的话，你可看懂了？其实，甄士隐当时也是一知半解。然而，这一僧一道却预言了甄家的结局。可以说，《红楼梦》这种预示结局的写法非常大胆，一切都已注定，一切都是虚幻，这种悲伤的哲学自《红楼梦》问世后，一直都在冲击着读者的心。

释义故事

话说，甄士隐有一个女儿，名叫英莲，此女**粉妆玉琢**，**乖觉（jué）**可喜。一日，甄士隐将爱女抱在怀中，来到庙会玩耍。不巧撞见一僧一道，他们可是一对神奇的人物，既知仙境，也历红尘；既能看透人生，也能预知人的命运。

僧人对甄士隐哭诉说，幼女有命无运，会**累（lěi）**及爹娘，应该快快交给他们。甄士隐听了，**气急败坏**，赶忙抱着女儿离去，道人又对甄英莲念了一首诗："**惯养娇生笑你痴，菱（líng）花空对雪澌澌（sī）。好防佳节元宵后，便是烟消火灭时。**"甄士隐听了，觉得有些蹊跷，刚想问个清楚，那一僧一道便不见了身影。

1.刨根问底

"命"和"运"是两个不同含义的字。命，是天生注定、常人无法改变的部分。运，指后天遇到的事情，虽然可能无法避免，但通过努力是可以改变的。有命无运，说的是虽然甄英莲有一个好出生，但是后天的遭遇却很差，没有好运。

这番颇为蹊跷的际遇，无疑给甄英莲的命运笼上了一层神秘的色彩。但是也如癞头和尚所言，她将来必是"有命无运、累及爹娘"之物。而这一切恰恰应了其名字的谐音："真应怜。"

2.引申词释义

粉妆玉琢：像白色的香粉妆饰的，像白玉雕成的。形容小孩子长得白净漂亮。

乖觉：机警、聪敏。

气急败坏：上气不接下气，狼狈不堪。形容因愤怒或激动而慌张地说话、回答或喊叫。

澌澌：风雪雨水的声音。

累及：指受牵连、连累到。多指连累到无辜之人。

3.说文解字

"惯养娇生笑你痴,菱花空对雪澌澌。好防佳节元宵后,便是烟消火灭时。"这四句话是谶(chèn)语,**谶语**,是指事情发生后能应验的话,也可以理解为对未来的预告。对甄士隐来说,虽然无子是人生一大憾事,但是好在身边有一个非常可爱的女儿英莲,可解膝下荒凉之叹。因此,甄士隐对爱女一定是视如珍宝。当癞头和尚想要带走英莲时,甄士隐又如何舍得?这其实就是英莲即将丢失的伏笔。所以,癞头和尚笑他痴,说他不知道女儿未来的命运。

4.细挖《红楼梦》

一晃就到了元宵佳节,甄士隐家的仆人霍启抱着甄英莲出门**赏花灯**。霍启想要上厕所,就让英莲在一家门槛上坐着。可是,等他回来后,英莲却不见了。霍启急得团团转,找到天亮也不见英莲的踪影,自己吓得逃跑了。甄家也是派人四处寻找,但也无果。

两个月后,甄家隔壁的葫芦庙炸供(指油炸祭神的食物)时失火了,结果殃(yāng)及整条街。甄士隐丢了女儿不说,这次连宅子都被烧没了。从这以后,甄士隐的日子越来越穷苦,精神一蹶不振,露出了下世的光景来。

赏花灯源于汉朝,汉武帝时,宫女莹莹善于编织花灯,每到元宵节,都会用不同的纸张和丝线,制作出各种花灯。

出家拜师现场

跛足道人
世人都晓神仙好，惟有功名忘不了！古今将相在何方？荒冢一堆草没了。

甄士隐
道长，这唱的是什么呀？

跛足道人
人人都知道神仙好，但未必人人都能过上神仙的日子。

甄士隐
是呀，要想吃得饱、睡得香，太难了！

跛足道人
忘不掉功名利禄，最后就会只剩下荒草虚无。

甄士隐
道长，我要跟你混！求蹭饭，求入伙！

《红楼梦》另类研究

※甄士隐曾经生活富足，现在却历经劫难。一日，当他听了跛足道人唱的《好了歌》，"世人都晓神仙好，惟有功名忘不了！古今将相在何方？荒冢(zhǒng)一堆草没了。"顿时大彻大悟，跟着道人飘然而去。《好了歌》的大意是，人人都知道神仙好，只有功名是没法忘记的；从古至今的将领和丞相都在哪里？如今只剩下一堆荒坟。这是在警戒世人富贵荣华不过是一场虚幻。若是忘不掉功名利禄，最后就会只剩下荒草虚无。

1.人物鉴赏

甄英莲：《红楼梦》中第一个登场的女性，金陵十二钗副册之首，原籍（jí）姑苏，甄士隐的独女，眉心有一个米粒大小的胭（yān）脂记。四岁元宵节那年，甄英莲外出看社火花灯，因家奴霍启看护不当，被人贩子拐走。养大后，被卖给金陵公子冯（féng）渊，后来又被薛蟠（pán）看上，为此薛蟠打死冯渊抢走了英莲，宝钗给她起名叫香菱。

2.《红楼梦》冷知识链接

《红楼梦》里处处都有谐音梗：弄丢甄英莲的下人叫霍启，预示甄家"祸起"；被拐走的甄家女儿叫甄英莲，谐音"真应怜"。她这一生也是真的可怜，与父母此生不复相见，还被薛蟠强取豪夺。

3.冷知识探真

《红楼梦》是一本奇书，它在开篇就已向读者描述了结局。我们在阅读的时候，往往是在结局已经明了的情况下，一步一步地看人物的走向，甄士隐一家的结局就是如此。娇生惯养这个孩子就是太傻了，"菱花"对着"雨雪"是多么的凄凉。而元宵佳节之后，一切将烟消云散。在文学作品中，预言不会把一切说清楚，有些道理需要读者慢慢去领悟。

4.歇后语

鼻子上冒烟——急在眼前。
龙王庙里着火——慌了神。

1. 哪位不是《红楼梦》里的神仙？（　　　）

　　A. 警幻仙子　　　　B. 渺渺真人　　　　C. 神瑛侍者　　　　D. 太白金星

2. 甄英莲在（　　　）这一天走丢。

　　A. 元宵节　　　　　B. 中秋节　　　　　C. 端午节　　　　　D. 重阳节

3.《红楼梦》第一回中，跛足道人念了几句言词，将其取名为《好了歌》，_____ 听到此歌后心中彻悟，并为它做了解注。

　　A. 贾宝玉　　　　　B. 甄士隐　　　　　C. 甄宝玉　　　　　D. 贾雨村

4. 诗词填空。

（1）_____，菱花空对雪澌澌。_____，便是烟消火灭时。

（2）世人都晓神仙好，_____！古今将相在何方？_____。

5. 阅读下面这首诗，根据要求回答问题。

　　世人都晓神仙好，惟有功名忘不了！古今将相在何方？荒冢一堆草没了。世人都晓神仙好，只有金银忘不了！终朝只恨聚无多，及到多时眼闭了，世人都晓神仙好，只有姣妻忘不了！君生日日说恩情，君死又随人去了，世人都晓神仙好，只有儿孙忘不了！痴心父母古来多，孝顺儿孙谁见了？

（1）这首诗的前四句是什么意思？文中划线词指的是什么。

_____

_____

（2）这首诗表达了作者怎样的思想感情？

_____

_____

第二章

通灵宝玉下凡

——衔玉而生的传奇少年

天生一副好皮囊

丫鬟甲
听说咱主子出生的时候，嘴里叼了一个亮瞎眼的玩意儿。

丫鬟乙
你懂啥，那是通灵宝玉，来头大着呢，是女娲补天剩下的一块石头。

丫鬟丙
会不会是个废材，要不怎么连女娲娘娘都瞧不上呢？

脂砚斋
别瞎说，男一号面若中秋月，色如春晓花，那可是万里挑一的绝世美男子！

宝玉
一看你们就是在说我的坏话，没办法，谁叫我天生一副好皮囊呢。

脂砚斋
贾公子，众人可以把你捧到天上，也能把你狠狠地摔到地下。

宝玉
俺爹说过，做人要低调，木秀于林风必摧之。

《红楼梦》悬疑

※有人说，贾宝玉生在一个女儿国，一定是"一身脂粉气味"。其实，在《红楼梦》原著中，曹公就这样评价贾宝玉："外貌最是极好"，且"聪俊灵秀之气，则在万万人之上"。所以，当你下次评价贾宝玉时，千万不能再说"长相富态，肉嘟嘟的大圆脸"，否则曹公在九泉之下，也会哭笑不得吧。

一日，在荣国公的曾孙辈里，出生了一个男婴，奇怪的是，他的嘴里竟含着一块像雀卵那么大的玉，灿若明霞，莹润如酥，上面有五色花纹，正面写着"通灵宝玉"，下面有"莫失莫忘，仙寿恒昌"两句话。于是，男婴取名叫作贾宝玉，人们纷纷猜测这个孩子来历不凡。

这个男子还生着一副好皮囊。林黛玉是这样形容贾宝玉的："面若中秋之月，色如春晓之花，鬓（bìn）若刀裁，眉如墨画，面如桃瓣，睛若秋波，虽怒时而若笑，即嗔（chēn）视而有情。"在黛玉眼里，宝玉就像中秋明月和春天清晨盛放的花朵一样，脸部线条虽然没有展开棱（léng）角，但眉眼、轮廓是帅的；脸蛋像桃花一样精致好看，眼睛如秋水一样清澈有情；就连生气，也不会面目可憎（zēng），而是给人一种可亲可爱的感觉。

1. 刨根问底

玉，一种美丽的石头，温润细腻。原始社会，人们用玉制的物品进行祭祀。《说文解字》说："以玉事神"。中国古代常用玉比喻美好的人或事物。如：以玉喻人的词有亭亭玉立等，以玉喻物的词有玉食、玉泉等，以玉组成的成语有金玉良缘、珠圆玉润、抛砖引玉等。古人还以玉比德，认为玉的身上有君子的德行，做人要温润知礼，仁德勇敢。

2. 引申词释义

皮囊：指皮制的袋；佛家称人的躯壳为皮囊，皮囊不会永恒，但精神可以永恒。

嗔：即怒、生气的意思；也指对人不满，怪罪。

鬓：脸旁靠近耳朵的头发，如鬓角、两鬓斑白。

3.说文解字

秋波

指秋天的水波,也比喻美女的目光极为清澈明亮,或喻指蕴含着的深情。在古诗词中,秋波常用来形容女子的眼神,如北宋词人晏(yàn)几道在《采桑子》中所写:"一寸秋波,千斛明珠觉未多。"苏轼在《百步洪》一诗中所写:"佳人未肯回秋波,幼舆欲语防飞梭(suō)。"

4.细抠《红楼梦》

话说,神瑛侍者下凡人间时,一僧一道在他的护身法器通灵宝玉上写了八个字:莫失莫忘,仙寿恒昌。莫失莫忘,提醒宝玉别忘了你是谁,来自何方;仙寿恒昌,是说你是位列仙班的人,享受的是仙寿,可以恒久昌盛。这八个字的意思是,只要不丢失,就能长命百岁。此玉还能佑护主人无病无灾。

小鲜肉宝二爷

宝玉
曹公，你把我写得这么帅，连我自己都不好意思啦。

曹公
你当然有资格挑战红楼颜值第一人哪。

贾母
你可是奶奶的心头肉，颜值必须得在线哪。

宝玉
就是我脸上的肉肉比较多……

贾母
萌萌的，多可爱！

宝玉
姐姐妹妹们笑我是婴儿肥，说我管不住嘴。

曹公
下一回，我就写一篇关于你成功减肥的励志故事，让她们羡慕嫉妒恨。

《红楼梦》另类研究

※《红楼梦》描写贾宝玉的容貌时，有这样一个细节：两鬓齐整不凌乱，说明他很注意自己的形象。曹公在书中还写道，"眉毛深黑、脸颊红润，眼睛晶莹闪亮。"这些细节说明贾宝玉是一个聪慧、有灵性的男子。正是因为这些外貌特点，黛玉第一眼见到宝玉时，才会有"好生面熟，竟似在哪里见过"的感觉。

1.人物鉴赏

贾宝玉:《红楼梦》中的男主角,前世真身为神瑛侍者,荣国府贾政与王夫人所生的次子。衔通灵宝玉而生,是贾府玉字辈嫡（dí）孙,故名贾宝玉,贾府通称宝二爷。贾宝玉自幼深受贾母疼爱,游于温柔富贵乡,喜爱脂粉,喜欢亲近家里的众姐妹和丫鬟们。

2.《红楼梦》冷知识链接

形容女子貌美,会说"沉鱼落雁,闭月羞花";形容男子好看,会说"貌比潘安"。潘安不仅是魏晋时期有名的文学家、政治家,还是著名的美男子。《世说新语》记载:"妙有姿容,好神情,少时挟弹出洛阳道,妇人遇者,莫不连手共萦（yíng）之。"意思是说,潘安走在洛阳街头时,女子们无不夹道围观,纷纷上前跟他拉手,找他说话。

3.冷知识探真

在父亲贾政眼里,当宝玉和贾环两个儿子站在一起时,他觉得贾环相貌猥（wěi）琐（suǒ）不堪,宝玉明亮可喜。在北静王眼里,宝玉"面若春花,目如点漆",言语表达"语言清楚,谈吐有致"。在这里,目似点漆,指人的眼仁漆黑,炯炯有神。多用来形容女性单纯、灵动、无邪的眼神。

4.歇后语

穿大衫戴礼帽——衣帽堂堂。

隔河送秋波——没人领情。

1. 贾宝玉取名为宝玉的原因是（　　）。

    A. 长得眉清目秀　　B. 得到贾母娇宠　　C. 寄托家族希望　　D. 衔玉而生

2. 我国四大名著之一《红楼梦》中有许多脍炙人口的诗词，其中"纵然生得好皮囊，腹内原来草莽。潦倒不通世务，愚顽怕读文章。"形容的是（　　）。

    A. 史湘云　　　　　B. 薛宝钗　　　　　C. 林黛玉　　　　　D. 贾宝玉

3. 阅读下面这首选自《红楼梦》的词，完成相应的问题。

《西江月》

    无故寻愁觅恨，有时似傻如狂。纵然生得好皮囊，腹内原来草莽。

    潦倒不通世务，愚顽怕读文章。行为偏僻性乖张，那管世人诽谤。

（1）这首词的大意是什么？

_____

（2）词中用了怎样的手法？塑造了什么样的人物形象？

_____

4. 下面关于这首《西江月》的理解，有误的一项是（　　）。

    A. 西江月是唐教坊曲名，后用为词牌名，是古代常用词牌。

    B. "纵然生得好皮囊，腹内原来草莽"一句中，"草莽"指丛生的杂草，无用之物，这里比喻没有不学无术。

    C. "潦倒不通世务，愚顽怕读文章"是说贾宝玉愚笨顽皮，不通人情世故。世务即俗务，指社会生活中的人情世故、谋生之道。

    D. "行为偏僻性乖张，哪管他人诽谤"明写贾宝玉性情乖张、为人诟病，实则赞其特立独行、追求自由。

高规格穿戴

袭人
宝二爷，你可算是醒了，快穿衣服，一会儿还得给老爷请安呢。

贾宝玉
怎么又要穿这套工作服？没劲！

袭人
今天日程安排特殊，所以务必得穿正式一点。

贾宝玉
为什么我的衣服就不能有点创意，带点高科技呢？

袭人
少爷，你咋又说胡话呢？难道是又发烧了？

贾宝玉
你才发烧呢？真是身不由己，连穿衣服都做不了主。

袭人
紫金冠、抹额、宫绦、排穗褂、朝靴……好嘞，齐活！

贾宝玉
我那大褂一定得是石青色的，上次穿错，差点挨老爹的大板子。

《红楼梦》悬疑

※现在的人都知道娇生惯养要不得，但是贾宝玉却是被从小娇惯大的，可以说是个十足的纨绔子弟，享尽了荣华富贵。那么，他的生活到底养尊处优到了什么地步呢？豪门大户的贾家难道不懂得教育吗？

释义故事

　　贾宝玉从小生活在一个**人丁兴旺**、富丽堂皇的大家族,在《红楼梦》的开篇,贾宝玉初次亮相时,曹公就运用大量的笔墨描写他的穿戴。"头上戴着束发嵌宝**紫金冠**,齐眉勒(lè)着二龙抢珠金抹额,穿一件二色金百蝶穿花大红箭袖,束着五彩丝攒(cuán)花结长穗宫绦(tāo),外罩石青起花八团倭(wō)缎排穗褂(guà),登着青缎粉底小朝靴。"好一个富家公子的扮相,让人即使没有亲眼看到,单从穿戴的面料、配饰的精巧设计,就知道此人一定是个**众星捧月**的宠儿。

1.刨根问底

　　在封建社会,黄色可以说是**帝王色**,没有皇帝的许可,任何人不可以穿黄色衣服。而据《清史稿·舆(yú)服制》规定,亲王、郡王、贝勒、贝子的补服均为石青色,皇太后、皇后、皇妃们的朝褂也用石青色。由此看来,贾宝玉的真实身份很可能是清王朝的皇家子孙。

2.引申词释义

人丁兴旺:形容子孙后代人很多。人丁,原指成年男子,后泛指人口。

纨绔子弟:纨绔,指用细绢做的裤子,泛指富家子弟穿的华美衣着;纨绔子弟指官僚(liáo)、地主等有钱有势人家成天吃喝玩乐、不务正业的子弟。

养尊处优:处于尊贵的地位,享受优裕的生活。

众星捧月:意思是许多星星衬托着月亮。比喻众人拥护着一个他们尊敬爱戴的人。《论语·为政》:"为政以德,譬如北辰,居其所而众星共之。"

3.说文解字

紫金冠

又名太子盔,是古代人物用来束发的一种华丽装饰品。常见于小说当中,多用于王子及年少的将领。

宫绦

一种系在腰间的悬挂饰物,一般配以汉服。中间用绳子,两端系有玉佩、金饰、中国结等重物,尾端有流苏。

石青起花八团倭缎排穗褂

是清朝贵族的一种典型礼服。"八团"是衣面上缂(kè)丝或绣成的八个彩团的图案。

紫金冠

4.细挖《红楼梦》

贾宝玉周岁时,父亲贾政为了试试他的志向,将世间之物一一摆在他面前,让他抓取。谁知贾宝玉对笔墨纸砚、金银财宝等视而不见、一概不取,偏偏伸手只抓些脂粉、钗环等女子所用之物。贾政见状,大为愤怒,一个人愤然离去。可是,即便如此,贾母还是像命根一样,时时处处护着贾宝玉。

无所不能的袭人

袭人
宝二爷，下楼吃饭了，有你喜欢吃的肉肉！

宝玉
怎么又吃这个？再吃我就要崩溃了！
我要吃胡同口的臭豆腐！

袭人
你等着，我去去就来……臭豆腐来啦！

宝玉
哇，光是看一眼，都觉得人间美好哇！

袭人
人生最大的快乐莫过于看遍人间风景，尝尽人间美味！

宝玉
啥时候变得这么有文采，不愧是我的跟班哪！

《红楼梦》另类研究

※贾府以女性居多，贾宝玉日常起居都有专门丫鬟为他打理。光伺候贾宝玉的丫鬟（huán），就有十七八个。还有老妈子、书童等岗位分工，算下来，在贾宝玉身边，将近有几十号人围着他团团转。就连最平常不过的洗漱、穿衣，他都不需要自己动手，只需要坐在那或者站在那，身边的下人就会帮他收拾妥当。

大语文拓展

1.人物鉴赏

贾母：宁、荣二府中最高的长辈,贾府尊称为老太太、老祖宗、史老太君,娘家**史氏**为四大家族之一。贾赦（shè）、贾政和贾敏的母亲,贾宝玉的祖母,林黛玉的外祖母,史湘云是其内侄孙女。最疼爱的孙子是贾宝玉,总把他护在自己的羽翼下。

2.《红楼梦》冷知识链接

"三更灯火五更鸡,正是男儿读书时。黑发不知勤学早,白首方悔读书迟。"此诗出于唐代诗人颜真卿的《劝学》。"三更灯火五更鸡,正是男儿读书时"是说,三更挑灯夜读,五更鸡鸣即起,这一早一晚正是男儿读书的好时候。贾宝玉虽然集万千宠爱于一身,却偏偏不把读书放在心上,所以一听读书就叫苦连天。

3.冷知识探真

荣府这边,荣国公贾源打下家业后,第二代**贾代善**继承爵位,娶了史家大小姐,即史太君贾母。后来,第三代长子**贾赦**袭了"一等将军"爵位。第四代贾宝玉,贾府兴旺起来。这样一个世家,必然族系庞大,经济雄厚,而贾宝玉是荣府上唯一的男丁。当时社会重男轻女,这唯一的男丁别提多吃香,整日无忧无愁。

4.歇后语

穿衣戴帽——**各有一套**。

花子婆娘画眉毛——**穷讲究**。

1. 从宁、荣二公算起，贾宝玉在贾家属于第（　　）代。

    A. 第二代　　　　　B. 第三代　　　　　C. 第四代　　　　　D. 第五代

2.《红楼梦》中人物的配饰很有讲究，贾宝玉佩戴的是（　　）。

    A. 金麒麟　　　　　B. 通灵宝玉　　　　　C. 金锁　　　　　D. 铜锁

3.《红楼梦》中，贾宝玉与什么远古神话有直接联系。（　　）

    A. 盘古开天地　　　B. 大禹治水　　　C. 女娲补天　　　D. 共工撞断不周山

4. 阅读下文，回答相应的问题。

在《红楼梦》第二回中，作者对宝玉抓周并没有直接描写，而是通过冷子兴的讲述来说明宝玉抓周的情景。原文是这样的：

    冷子兴冷笑道："万人皆如此说，因而乃祖母便先爱如珍宝。那年周岁时，政老爷便要试他将来的志向，便将那世上所有之物摆了无数，与他抓取，谁知他一概不取，伸手只把些脂粉、钗环抓来玩弄。那政老爷便不喜欢，说他将来是酒色之徒耳，因此便不甚爱惜……"

（1）贾宝玉在周岁时例行的抓周礼上抓取的物件是（　　）。

    A. 笔墨纸砚　　　　B. 算盘　　　　C. 脂粉钗环　　　　D. 金银珠宝

（2）请你简述这件事，并说明它的作用。

_____

5.《红楼梦》里，贾宝玉是着墨最多、寄托最深的人物之一，他的服饰特色主要体现在红色上。这是为什么呢？

_____

_____

第二章　●　通灵宝玉下凡——衔玉而生的传奇少年

不按常理出牌的公子哥

袭人
这大下雨天的，你又是跑哪野去了？

宝玉
嗯……我就是在树下发了一会儿呆。

袭人
发呆都能把自己淋成落汤鸡，真是服了你了！

宝玉
好姐姐，这事可千万不能让俺爹知道了。

袭人
明知不该做，还管不住自己？我看你就是板子挨得还不够！

宝玉
我的好姐姐，以后我让厨房天天做你爱吃的糖蒸酥酪。阿嚏！

袭人
你还是先喝了这碗热姜汤再说吧。

《红楼梦》悬疑

※宝玉虽然是个世家公子，众星捧月般的人物，但是对待身边的丫鬟，他却没有一点架子，甚至连丫鬟都可以支使他做这做那，而他却乐此不疲，一副喜滋滋的样子。

一个夏日,贾宝玉从王夫人屋里出来,刚走到蔷薇花架下,只见一个女子蹲在地上,拿着绾(wǎn)头的簪子在地下抠(kōu)土。宝玉留神细看,女子眉蹙(cù)春山,眼颦(pín)秋水,面薄腰纤,袅(niǎo)袅婷(tíng)婷,不忍弃她而去。原来女子正用金簪在土上画字,竟是个蔷薇花的"蔷"字。贾宝玉心想:女子一定有什么心事。

天气说变就变,突然落下一阵急雨。贾宝玉看那女子头上滴下水来,衣裳顿时湿了,喊了起来:"下大雨,身上都湿了。"却全然不顾自己的衣服已经淋湿。贾宝玉总是替身边的女子着想,却唯独没有考虑过自己。

1.刨根问底

在贾宝玉生活的那个时代,男人是社会的主宰,女人地位低下,处于弱势地位。但是宝玉作为富家公子,却是个不摆架子的人,尤其是对待女孩子,更能看出他的平等意识、博爱思想和对自由的无尽追求。

2.引申词释义

绾:把长条形的东西盘绕起来打成结,如绾起头发。

袅袅婷婷:形容女子行走体态轻盈,非常柔美。

簪子:古代汉族女子的一种首饰,又称发簪、冠簪。由笄发展而成,可用金属、骨头、玉石等制成。

3.说文解字

眉蹙春山,眼颦秋水

蹙有紧迫、皱,局促不安之意；春山代指眉毛,秋水代指眼睛；全句意思是眉毛弯弯的像春天的山峰,眼睛清澈明亮像一汪秋水。

4.细挖《红楼梦》

在曹公笔下,创造了一个神奇的女儿国,它就是大观园,前身属于元妃正规的省(xǐng)亲别墅。然而,在贾宝玉的眼里,大观园如同世外桃源一般,是自己和众多女孩子的精神天地。因为这里与他格格不入,又不想同流合污的性格相吻合。虽然他的身边有众多女孩子的追随,看似众星捧月,但是他在这里,才能放飞自我,享受到属于自己的快乐。为此,贾宝玉总是整日躲在大观园里围着一些女孩子转,天长日久,也会替身边的女孩子着想,尊重女孩子的想法。

不同的水做不同的人

袭人
宝二爷，为什么你总是能爆出金句，让我太感动了！

宝玉
姐姐本来就是矿泉水做的女生，简简单单，心思单纯。

袭人
那可乐做的女生呢？

宝玉
没事儿的时候很冷静，一旦有事，一摇就冒气儿……

袭人
牛奶做的女生呢？

宝玉
健健康康，生活有品质。

袭人
那啤酒做的女生呢？

宝玉
平时是邻家女孩，喝多了……胡言乱语！

《红楼梦》另类研究

※在《红楼梦》第二回，贾宝玉说过这样的惊人之语："女儿是水做的骨肉，男人是泥做的骨肉。我见了女儿，我便清爽；见了男子，便觉浊（zhuó）臭逼人。"可见，贾宝玉非常鄙视那些只知道追求功名利禄的读书人，觉得女子身上就应保有善良与柔情，这句话可谓极力碾压封建社会所奉行的"男尊女卑"的价值观。

大语文拓展

1.人物鉴赏

龄官:《红楼梦》中的女性人物,贾宝玉的亲姐姐元春省亲时,贾家买了 12 个女孩,教她们学唱戏。龄官唱小旦,长相、气质很像林黛玉,眉蹙春山,眼颦秋水,素与宁国府的正派玄(xuán)孙贾蔷相好。

2.《红楼梦》冷知识链接

《红楼梦》里,遇到下雨天,必备工具之一就是雨伞。我国先秦时就已经发明雨伞。《通俗文》中的"张帛避雨",就是打开用布帛(bó)制作的雨伞来挡雨。北魏时,人们使用油纸伞,也便于步行骑马。一日晚上下雨,薛宝钗派婆子打着伞、提着灯探望生病的林黛玉。可见,贾家人雨天出行必用雨伞。

3.冷知识探真

服侍宝玉的丫鬟都是下人,地位和他有着天壤之别,可是宝玉却能时刻为她们着想,谁爱吃酥酪(lào),谁又爱吃豆腐皮包子,他都记得清清楚楚。不过,宝玉尊重女性也是有前提的,他尊重的女性大多是年轻貌美的;相反,对待人老珠黄的女性,他又成了被惯坏的小少爷。比如,当他得知自己沏的枫露茶被奶妈李嬷(mó)嬷给喝了时,当即气急败坏,还摔了茶杯。

4.歇后语

不搭棚的葡萄——没有架子。

三九天喝姜汤——热心肠。

1. 在《红楼梦》中，_____是最没有架子、最温和怜惜下人的主子。

2. "女儿是水做的骨肉，男人是泥做的骨肉。"这句话可以理解为贾宝玉认为女子温柔如_____，而男子则比较刚强，像_____一样。

3. 关于"女儿是水做的骨肉，男人是泥做的骨肉。我见了女儿，我便清爽；见了男子，便觉浊臭逼人。"这句话的解释，哪一项不符合作者的观点。（　　）

A. 女儿们的纯洁美好使贾宝玉觉得只有和她们在一起才称心如意。

B. 这句话充分体现了贾宝玉的叛逆性格，这与其成长的环境有很大的关系。

C. 这种偏激的思想既反映了贾宝玉作为贵公子的生活情调，又表现了他虽然幼稚、却很执着的清高脱俗的意识。

D. 曹雪芹在大观园中惊喜地发现了一群活跃的精灵——女儿们，于是他决心把她们如实写进自己的不朽名作《红楼梦》里。

4. 阅读下面的文字，完成相应的问题。

《红楼梦》第二回里，冷子兴说，贾宝玉有一句名言："女儿是水做的骨肉，男人是泥做的骨肉。我见了女儿，我便清爽；见了男子，便觉浊臭逼人。"冷子兴觉得这句话很好笑，觉得贾宝玉将来是色鬼无疑。

（1）这句话是谁说的？

_____

（2）为什么说这句话是惊世骇俗的奇谈怪论？

_____

5. 贾宝玉讲"女人是水，男人是泥"，是以性别来划分的吗？说说你的理解。

_____

_____

第三章

宝黛初相见

——

红楼CP是怎样炼成的

求关照

贾雨村
贵人，我来看您来啦！

甄士隐
你不是当年葫芦庙的贾雨村吗？听说你做官了，恭喜恭喜！

贾雨村
别提了，一言难尽啊！现在我辞职了，求关照啊！

甄士隐
谁叫你遇到我呢？

贾雨村
对，帮忙帮到底，您就是我的再生父母啊。

甄士隐
看你也有两把刷子，给我家闺女做家庭教师吧。

贾雨村
幸福来得太突然，小心脏都砰砰乱跳了……

《红楼梦》悬疑

※心怀梦想的贾雨村在葫芦庙结识了乐善好施的甄士隐，在他的器重和帮助下，走上了令人仰慕的为官之路。然而，他却仗着自己有才，不听上司的话，甚至还言语冒犯。结果领导一怒之下，将其革职。贾雨村被贬后，只能乖乖回到老家，另寻出路。此后，他的人生又将发生怎样的际遇呢？

话说,当初得到甄士隐资助的贾雨村当了官后,还没得意多久,就因为得罪上司被**革了职**。后来,在友人的推荐下,他到苏州一户姓林的人家当**西宾**。这姓林的人家就是**巡盐御史林如海**家。林如海祖上**世袭**侯爵,是豪门贵族、书宦之家,科举探花出身。四十岁时,仍膝下无子,夫妻俩对五岁的独女黛玉视如掌上明珠,见其聪明清秀,就**延师**贾雨村作幼女的家庭教师,教其读书识字。此女就是当年绛珠仙草下世,降生为林如海之女。

1. 刨根问底

西宾:古代宾客一般坐在西边,后来把私塾老师或投奔在门下的幕友称为西宾。幕友就是为主人出谋划策,或是陪主人闲聊的人,并从中谋取一些私利。

侯爵:中国古代爵级名,为公、侯、伯、子、男五等爵的第二级。只授予皇亲国戚与极少数功臣。从先秦时代开始,君主赐封侯爵,是周朝五等爵的第二等。

公爵
侯爵
伯爵
子爵
男爵

2. 引申词释义

世袭:指帝位、爵位、领地等世代承袭。

延师:意思是聘请老师。"延"在过去有聘请、邀请之意;师乃传道授业解惑也,所以称作"延师"。

革职:指被开除、罢免等,尤指因劣迹从军队或国家职务中正式革除。

3.说文解字

巡盐御史

明清两代官名,专门收缴盐税、监督盐商。

学富五车

该典故出自《庄子·天下篇》,形容那些学识渊博的人。古时有一个叫惠施的人,他的学问丰富到用五辆车来装。"五车"是虚指,表示数量之多,意味着知识非常丰富。

4.细挖《红楼梦》

对于林如海的描写,《红楼梦》这样写道:这林如海姓林名海,表字如海。乃是前科的探花,今已升至兰台寺大夫,本贯姑苏人氏,今钦(qīn)点出为巡盐御史,到任方一月有余。虽聊聊几笔,却点出他为人正直清廉的一面。林如海学富五车,学识渊博,所以才能金榜题名,中了探花,继而做官。而这也是黛玉才貌双全的原因所在。

父女情深

黛玉
爹，我想俺娘了。

林如海
可怜的娃，爹对不住你啊！

黛玉
爹，我会很乖的，不会惹你生气。

林如海
傻孩子，瞎说什么呢，你做啥，爹都高兴。

黛玉
爹，宝宝心里苦啊！

林如海
黛儿，你外祖母家家大业大，爹送你去那儿吧。

黛玉
爹，你不能不要我啊。

《红楼梦》另类研究

※虽说林家祖上是世家望族，但是仍逃不过至亲的生离死别。林黛玉五六岁时，母亲贾敏因病去世。何况家族本就人丁不旺，这对林如海都是不小的打击。好在林如海教育开明，对于唯一的女儿，不仅倾注了全部的情感，还教她读书识字，因此有了才貌双全的颦儿。当然，这也看得出他命中无子的无奈。

1. 人物鉴赏

林如海：姑苏林家的子孙，贾母的女婿，林黛玉的父亲。祖上世袭侯爵，历任兰台寺大夫、巡盐御史等职。妻子贾敏是贾代善与贾母四个女儿里最小的女儿。育有一子，三岁时夭折，仅剩一女林黛玉。

2.《红楼梦》冷知识链接

林如海品学兼优，他不像国子监祭酒的李守中（即李纨的父亲），只会遵循"女子无才便为德"，要求女子会做纺绩（jì）、女红（gōng）这些活计就行，反倒非常重视黛玉的教育。比如贾敏去世后，他就要求黛玉守制（旧时指父母或祖父母去世后，晚辈需在家守孝27个月，其间不得婚嫁、应考、上任）读书。而黛玉也是饱览诗书。

女红，旧时指女子所做的针线、纺织、刺绣、缝纫等工作和这些工作的成品。也指从事这些工作的妇女。

3. 冷知识探真

明清时期，巡盐御史可以说是个肥差，有钱有权，还是要职，一般由皇帝非常信任的心腹担任，由此可以看出，林如海为人清廉（lián）正直，深得皇帝的信任。而且林如海没有沾染任何富贵子弟的不正之风，也没有坐吃山空，为了延续林家世家大族的声望，反而更加勤奋刻苦，担负起振兴家族的使命。

4. 歇后语

井底下看书——学问不浅。

小葱拌豆腐——一清二白。

1. 林黛玉之父是_____，曾是前科_____出身。

2. 林如海年已四十，原有一个三岁之子，偏又死了，膝下只有嫡妻_____所生的女儿_____，年方五岁。夫妻无子爱之如珍宝，又见她聪明清秀，便延聘教师让她读书识字。

3. 林如海欲为女儿聘用一名西宾，请问"西宾"一词在这句话中的意思是( )。

    A. 厨师   B. 教师   C. 管家   D. 车夫

4. 林黛玉的父亲林如海任巡盐御史时，任职在扬州，但是林家祖籍是( )人。

    A. 苏州   B. 杭州   C. 荆州   D. 庐州

5. 《红楼梦》中，林如海意欲令女守制读书，故又将他留下。这里的"守制"是什么意思。( )

    A. 守孝   B. 守家   C. 遵"三从四德"

6. 阅读下文，请你想一想林黛玉为什么会这样做？

    《红楼梦》第二回"贾夫人仙逝扬州城，冷子兴演说荣国府"中，冷子兴与贾雨村聊起贾家的事，有这么一段对话：

    雨村拍案笑道："怪道这女学生读至凡书中有'敏'字，他皆念作'密'字，每每如是；写字遇着'敏'字，又减一二笔，我心中就有些疑惑。今听你说，是为此无疑矣。"

_____

_____

宝宝，你的命怎么这么苦

贾母
我的心肝宝贝呀！你的命怎么就这么苦呢？

林如海
丈母娘，都是我不好，没把敏儿照顾好。

贾母
只是苦了我那外孙女啊……

林如海
丈母娘，我恐怕又要给您添麻烦了。

贾母
你给我添的麻烦还少吗？

林如海
颦儿还小，到了您那里，您可得多照应着啊。

贾母
放心吧，有我这把老骨头在，颦儿吃不了亏的。

《红楼梦》悬疑

※黛玉原本是被爹妈捧在手心里的珍宝，可是为何年幼的她不得不离开自己的家，一个人不远万里、孤零零地来到陌生的京城？对于这个娇羞的外孙女，贾母对其命运又有着怎样的影响？

释义故事

当外祖母得知贾敏去世的消息后，肝肠寸断，伤心之余，她最先想到的是失去母亲的外孙女，于是立刻派家仆将林黛玉接到自己身边，亲自照顾。林如海这边，也请贾雨村陪女儿进京投奔外祖母，还帮他写了一封推荐信，希望能谋个一官半职。

其实，此前不久，贾雨村就曾偶遇过当年旧友冷子兴。当时，冷子兴给贾雨村讲了一件稀奇的事，说荣国府贾政的公子一生下来，嘴里就衔着一块美玉。还说林如海的夫人贾敏是金陵四大家族中荣府里贾赦、贾政的胞妹。贾雨村一听，觉得简直是天助我也，还没等林如海开口，就主动提出愿意护送林黛玉进京。

1. 刨根问底

冷子兴是《红楼梦》及其衍生作品中的角色，周瑞的女婿，都城的古董商，和贾雨村是好友。别看冷子兴是一个小人物，却是一个关键人物。通过他为贾雨村梳理了宁荣两府复杂的关系，使贾家众人在他口中整体亮相。

2. 引申词释义

肝肠寸断：意思是肝和肠断成一寸一寸的，比喻伤心到极点。
投奔：指前往依靠别人，或是落脚依靠的人或地方。
胞妹：指同父母所生的妹妹，即亲妹妹。也指多胞胎孩子中出生较晚的妹妹。

3.说文解字

天助我也

"天"指上天,"助"指帮助,"我"指自己,"也"在文言文中是一个语气助词,没有实际意思。意思是感叹自己命运好,连上天都帮我。也可以理解为,一个人做事情的时候,总是很顺利,就像有什么东西在冥冥之中帮助他一样。此语出自《三国演义》:"黄盖来降,此天助我也。"

4.细抠《红楼梦》

按说官宦世家完全有条件教养好林黛玉,但是贾母却执意自己抚养。因为按照**古代礼数**,母亲去世,如果父亲有意**续弦**(xián)重整家业,女儿就得投靠外祖母,这样可以避免女儿在家受委屈,不过,此事还得父亲允许才可以。

再者,外祖母接来抚养的话,多少可以传授女子一些礼仪规矩,比如,古代女子要遵从四德,即德、言、容、工。就是说作为女子,第一要紧的是品德,要有贤惠的内心,为人厚道;与人交谈时,说话得体,言辞恰当;个人形象要贤淑、有礼貌;"工"就是治家之道,懂得相夫教子、尊老爱幼、勤俭节约。

然而,贾母毕竟不可能代替母亲的角色,很多教养礼仪她都忽略了。所以,林黛玉才会与贾宝玉亲近异常,十几岁还躺在一张床上,一起偷看禁书。

找工作和老板谈

贾雨村
这不是子兴哥吗？什么风把你给吹来了？

冷子兴
雨村兄，好久不见啊！如今你都是大人物了，还有闲工夫喝酒？

贾雨村
说来话长，官场起起落落，现在在家待业呢。

冷子兴
听说宁荣两大集团正在内部招聘，你有没有兴趣啊？

贾雨村
那敢情好，只是我这没门没窗的人，谁愿意正眼看我呢。

冷子兴
碰上我算你小子祖上烧高香了，我听说……

贾雨村
还有这样的事？子兴哥，你就是我的恩人啊，请受我一拜！

《红楼梦》另类研究

※贾雨村在林府教学的这段日子，薪酬不少，又与世无争。然而，林如海妻子贾敏的去世，导致体弱多病的林黛玉，一连多日不来上学。闲居无聊的贾雨村，在扬州的酒馆里偶遇冷子兴。这个冷子兴是荣国府管家周瑞的女婿，当贾雨村从他那里打探到宁荣两府的事后，顿时来了兴致，飞黄腾达似乎就在眼前。

大语文拓展

1. 人物鉴赏

林黛玉：《红楼梦》女主角，金陵十二钗正册之一，荣府贾敏与扬州林如海的独女。母亲贾敏是贾代善和贾母四个女儿里最小的。五岁上学，六七岁母亲去世，十岁来到京城贾母身边，十一岁父亲逝世，从此常住贾府，性格孤傲忧郁。

2. 《红楼梦》冷知识链接

其实，林黛玉进京之前，身体并不好，需要大补人参等药材来治病。而林家到林如海已是第五代，俸禄不高不说，家境也不再殷（yīn）实。所以，林黛玉去贾家，无疑是更好的选择。请贾雨村护送，言外之意是让贾雨村保证把林黛玉安全送到贾家，这样才可以官复原职，否则一切免谈。

3. 冷知识探真

古人将夫妻比作琴瑟（sè），琴和瑟同时弹奏声音和谐，比喻夫妻恩恩爱爱。然而，天有不测风云，人有旦夕祸福，妻子若是不幸离世，称为"断弦"，男子再娶妻称为"续弦"。

4. 歇后语

哑巴吃黄连——有苦自己吞。

被窝里抹眼泪——独自悲伤。

1. 林黛玉的母亲名叫_____，是荣国府老太君史氏的女儿，是贾赦、贾政的____。

    A. 贾敏　　　　　B. 妹妹　　　　　C. 姐姐　　　　　D. 林如海

2. 林黛玉之母为贾敏，而贾敏又是贾宝玉的姑姑，所以林黛玉与贾宝玉为（　　）关系。

    A. 姑表兄妹　　　　　B. 亲兄妹　　　　　C. 姨表姐弟

3. 冷子兴演说荣国府中曾谈到贾赦有两个儿子，长子名叫_____，次子名叫_____。

    A. 贾珠　　　　　B. 贾琏　　　　　C. 贾宝玉　　　　　D. 贾琮

4. 以下关于书中情节的描述，错误的一项是。（　　）

    A. 外祖母得知贾敏去世的消息后，肝肠寸断。

    B. 林黛玉是家中唯一长大成人的女儿，曾有一个弟弟，但幼年夭折。

    C. 林如海妻子去世后，亲自陪女儿进京投奔外祖母。

    D. 贾敏去世后，林如海派贾雨村将林黛玉送到外祖母身边，方便照顾。

5. 阅读下面这个"冷子兴演说荣国府"的片段，请你说一说这部分内容在全书有何作用。

    如今生齿日繁，事务日盛。主仆上下，安富尊荣者尽多，运筹谋画者无一，其日用排场费用，又不能将就省俭，如今外面的架子虽未甚倒，内囊却也尽上来了。这还是小事，更有一件大事：谁知这样钟鸣鼎食之家，翰墨诗书之族，如今的儿孙，竟一代不如一代了！

_____

_____

从今往后，这儿就是你的家

贾母

孩子，你可算是来了，快到我跟前来！

林黛玉

老太太好，玉儿给您请安！

贾母

舍不得，舍不得，快起来，我的心肝儿宝贝。

林黛玉

老太太，我给您添麻烦了……

贾母

瞎说什么呢？都怪我，应该早早就把你们娘俩接过来啊，唉……

林黛玉

老太太……

贾母

从今往后，这儿就是你的家，想吃什么，想玩什么，尽管告诉我。

《红楼梦》悬疑

※经过一路的颠簸，黛玉终于来到外祖母身边，可是第一次进贾府，受到的接待却是极其隆重的。原本就谨小慎微的她在这种场合下，更是步步留心，时时在意，不敢多说一句。你知道后来都发生了什么，黛玉又是如何应对的呢？

不久,林黛玉就去了京城。那日,黛玉一行人来到一所高大的院落前,匾(biǎn)额(é)上写着"敕造宁国府"五个大字。后来,轿子又往西走,从角门拐进去,在写着"垂花门"三个大字的门前停了下来,黛玉又忐(tǎn)忑(tè)不安起来。

这时,几个丫鬟见黛玉来了,笑着迎了上来,林黛玉被大家簇(cù)拥着来到贾母身边。她本想跪(guì)拜,却被贾母一把搂入怀中,连声说"心肝儿肉"。

随后,贾母把邢(xíng)夫人、王夫人两位舅母——一介绍给黛玉,带她认识了李纨、王熙(xī)凤两位嫂子,还叫迎春、探春和惜春三个姐妹过来和黛玉相见。就在这时,后院传来一阵爽朗的笑声,还吵嚷着说自己来晚了,只见一位衣着华丽的贵妇从人群中走来,贾母笑称她"凤辣子",众姐妹称她"琏(liǎn)嫂子",此人便是林黛玉大舅贾赦的儿媳妇——王熙凤。大舅贾赦身体不适,又担心黛玉伤心,就没有相见。

1.刨根问底

林黛玉第一次进贾府,小心翼翼地审视着这里等级森严的日常礼仪和规矩。而贾母对她的关心和爱护,又让她那颗防备之心逐渐淡了下来。有意思的是,随着王熙凤的出场,不仅显示了她泼辣的个性,也让众人看到黛玉在老祖宗心目中的尊贵,反倒将林黛玉的地位提高到新的高度。

2.引申词释义

忐忑不安:意为心神不定,心神极为不安。

簇拥:意思是很多人紧紧围绕着或护卫着。

跪拜:指屈膝下拜;磕头。拜,指行敬礼。跪拜礼是旧时使用年代最长、最频繁的一种礼节,分为稽首、顿首、空首,称为"正拜"。

3.说文解字

匾额

古建筑组成部分,指悬挂于门屏上作装饰之用,反映建筑物的名称和性质,表达行事准则、情感等的文学艺术装饰形式。

垂花门

古代民居建筑院落的内门,是四合院中内宅与外宅(前院)的分界线和唯一的通道。因其檐柱垂吊在屋檐下,称为垂柱,其下有一垂珠,通常彩绘成花瓣形状。

4.细挖《红楼梦》

晚些时候,贾母又传话让黛玉去吃晚饭。丫鬟们早已布置好餐桌,因黛玉是客人所以被安排在里屋,其余人在外屋。饭后,黛玉漱口、洗过手后,方才结束。

这时,王夫人口中的"混世魔王"来了,当他第一眼看到林黛玉时,只见:"两弯似蹙非蹙罥烟眉,一双似泣非泣含露目。态生两靥(yè)之愁,娇袭一身之病。泪光点点,娇喘微微。闲静似娇花照水,行动如弱柳扶风。心较比干多一窍,病如西子胜三分。"宝玉眼里的黛玉,面有愁色,身体娇弱多病。宝玉还说,黛玉的心比七窍(相传,商纣王的叔父比干曾向他谏言,纣王却说:"我听说圣人的心有七窍",随后竟狠毒地挖了比干的心。还多一窍,在他眼里,黛玉是极聪慧的。因有前世的因缘,所以宝玉说道:"巧了,这个妹妹我曾见过的。"而黛玉心里也有一种似曾相识的感觉。

我们都是宝玉的黑粉

王夫人
林妹妹，我那混世魔王说的话，你可别信，嘴里天天放炮。

贾母
是啊，我都搞不懂我这个孙子了，一时甜言蜜语，一时又疯疯傻傻。

林黛玉
老太太，我倒是觉得这个宝哥哥挺有趣的呢。

贾母
呵呵，是吗？他可是我们这里出了名的人物。

王熙凤
妹妹，你以后对他爱搭不理就是了。

林黛玉
听你们这么一说，我反倒更想看看宝哥哥是怎样一个混世魔王了。

《红楼梦》另类研究

　　※林黛玉第一次进贾府，曹公写道，"步步留心，时时在意。"俨然是一个乖巧、懂礼数的大家闺秀。虽然她从未见过如此璀(cuǐ)璨(càn)的场景和奢(shē)华的风格，但是从这八个字，可以看出黛玉非常守礼节，生怕被人取笑自己，是个很传统的人。不过，随着宝玉的出场，黛玉的心情又变得跌宕(dàng)起伏。

大语文拓展

1.人物鉴赏

袭人：《红楼梦》中金陵十二钗副册第二位，宝玉房里大丫鬟之首。原名珍珠，从小因家贫被父母卖入贾府为婢（bì），原先服侍贾母，因心地纯良，恪（kè）尽职守，便为宝玉的首席丫鬟。

2.《红楼梦》冷知识链接

话说，宝黛相见时，宝玉恭敬地作揖（yī），黛玉也是以礼相还。当宝玉问起黛玉有没有玉，黛玉说不曾佩戴过时，宝玉当即怒发冲冠，一把拽下胸前挂的玉，将其狠狠地摔在地上。贾母见状，顿时大怒道："你要打人骂人容易，何苦摔那命根子。"然而，宝玉却气急败坏地说"家里姐姐妹妹都没有，单我有，我说没趣，如今来了这么一个神仙似的妹妹也没有，可知这不是个好东西。"之后，怒气冲冲的宝玉便夺门而出，黛玉则为宝玉摔玉的事哭哭啼啼，伺候宝玉的丫鬟袭人却笑着说，以后你在二爷身上还会见到更多出格的事呢。

3.冷知识探真

宝玉对黛玉相貌的描写，出自《红楼梦》第三回"托内兄如海荐西宾，接外孙贾母惜孤女"，宝玉眼里的黛玉眉尖若蹙，有如一缕轻烟；双目含情，带着喜悦与幽怨；脸颊有着淡淡的忧愁，娇滴滴的，一看就是一身小毛病；眼含泪水，微微喘着气息；安静的时候，像花儿照在水里一样柔美；走路的时候，像轻风吹着杨柳一样飘逸；心思比旁人多一些，疾病比他人多三分。宝玉眼中的黛玉俨然是一个多愁善感、飘灵超逸（yì）的女子。

4.歇后语

癞蛤蟆上蒸笼——气鼓气胀。

好药碰火柴——好大的火气。

1. 黛玉进_____，除外祖母外，还见了大舅母_____，即贾赦之妻；二舅母_____，即贾政之妻；年轻善于治家的王夫人侄女、贾琏之妻_____，以及衔玉而生的_____。

2. 黛玉初到贾府，"步步留心，时时在意，不肯轻易多说一句话，多行一步路，只恐被人耻笑了他去。"关于其心理活动的理解，不正确的是（　　）。

A. 这句话奠定了林黛玉多愁善感的性格基调。

B. 黛玉孤身一人来到贾家，自感寄人篱下，容易敏感多虑。

C. 说明黛玉初入荣国府，性格内敛，心思过于细腻。

D. 黛玉觉得自己灵秀聪慧，才华横溢，所以瞧不起别人。

3. 阅读下面的节选文字，完成相应的问题。

一语未了，只听外面一阵脚步响，丫鬟进来笑道："宝玉来了！"黛玉心中正疑惑着："这个宝玉，不知怎生个惫懒人物，懵懂顽童？"倒不见那蠢物也罢了。心中想着，忽见丫鬟话未报完，已进来了一个年轻的公子……黛玉一见，便吃一大惊，心下想道："好生奇怪，倒像在那里见过一般，何等眼熟到如此！"……

贾母因笑道："外客未见，就脱了衣裳，还不去见你妹妹！"……宝玉看罢，因笑道："这个妹妹我曾见过的。"贾母笑道："可又是胡说，你又何曾见过他？"宝玉笑道："虽然未曾见过他，然我看着面善，心里就算是旧相识，今日只作远别重逢，亦未为不可。"

（1）文中两处划线句，有什么表达效果？

_____

（2）通过以上文字，你认为贾宝玉和林黛玉各有怎样的性格特点？

_____

_____

第三章 · 宝黛初相见——红楼CP是怎样炼成的

除了会耍嘴皮子，宝玉还会干什么

宝玉
刚才还夸妹妹眼熟，怎么这会儿又哭上了？

黛玉
要星星有星星，要月亮有月亮，怎么就那么任性？独一无二的宝贝，说摔就摔。

宝玉
我就是这个脾气，不过，我的心眼好着呢。

黛玉
我看你除了会耍嘴皮子，还会干什么？

宝玉
像我这样的美男子，第一绝技当然是写诗呀。

黛玉
你还想一口气吹灭火焰山哪，口气还不小呢。

宝玉
好妹妹，你慢慢就会发现我的与众不同了。

《红楼梦》悬疑

※宝黛初见戏剧性极强，宝玉先是对黛玉视而不见，又说"这个妹妹我曾见过"，最后竟然直接摔玉，自己气急败坏不说，连黛玉也是大吃一惊，心里暗自哭泣。可是，宝玉的这番疯狂操作，倒也让彼此的印象更为深刻，第一次见面就整这么一出，想不成为CP（网络流行语，Coupling简称，表示人物配对的关系）都难啊。

宝玉第一次见黛玉就大闹了一场,那句"这个妹妹我曾见过的"虽然被贾母笑称"又在说胡话",但是初次见面就这样说,实在是因为两人既有前世的缘分,也有后世的际遇。

宝玉看完林黛玉的美貌后,不由得问道:"妹妹尊名是哪两个字?"黛玉便说了名。宝玉又问字,林黛玉却说无字。宝玉笑了笑,送给黛玉"颦颦"二字。

当探春问起出处时,宝玉却说《古今人物通考》上说:'西方有石名黛,可代画眉之墨。'况这林妹妹眉尖若蹙,取这两个字,岂不两妙!"其实,《古今人物通考》纯属宝玉信口开河,随意杜撰(zhuàn)为之。当然,这也从侧面表明宝玉对黛玉的爱慕。

1.刨根问底

古代人不仅有名字,还有字,字是本名以外所起的表示德行或本名意义的名字。通常,汉族男子二十岁时,举行成人冠礼,要取"字";女子十五岁许嫁,举行笄(jī)礼,要取"字"。笄,即簪子,用来插住挽起的头发。

2.引申词释义

颦:指皱眉。如颦眉,一颦一笑;成语东施效颦,比喻不顾自身条件,盲目地仿效别人,结果适得其反。

信口开河:原指随口乱说一气。信口:随口;开河:原指开合,指说话时嘴唇张合。比喻说话没有依据,不可靠。

杜撰:意思是臆(yì)造;虚构,没有根据地编造。

3.说文解字

尊名

指崇高的声名；也指帝号；或是对人名字的敬称。

西方有石名黛，可代画眉之墨

黛玉在神话世界为西方灵河岸上三生石畔的绛珠仙子；黛是一种青黑色颜料，古代女子用以画眉。"黛"与"颦"，无论命名或色彩，皆显高贵古典气质。

4.细挖《红楼梦》

宝黛初见，宝玉曾说，"虽然未曾见过他，然我看着面善，心里就算是旧相识，今日只作远别重逢，亦未为不可。"对于从未见面的少男少女来说，这样的话相当于心迹的**表白**。接下来，宝玉对黛玉又是一番细细的打量，见她如此与众不同，不由得送给黛玉一个最妙的"颦"字。后来，当宝玉得知神仙似的妹妹没有玉时，竟气急败坏地上演摔玉一幕。然而，玉不仅是宝玉的护身符，更是他的化身，摔玉无异于摔他自己，这一举动又表明在他心里，黛玉的重要程度远远高于自己。

林妹妹，我给你取名颦颦，可是认真的哦。

更耐人寻味的是，此后，宝玉又做了一个意外举动。晚上安排休息时，当黛玉的奶娘前来请问黛玉居住的地方。宝玉又执意与黛玉住在一处。古代男女有七岁不同席一说，黛玉进贾府时，六岁左右，宝玉七岁左右，如此不避嫌，说明宝黛真的是一见钟情。

金玉加身也是一种负担

宝玉
太不公平了，连神仙似的妹妹都没有玉，为什么偏偏我就有？

黛玉
别瞎说？糊涂蛋！

宝玉
哼，还说我是含玉而生，身份多么尊贵，依我看，我就是个冒牌货。

黛玉
你不要命了，再乱说，就板子伺候了。

宝玉
大家都夸我如宝似玉，到底与众不同在哪了？

黛玉
这就是你的命，不管你愿不愿意，你就是男一号。

宝玉
什么男一号，不要也罢！我就想人人平等，这也有错吗？

《红楼梦》另类研究

　　※在贾府里，众人都称赞宝玉如宝似玉，但实际上宝玉的所作所为和他的叛逆思想并不符合封建社会的标准。初次见到黛玉，就问她有没有玉，估计心里一直都很在意这个事，觉得自己从小和姐姐妹妹们一处长大，姐姐妹妹们没有玉，唯独他有，就显得自己很另类，所以他对这块玉始终是一种嫌弃的态度。如此看来，"贾"宝玉其实是个"假"宝玉，"贾"是"假"的谐音，与"真"相对，这也符合《红楼梦》开篇，曹公所言："曾历过一番梦幻之后，故将真事隐去，而借'通灵'说此《石头记》一书也……"

大语文拓展

1.人物鉴赏

西施：又称西子,出身贫寒,秀媚出众,常浣（huàn）纱于溪。春秋时期,越国战败,向吴国求和。越王勾践把西施献给吴王夫差。夫差对她万般宠爱,越王勾践趁机卧薪（xīn）尝胆,越国日益强盛,最终打败吴国。西施与王昭君、貂蝉、杨玉环并称古代"四大美女"。后人说,四大美女有"沉鱼落雁之容,闭月羞花之貌",其中的"沉鱼"即指西施。相传,西施有心绞痛的毛病,经常捧心而颦,样子楚楚可怜。而宝玉眼里,黛玉的病容比西施还好看。

2.《红楼梦》冷知识链接

宝玉为什么给黛玉取字"颦颦"呢？宝玉初见黛玉时,形容她"眉尖若蹙",于是为其取名颦颦。"颦颦"二字虽然形容的是黛玉"眉尖若蹙",却源自那句"病如西子胜三分"。"颦颦"二字,代表的就是西施。看得出,在宝玉眼里,黛玉弱不禁风的娇态也是一种美,至于她生病时的姿态比西施还要美。不过,毕竟是初次见面,宝玉也不敢直说表妹黛玉像西施,所以才借《古今人物通考》杜撰而来。可以说,这样的比喻非常形象、贴切。

3.冷知识探真

起名字讲究一个吉祥,但是"颦"这个字的寓意却并不好。颦指皱着眉头,形容忧愁、忧伤。唐朝诗人李白在《怨情》中说:"美人卷珠帘,深坐颦蛾眉。但见泪痕湿,不知心恨谁。"宋代词人晏几道在《虞（yú）美人·小梅枝上东君信》中写道:"年年衣袖年年泪,总为今朝意。问谁同是忆花人。赚得小鸿眉黛、也低颦。"黛玉的这个"颦颦",其实暗示了她一生不得开心颜,最终忧郁而死,泪尽而亡。

4.歇后语

白娘娘遇许仙——一见**钟**情。
梁山伯看到祝英台——一见**钟**情。

1. 宝黛二人初见有似曾相识之感，宝玉给黛玉取名_____。但宝玉因见美如天仙的表妹无玉，便摔砸自己的_____，惹起一场不快。

    A. 颦颦   B. 芙蓉   C. 通灵宝玉   D. 念珠

2. 《红楼梦》中被人称为"病西施"的是_____。

    A. 林黛玉   B. 薛宝钗   C. 贾宝玉   D. 袭人

3. 《红楼梦》中林黛玉称呼贾宝玉的父亲为_____。

    A. 姨父   B. 姑父   C. 舅舅   D. 伯父

4. 宝黛相见时，曹雪芹对黛玉的服饰只字未提，以下说法哪一项正确。（   ）

    A. 为了行文简洁，突出人物形象特点。

    B. 黛玉服饰普通，没有什么特别之处。

    C. 在宝玉眼中，服饰是不屑之物，所以视而不见。

    D. 宝玉是个懵懂顽童，不注意服饰细节。

5. 阅读下文这段文字，回答下面的问题。

    贾母因问黛玉念何书。黛玉道："只刚念了'四书'。"黛玉又问姐姐妹妹们读何书。贾母道："读的是什么书，不过是认得两个字，不是睁眼的瞎子罢了！"后来，宝玉走近黛玉身边坐下，细细打量一番，问："妹妹可曾读书？"黛玉道："不曾读书，只上了一年学，些须认得几个字。"

（1）同样是问读书，黛玉的回答为什么会不一样？

_____

（2）"四书"指的是什么？

_____

狗血剧情闪亮登场

脂砚斋
曹公，男神、女神已经完美亮相，怎么不见你放烟花庆祝呢？

曹公
前世的缘分哪有那么容易修成的。

脂砚斋
难道还要经历九九八十一难？

曹公
作为贾府未来的继承人，人生当然得波澜壮阔，要不哪来的点击率呢。

脂砚斋
难道你要加狗血剧情了？

曹公
大热CP怎么能少得了玄幻的味道！

脂砚斋
我懂了，这其实就是铺垫，为了引出后面的情节。

曹公
还算有点悟性，孺子可教也。

《红楼梦》悬疑

※自从男一号宝玉和女一号黛玉有了第一次相识，两人吵吵闹闹，且又心心相印，可以说是红楼榜上妥妥的第一CP。为了让剧情更麻辣一点，曹公又写了一个人，她就是薛氏家族的大小姐——薛宝钗，也因此成为宝黛爱情的试金石。不过，在女二号出场之前，还发生了一个复杂迷离的案件。

释义故事

前文提到,甄士隐之女英莲五六岁时被人贩子拐走,十二三岁时,被卖给当地一个小乡宦的儿子**冯渊**,并约定三日后迎娶入门。谁知人贩子转手又将英莲卖给有权有势的薛家,薛家公子**薛蟠**见丫头长得不错,也要买下。人贩子打算卷了两家的银子就逃走,谁知走漏了风声,被两家抓住殴打,而且两家都想要这个丫头,于是公说公有理,婆说婆有理。薛蟠倚(yǐ)财仗势,令下人把冯渊打得重伤致死,冯家人不服,四处告状。

巧的是,当时贾雨村正在**衙**(yá)**门**任职,本想**秉**(bǐng)**公执法**,主持公道,但是一旁的**门子**却一直朝他使眼色,于是两人进入密室商谈。门子告诉贾雨村,凶手薛家是金陵有名的四大家族之一,需要抄一张当地的"**护官符**"来保平安。

门子还告诉贾雨村,明日在堂上,老爷只管**虚张声势**,签发文书捉拿案犯。原凶自然是抓不到的,但是他会在暗中让薛家报个薛蟠暴病身亡,然后判点钱给冯家。第二天开庭时,冯家也没什么要紧的人,见有银子也就罢了。至此,贾雨村**徇**(xùn)**私枉**(wǎng)**法**了此案。

1.刨根问底

门子指的是官衙里的仆役(yì),原来这个门子与贾雨村是旧相识,是葫芦庙的僧人,后来葫芦庙大火,他蓄了头发,还俗做了官府的一个门子。在他的指引下,贾雨村把一个证据确凿的人命案变成了一桩不明不白的"葫芦案",可以说是还了贾家一个人情。

2.引申词释义

衙门:旧时称官署为衙门,即政权机构的办事场所。

秉公执法:公正地执行法律。秉公,做事秉持公正之心

虚张声势:张是铺张、夸大的意思;虚张声势指假装出强大的气势,借以吓人。

徇私枉法:为了私情、私利而做不合法的事。

第三章 ● 宝黛初相见——红楼CP是怎样炼成的

3.说文解字

护官符

旧指地方上有权有势的大乡绅的名单，是流传在民间的顺口溜。意思是说，巴结这些权贵就能保住官；得罪他们不仅会丢官，还可能连脑袋也保不住。话说，到了后堂，门子告诉贾雨村，来此地当官，都要抄一张本省的"护官符"。这护官符说的就是本地最厉害的四大家族。作为四大家族之一的薛家，本是家财万贯的皇商，在他们眼里珍珠就像黄土，金子就像铁一样普通。

4.细抠《红楼梦》

"护官符"说的是贾、史、王、薛四大家族，彼此联络有亲，荣辱与共。"贾不假，白玉为堂金作马"，是说荣宁二国公贾家，用白玉盖房子，用黄金铸马；"阿（ē）房（páng）宫，三百里，住不下金陵一个史"，是说秦始皇三百里的阿房宫住不下一个史家，史家是贾母的娘家，小说里又称贾母为"史老太君"；"东海缺少白玉床，龙王来请金陵王"，是说在神话传说中，东海龙王拥有各种珍奇异宝，可是他还要请金陵王家帮忙；王家就是贾政夫人的娘家，王熙凤也来自王家，是王夫人的侄女；"丰年好大雪，珍珠如土金如铁"，"雪"是"薛"的谐音，形容薛家视金银珠宝为平常之物，极言其挥霍无度；薛家就是薛蟠家，薛蟠母亲被称为"薛姨妈"，她也姓王，是王夫人的亲妹妹，贾宝玉的姨妈。

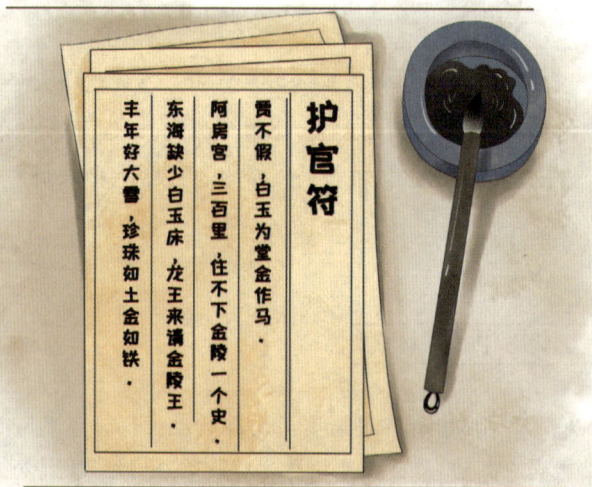

护官符

贾不假，白玉为堂金作马。

阿房宫，三百里，住不下金陵一个史。

东海缺少白玉床，龙王来请金陵王。

丰年好大雪，珍珠如土金如铁。

金陵官场内幕

门子

大人，四大家族好比一根绳上的蚂蚱，牵一发而动全身哪。

贾雨村

亏你小子提醒得及时，不然我连怎么领的盒饭都不知道。

门子

要不怎么说我跟大人有缘呢，我可是大人的福星啊。

贾雨村

薛蟠虽然排行不靠前，但毕竟流的是贵族血统，家财万贯啊。

门子

要不怎么说一荣俱荣、一损俱损，这就是赤裸裸的政治经济联盟啊。

贾雨村

借机攀附权贵，这岂不是风险最小的投资，嘿嘿。

门子

大人，您的悟性可真高，来日飞黄腾达了，可别忘了我小门子呀！

《红楼梦》另类研究

※曹公之所以安排这个故事，是在揭露官场任人唯亲的黑暗与腐败。虽然他明知受害者是对自己有恩的甄士隐的女儿，明知薛蟠干了伤天害理之事，却还是昧着良心胡乱判案。只因护官符是当时官场保官升官的秘诀，毕竟四大家族有着显赫一时、耀武扬威的背景。因此，当贾雨村一想到自己的仕途是否能官运亨通，他的利益之心和现实私欲就开始膨胀起来。

1.人物鉴赏

薛蟠：薛姨妈之子，薛宝钗之兄，是一个纨绔的世家公子，人称"金陵一霸"，外号"呆霸王"。出身于金陵四大家族中的薛家，虽家世富贵，且倚（yǐ）仗祖父之名在户部挂虚名、领皇粮，但因幼年丧父，寡母又纵容溺爱，只知挥金如土，终日游山玩水、不学无术。

2.《红楼梦》冷知识链接

门子满怀希望地以为凭借自己对贾雨村的这番出谋划策，可以让他迅速得到提拔与重用，但是希望越大失望也越大，他不但没有被提拔，反而让贾雨村找了个罪状，将他远远地发配到沙门岛，一个鸟不拉屎的地方。

不过，门子也确实有点得意忘形，仗着自己帮过贾雨村，就忘了自己的身份，甚至误认为自己可以和领导平起平坐。比如，断案那天，贾雨村叫门子到密室详谈，还让门子坐着说话，谁知这个门子竟然真的跟领导并排坐。其实，就在他坐下来的那一刻，就已经预示他被发配的下场了。

3.冷知识探真

门子之所以打错了算盘，还是因为他知道贾雨村太多的秘密。毕竟这些秘密可都是一些见不得人的事，更何况这些秘密本身就是一个隐患，不知什么时候就会爆发出来，弄不好还可能会成为门子要挟贾雨村的把柄。所以，贾雨村才会对他下此狠手。

4.歇后语

衙门里的酷吏——仗势欺人。

包公断案——认理不认人。

1.《葫芦僧判断葫芦案》的标题中，"葫芦"二字的本意是＿＿＿＿＿＿＿＿，这里指＿＿＿＿＿＿＿。

2.《葫芦僧判断葫芦案》中，被打死的小乡绅叫＿＿＿＿＿＿，凶手是诨名叫"呆霸王"的＿＿＿＿＿＿。案子中被拐卖的丫头是住在葫芦庙＿＿＿＿＿＿的女儿＿＿＿＿＿＿。

3.《红楼梦》原名＿＿＿＿＿＿，该书以＿＿＿＿＿＿、＿＿＿＿＿＿、＿＿＿＿＿＿三人的爱情婚姻悲剧为核心，以＿＿＿＿＿＿的兴衰史为轴线，浓缩了整个封建社会的时代内容。

4.《红楼梦》前几回中，"葫芦僧判断葫芦案"具有总纲性质，通过葫芦僧判断葫芦案的情节，总体介绍了＿＿＿＿＿＿＿＿四大家族一损俱损、一荣俱荣的关系，明确了贾府的外部环境。

5.《葫芦僧判断葫芦案》以＿＿＿＿＿＿为线索。

    A. 以断案为线索。

    B. 以葫芦僧的命运为线索。

    C. 以"葫芦"案，即不清白、糊里糊涂的观点为线索。

    D. 以葫芦案的案情发展为线索。

6.《葫芦僧判断葫芦案》这一章节的主人公是（　　）。

    A. 门子   B. 贾雨村   C. 门子和贾雨村

第四章

还原红楼梦里的佳人

——金陵十二钗正册

炸裂红楼的哭戏

黛玉

曹公啊曹公，我的哭戏怎么一场接着一场，啥时候是个头啊？

曹公

看懂你的哭戏，也就看懂了《红楼梦》。

宝玉

林妹妹是水做的，自然天生比男人的感情丰富。

脂砚斋

看她哭，我都忍不住潸然泪下啊。

曹公

每一场哭戏都是名场面，都别有深意，得细品……

黛玉

别人眼里我只会哭哭啼啼，可是有谁理解宝宝心里的苦哇。

《红楼梦》悬疑

　　※《红楼梦》中谁最爱哭？答案恐怕非林黛玉莫属。这个林姑娘可能是整个中国古典文学宇宙里最能哭的人了。为自己哭，为宝玉哭，为善良的人哭，她的哭戏演技简直炸裂红楼。当然因为爱哭，多愁善感、以泪洗面就成了她的个人形象标签。

隐藏在**红楼梦**里的**大语文**

话说，林黛玉初进荣国府当天，就接连哭了两次。第一次是刚进屋，只见一位白发婆娑（suō）的老母朝她迎上来，知是外祖母，当下掩面涕（tì）泣，接着就是一阵梨花带雨。母亲撒手人寰（huán），黛玉失去至亲，从此再无母爱关怀，对未来人生忐（tǎn）忑（tè）不安。然而，不幸的是，三年后她将再次迎来打击，父亲也撒手而去，只留下她一人在人间孤苦伶（líng）仃（dīng）。

第二次是贾宝玉初见林黛玉，就将通灵宝玉摔在地上，林黛玉当即吓了一身冷汗，可是贾母却把她丢给一个丫鬟，没有给予陪伴和抚慰。回屋后，袭人见黛玉和鹦哥还没睡，便过来询问，鹦哥才道出详情，原来敏感多疑的黛玉竟然把宝玉摔玉的罪责揽到自己身上，正为此伤心抹泪呢。

1.刨根问底

"梨花带雨"出自唐代诗人白居易的《长恨歌》中的诗句："玉容寂寞泪阑干，梨花一枝春带雨。"形容杨贵妃心中悲戚、面带泪痕，看上去就像沾着雨点的梨花一样。后来梨花带雨就成了一个形容女子娇美的成语。

2.引申词释义

撒手人寰：指离开人世。人寰：人世。

忐忑不安：形容心神非常不安，也作忐忑不定。

孤苦伶仃：孤单困苦，没有依靠。伶仃：孤独，没有依靠。

3.说文解字

白发婆娑（suō）

形容满头白发的老年人的样子。婆娑，意思是盘旋舞动的样子，亦指舞姿飘逸（yì）优美；或是形容枝叶散乱的样子。与之相关的词是树影婆娑，形容树木在风中摇曳、舞动的美丽景象。其中，"树影"指的是树木在阳光下映射出来的影子。树影婆娑的美丽，更在于它所展现出来的生命的顽强与坚韧，启示我们生活中，也要像树不一样，保持一种柔软而坚韧的心态，不断地成长、茁壮。

4.细挖《红楼梦》

林黛玉之所以那么爱哭，除了因为她失去父母、思乡念亲，还与其天生多愁善感，对周围环境和事物异常敏感的性格有关。黛玉生来情绪丰沛，再加上饱读诗书，对天地万物都会有一种相知相惜的情感，即便看到满天飞落的花朵，也会不由得联想到自己漂泊无依的命运，伤感油然而生。

就像她在《葬花吟》中所唱："花谢花飞花满天，红消香断有谁怜？游丝软系飘春榭（xiè），落絮（xù）轻沾扑绣帘……一朝春尽红颜老，花落人亡两不知！"在这里，黛玉把自己比作落花，春天百花绽放，可是盛放之后便是孤寂的飘零。于是，每当她想到自己寄人篱下的生活、漂泊不定的未来，心境自然是悲凉的，自己漂泊无依的人生和这花落无人知的伤感是何其相似。

六月的天，黛玉的脸

宝玉

妹妹，你怎么像天气一样，一会儿风雨，一会儿暖阳，说变就变哪。

黛玉

哈哈，我这是季节性情绪失调，症状时好时坏，时轻时重。

宝玉

你这一会儿哭，一会儿笑，完全收放自如哇。

黛玉

天性使然，天性使然，哈哈。

宝玉

要我说，论哭的功力，你就是中国古典文学界里宇宙级能哭高手！

黛玉

这下你领教了我"晴转雨"的速度了吧。

宝玉

在下甘拜下风。

《红楼梦》另类研究

※虽然林黛玉爱哭的形象早已深入人心，但其实她在《红楼梦》中也有过不少莞（wǎn）尔一笑的情景。话说，黛玉和王熙凤初次见面前不久，她还在为母亲的离世而悲恸（tòng），但是王熙凤的出场，反而扭转了黛玉的情绪。当她听到贾母称呼王熙凤为"凤辣子"的玩笑后，竟嗤（chī）的一声笑了。随后，黛玉在与两位舅妈的交流中又有两次礼节性的微笑。

第四章 • 还原红楼梦里的佳人——金陵十二钗正册

大语文拓展

1.人物鉴赏

（周）（瑞）（家）（的）：王夫人的陪房（旧指随嫁的女仆），冷子兴的岳母。在王夫人、琏二奶奶跟前做事，为人圆滑，是贾宝玉口中典型的"鱼眼睛"形象。"周瑞家的"后面的"的"，是当时社会对两口子都在有钱人家为差的女性的一种习惯性称呼。在荣国府，周瑞家的负责太太奶奶们出行的事。丈夫周瑞负责宁国府地租、庄子银钱的出入。

2.《红楼梦》冷知识链接

在《红楼梦》第七回 "送宫花贾琏戏熙凤，赴家宴宝玉会秦钟"，有这样一段耐人寻味的故事。话说，王夫人的陪房周瑞家的奉薛姨妈的安排，将十二枝宫花作为礼物送给府上的小姐们。因为顺路，周瑞家的先把宫花送给贾府的"三春"，即迎春、探春、惜春三位小姐；然后，送给王熙凤；最后送给林黛玉。当周瑞家的来到黛玉那里，她正跟宝玉解九连环玩儿。看见有人送来两枝宫花，黛玉问道："这是大家都有，还是单独给我的？"周瑞家的如实说："大家都有了，这两枝是送给林姑娘的。"黛玉听了，瞬间就不高兴了，冷笑着说："我就知道，别人不挑剩下的也不给我。"结果，怼得周瑞家的一声儿也不敢言语。

3.冷知识探真

提到（宫）（花），有人可能会说，一定是皇帝御赐的。也有人认为，既然带"宫"字，那一定是从皇室得来的。其实，这些花是从专供皇室使用的作坊里流出来的。薛家作为皇商，自然和专供皇室的作坊来往密切，免不了会得到一些新鲜的样品，比如宫花。薛姨妈送宫花，是为了向贾家媳妇、姐妹们表示一下她的亲切和热情。

4.歇后语

发了酵的面粉——（气）（鼓）（鼓）（的）。

六月里反穿皮袄——（里）（外）（发）（火）。

1. 林黛玉是中国古典名著《红楼梦》的女主角，金陵十二钗_____。林黛玉生得倾城倾国容貌，兼有旷世诗才，是世界文学作品中最富灵气的经典女性形象。

2. "_____，红消香断有谁怜？……一朝春尽红颜老，花落人亡两不知！"这首诗出自《红楼梦》中_____之手。

3. 在《红楼梦》中，林黛玉的哭多与贾宝玉有关，下列说法中，有误的一项是（   ）。

    A.《红楼梦》带有悲剧色彩，哭是小说的主基调。

    B. 黛玉刚到贾府，与宝玉初相见，就开启还泪模式。

    C. 当宝玉生气摔玉时，黛玉却担心这是自己惹的祸，事后为此默默流泪。

    D. 男儿有泪不轻弹，贾宝玉就很少哭哭啼啼。

4. 阅读《红楼梦》第三回的节选内容，回答相应的问题。

    袭人在床沿上坐了。鹦哥笑道："林姑娘正在这里伤心，自己淌眼抹泪地说：'今儿才来，就惹出你家哥儿的狂病，倘或摔坏了那玉，岂不是因我之过！'因此便伤心，我好容易劝好了。"袭人说："快休如此，将来只怕比这更奇怪的笑话还有呢！若为他这种行止，你多心伤感，只怕你伤感不了呢。快别多心！"

（1）结合原文，请分析为什么说袭人给了黛玉一丝温暖？

_____

_____

（2）作者通过这段描写想要暗示什么？

_____

_____

第四章 · 还原红楼梦里的佳人——金陵十二钗正册

薛宝钗初来贾府

薛宝钗
娘，我们这一走，要在贾家住多久呢？

薛姨妈
唉……既来之则安之吧。

薛蟠
听说金陵四小强之一的贾家富丽堂皇，我倒想亲眼看看。

薛姨妈
你这个不孝的孽种，还不给我薛家收敛一点，学点真本事！

薛宝钗
娘，以后我只留心针线活，好为您分忧解劳。

薛姨妈
闺女呀，摊上这样一个哥哥，真是苦了你了……

薛宝钗
娘，我不会给您丢脸的，您就放心吧。

《红楼梦》悬疑

※金陵十二钗（chāi）中排在前二的分别是林黛玉和薛宝钗。想当初，林黛玉进荣国府时，场面是何等的富贵繁华，可是对林黛玉而言却未必如此，一如她在《葬花吟（yín）》这首诗中所言："一年三百六十日，风刀霜剑严相逼。"那么，薛宝钗又是缘何走进贾府，又会有怎样的际遇呢？

　　贾、史、王、薛四大家族之一，薛家乃(紫)(薇)(舍)(人)薛公之后。在"护官符"上，薛家有"珍珠如土金如铁"的说法，可谓家资百万，富甲一方。薛宝钗父亲早亡，有母亲薛姨妈和哥哥薛蟠相伴。

　　薛宝钗父亲在世时，酷爱此女，令其读书识字。薛父死后，薛姨妈可怜薛蟠是个独根孤种，不免溺爱纵容，让他过着养尊处优的生活。不料，惹是生非的薛蟠又为了抢夺女子英莲，打死冯渊。负责此案的贾雨村忌（jì）惮（dàn）薛家权势，不思甄士隐之恩，听门子之计，乱断了此案。薛蟠为了躲避官司，只好带着母亲薛姨妈、妹妹宝钗来到京城。薛家在京中原本有自己的房宅，怎奈贾母、王夫人热情挽留，便以姨娘亲的身份，客居在荣国府的(梨)(香)(院)。元妃省亲后，遵照旨意，入住大观园中一处叫蘅（héng）芜（wú）苑（yuàn）的住所。

1.刨根问底

(紫)(微)(舍)(人)：中书舍人（官名，中书省的属官）的别称。唐开元初年，中书省曾改称紫微省，原中书舍人亦改称紫微舍人，不久又改回旧名，但"紫微舍人"的称呼则沿用至宋代甚至明代。

(梨)(香)(院)：薛家初到贾府时的住所。后来，为了迎接元妃省亲，贾府派贾蔷去苏州采买了12个戏子（红楼十二官），戏子来到贾府后，薛家就另搬别处，梨香院成了戏子的住处和习练之地。

2.引申词释义

富甲一方：形容非常富有，拥有的财物在某地居第一位。甲，位居第一。

养尊处优：处于尊贵的地位，享受优裕的生活（多含贬义）。尊，尊贵；优，优裕。

3.说文解字

世宦

意思是指代代做官。宦，即官吏、做官的意思。

诸子百家

是后世对先秦时期学术思想人物和各个学术派别的总称。诸子指的是先秦时期管子、孔子、墨子、老子、庄子、孟子、荀子等学术思想的代表人物；百家指的是儒家、道家、墨家、名家、法家等各个学术流派的代表家。

杨贵妃

唐玄宗李隆基的贵妃，原名杨玉环，中国古代四大美女之一，能歌善舞，音乐才华颇高，是唐代宫廷的音乐家和舞蹈家。

珠联璧合

指珍珠联串在一起，美玉结合在一块。比喻杰出的人才或美好的事物结合在一起。璧，中间有孔的扁圆玉器，用作礼器和饰物。

4.细抠《红楼梦》

薛宝钗身为名家世宦（huàn）之女，论才学，自小读书识字，通晓文学、艺术、历史、医学，以至诸子百家、佛学经典。论相貌，俨然一个美丽的女子。"唇不点而红，眉不画而翠，脸若银盆，眼如水杏。"生得肌骨莹润，别具妩媚风流。如此明鲜动人的姑娘，就连宝玉也常把她和杨贵妃作比，称她是**杨贵妃**一样的美人。薛宝钗的容貌最与众不同之处在肌肤如雪，这恰好和她姓"薛"（谐音"雪"）珠联璧合，相得益彰。当然，薛宝钗之美不仅在于她的容貌，更在于她的才能和为人。论才能，她能协助探春治理贾府，熟练精通家族业务，称得上是治家的好手。论为人，她温柔沉静，端庄稳重，善解人意，还乐于助人。

大女主闪亮登场

袭人
听说梨香院新来了一位奇葩的姑娘，爱素颜不爱浓妆。

晴雯
我也听说了，不爱浓妆艳抹，穿得还特别素净，真够奇葩的。

袭人
关键是人家本来就颜值在线，妥妥的实力派啊！

晴雯
据说，姑娘是富家小姐出身，家里有大大、大大的矿呢！

袭人
小姐姐还没有一点架子，知书达礼、博古通今，待人随和，好到天边去了。

晴雯
唉，明明可以靠颜值吃饭，却偏偏靠才华。这是什么世道哇？

薛宝钗
嘻嘻，你们是在说我吗？

《红楼梦》另类研究

※ 薛宝钗本是富家小姐出身，为人却低调朴素。例如，她经常一身素洁的打扮，不爱擦脂抹粉、簪（zān）花佩玉；屋内摆设极其素净，古董玩器等华而不实的东西她一概不要。闲时不是在花样，就是做针线活。从薛宝钗的红楼判词看，"可叹停机德"，意味着她是遵守传统妇德的女子，以针黹（zhǐ，指用针线工作的活，包括缝纫、刺绣等）女红（gōng）为主业。

大语文拓展

1.人物鉴赏

（薛宝钗）：容貌丰美，举止娴（xián）雅，博学多才，心思缜（zhěn）密，善于处理人际关系，在贾府受到一致好评。受癞头和尚的点化，脖子上挂有一把錾（zàn，在金石上雕刻）有 "不离不弃，芳龄永继"的金锁，还说要找有玉的去配。巧的是，贾宝玉佩戴的刻有 "莫失莫忘，仙寿恒昌" 的玉与宝钗的金锁正好 "凑成一对"，寓意（金）（玉）（良）（缘）。可是对黛玉来说，"金玉良缘" 的说法成了她始终绕不过的心病。

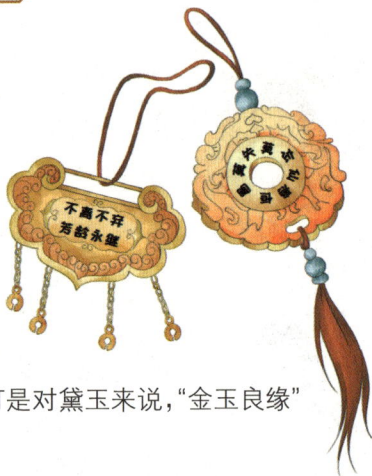

2.《红楼梦》冷知识链接

宝钗出生时从娘胎里带来一股热毒，犯病时会有喘嗽等症状。后来，一个癞头和尚给她说了个 "海上仙方儿"，这种药就叫作 "（冷）（香）（丸）"。巧的是，自从宝钗喝了这冷香丸，"热毒" 逐渐被压了下去。不过，冷香丸的配法却烦琐至极，按正常逻辑，根本无法配成，然而薛家却配成了。可见，曹公的真实用意是想烘托薛家有花不完的银子，同时暗示宝钗是一个心机复杂的美人。

3.冷知识探真

在贾宝玉的一次生日宴上，大家一起玩（抽）（花）（签）的游戏。各自抽到的签，早已暗示每个人的命运。最先抽花签的是宝钗，她抽到的诗句是 "（任）（是）（无）（情）（也）（动）（人）"，上面还画着牡丹花，题着 "（艳）（冠）（群）（芳）" 四个字。"任是无情也动人"，这里的无情，不是说宝钗真的无情，而是说她成熟沉稳的性格，让人觉得 "无情"。牡丹花乃富贵花，有花中之王的美誉，与薛宝钗的雍容华贵相得益彰。

4.歇后语

骆驼走沙滩——（稳）（重）。

许仙碰见白娘子——（天）（配）（良）（缘）。

1. 关于薛宝钗的表述，有误的一项是。（　　）

　　A. 薛宝钗平时很少穿光鲜华丽的衣裳，也不爱佩戴漂亮昂贵的饰品。

　　B. 宝钗家里有许多宫里制作的堆纱花，常送给姊妹们，自己却很少用。

　　C. "一色半新不旧，看去不觉奢华"是对宝钗服饰的描写。

　　D. 女人天性爱美，薛宝钗也喜欢戴碧玉佩等贵重饰品，以炫富摆阔。

2. 在《红楼梦》中，关于蘅芜苑有这样一段描写，请你回答相应的问题。

　　及进了房屋，雪洞一般，一色玩器全无，案上只有一个土定瓶，瓶中供着数枝菊花，并两部书，茶奁茶杯而已。床上只吊着青纱帐幔，衾（qīn）褥也十分朴素。

（1）这段文字说明薛宝钗是怎样一个人？

_____

（2）从中可以看出薛家的经济状况如何？薛宝钗又是什么态度？

_____

3. 阅读《红楼梦》第二十八回的节选文字，回答相应的问题。

　　此刻忽见宝玉笑问道："宝姐姐，我瞧瞧你那红麝串子。"可巧宝钗左腕上笼着一串，见宝玉问她，少不得褪了下来。宝钗生得肌肤丰泽，不容易褪下来。宝玉在旁，看着雪白一段酥臂，不觉动了美慕之心，……再看看宝钗形容：只见脸若银盆，眼似水杏，唇不点而红，眉不画而翠，比林黛玉另具一种妩媚风流，不觉就呆了。

（1）《红楼梦》写到薛宝钗的容貌时，曹雪芹是如何形容的？请用原文表述。

_____

_____

（2）请你说一说文中划线字的意思。

_____

_____

飞上高枝的凤凰

宝玉
姐，你现在可是飞上高枝的凤凰啦！

元春
唉，你们只看到了表面的光鲜亮丽，哪里知道我的苦处呢？

宝玉
姐，听说皇上看中的是你的才华。

贾母
咱元春的才华远在其他姑娘们之上呢！

宝玉
我姐进宫才几年，就得到了皇帝的嘉奖提拔，一定不简单。

元春
快别瞎说，身居高台，时刻得小心翼翼呀。

《红楼梦》悬疑

※金陵十二钗中，元春堪称靓丽炫目的一姐。进宫后，虽然贵为皇妃，身居高台，但是每说一句话，每走一步路，每办一件事，都得严格地遵守皇家规矩，不能有丝毫差错。一部《红楼梦》，千种女儿愁。这个"飞上高枝的凤凰"又有着怎样令人唏（xī）嘘喟（kuì）叹的际遇呢？

在贾氏家族中,贾元春是同辈姐妹中最大的,又是贾宝玉的(同)(胞)姐姐。这个出生在正月初一的女子,无论是一元复始,还是四季之首,时时处处都是"第一"。虽然在母亲王夫人眼里,弟弟宝玉就是个混世魔王、孽(niè)根祸胎,但是在姐姐元春眼里,弟弟却是极好的。自幼才华不凡的元春就亲自教导这个弟弟,在宝玉三四岁时,就教他认得几千字。

后来,朝廷选拔嫔(pín)妃的候补人员,十几岁的元春凭借自己的绝世姿容、一流的品行才学,奉旨入宫做了女史。进入皇宫后,元春因其贤(xián)德仁孝,二十多岁时,就被晋封为(凤)(藻)(宫)(尚)(书),之后又被提拔为(贤)(德)(妃)。自此,元春成了家族的荣耀,贾家运势更是如日中天。加封贤德妃后,皇帝特别恩准元春回娘家(省)(xǐng)(亲)。

1.刨根问底

(同)(胞):同父母所生的,指亲兄弟姐妹。

(凤)(藻)(宫)(尚)(书):指的是《红楼梦》中贾元春的官职。凤藻宫指的是皇帝的后宫。在清朝,六部和理藩院等部门的主官称为尚书,即所属部门的最高领导人。

(贤)(德)(妃):贤德妃只是妃位,和贵妃不是一个等级,贵妃比妃要高出一个等级。

2.引申词释义

一元复始:意思是指新的一年的开始,常与下句"万象更新"合成春联。

晋封:意思是指加封。也指清朝的制度,因子孙或丈夫受封做官而获得的第二次封典。

如日中天:好像中午时的太阳。比喻事物正发展到最兴盛的阶段。

省亲:指归家探望父母或其他尊亲属的礼俗。

3.说文解字

国戚

皇上的亲戚,主要指后妃的家族。

琳宫

仙宫,是道观、殿堂的美称。桂殿:对寺观殿宇的美称,亦指后妃所住的深宫,或是指月宫。

细乐

指管弦之乐。与锣鼓等音响大的音乐相对而言。

一掷千金

指用钱满不在乎,一花就是一大笔。

帘栊

泛指门窗的帘子。帐幔:意思是帷幕,床帐。

4.细挖《红楼梦》

元春的封妃使贾府一跃成为**皇亲国戚**（qī）,宫里的旨意一传出来,贾府便开始忙着修建省亲别墅,以迎接省亲的皇妃,就是后来的**大观园**。大观园将宁府和荣府的后园连成一片,园林里,琳（lín）宫绰约,桂殿巍峨,香烟缭绕,花彩缤纷,处处灯光相映,时时细乐（yuè）声喧,说不尽这太平气象,富贵风流。然而,当元春看到这座精美的园林时,却默默叹息道:"太过奢华。"当时正值贾府鼎盛之时,元春又晋封贤德妃,回家省亲实际上贾府的一大盛事。为了迎接元妃省亲,贾府一掷千金,布置荣国府。仅到苏州聘教习,采买女孩子,置办乐器行头和花烛彩灯,以及各色帘栊（lóng）帐（zhàng）幔（màn）的费用就花掉五万两银子。

一入宫门深似海

宝玉
姐，可算是把你给盼来了。咦，你咋哭了呢？应该高兴才对啊。

元春
宝玉，姐就是看到你太激动了，所以忍不住才会……

宝玉
姐，你瞧见咱家的大房子了吗？喜欢吗？

元春
好，家里啥都好！

宝玉
姐，你难得回一趟家，就多住几天吧。

元春
我也想和家人团聚，只是回宫得看时辰，身不由己呀。

宝玉
唉，宫里规矩怎么这么多？

《红楼梦》另类研究

※元妃省亲在正月十五元宵节，众人欢聚一堂，吟诗作画。然而，元春只待了不到一天，便被火速召回。即便是最疼爱的弟弟宝玉也只能在门外站着等待召见，再也不能像儿时那样与姐姐亲近了。可是，元春却在这场"鲜花着锦，烈火烹油"的仪式中数次落泪。这次省亲之后，元春再也没有离开过宫廷，直到病逝。

1.人物鉴赏

(贾)(元)(春)：金陵十二钗之一，贾府四春之首，贾政与王夫人的(嫡)(dí)(长)(女)，贾珠的胞妹，贾宝玉的胞姐。因生于正月初一而取名元春。早年因"贤孝才德"被选入宫中充任女史，后加封贤德妃。元春是家族的荣耀，她的封妃使贾府富贵兴盛到了极点。

2.《红楼梦》冷知识链接

元春虽然是贾政和王夫人的女儿，贾母的孙女。可是省亲时，却要接受长辈的(参)(拜)。这不是元春无礼，而是皇家的礼仪规矩。古代强调长幼尊卑有序，还有(三)(纲)(五)(常)的约束。三纲指君为臣纲、父为子纲、夫为妻纲，五常指仁、义、礼、智、信。元春作为皇妃，贾母和贾政等人作为皇帝的臣子，所以长辈要对她背后所象征的君权行君臣之礼，并且口称娘娘。行过国礼之后，元春来到贾母正室，则要行家礼。

3.冷知识探真

为什么元春探亲要被安排在晚上呢？古人讲究吉时良辰，尤其是至高无上的帝王，在涉及祭祀、省亲、劝农等国家大事，一定有专门的钦（qīn）天监算好日期，并严格按照日程来执行，不能有丝毫的差错，否则就会有损皇家颜面。元春省亲代表的是皇家，自然要遵守这些礼节，虽然她很想早点与家人团聚，奈何皇家有皇家的规矩，不能早一步，也不能晚一步，只能踩着时间点走。

4.歇后语

逾期未回家——(当)(归)。

半夜里回家不点灯——(乌)(龟)。

1. 元妃省亲发生在什么日子？（   ）

    A. 元宵节　　　　　　B. 中秋节　　　　　　C. 端午节　　　　　　D. 重阳节

2. 下面对元春省亲的叙说，不正确的一项是（   ）。

    A. 当日，元春一手搀着贾母，一手搀着王夫人，心中充满了喜悦之情。

    B. 贾元春是贾政长女，因德才兼备被晋封为贤德妃，因此皇帝恩准探亲。

    C. 为了迎接元春省亲，荣国府修建了极尽奢华的大观园。

    D. 在元春省亲的宴会上，元妃邀众人作诗。

3. 下面对元春省亲描写的意义，不正确的一项是（   ）。

    A. 袒露了元春丰富的感情世界。

    B. 表现元春对自由生活、天伦之乐的向往。

    C. 包含了元春对封建皇权的肯定与支持。

    D. 表现了曹雪芹的人性观、妇女观以及对薄命之人的同情。

4. 面对贵妃元春的到来，贾母也不得不率众路迎。这一现象表明（   ）。

    A. 元春违背了纲常伦理。

    B. 宗法关系要服从政治隶属关系。

    C. 当时宗法关系已经崩溃。

    D. 贾母以此表示对元春的喜爱。

5. 元春的封妃使贾府一跃成为皇亲国戚，一时之间，贾府忙着修建省亲别墅，以迎接省亲的皇妃，这座别墅就是后来的＿＿＿＿＿＿。

第四章 · 还原红楼梦里的佳人——金陵十二钗正册

天性柔懦的二姑娘

丫鬟绣橘
咱们的二姑娘，怎么这么软弱？

大丫鬟司棋
一天到晚被人蹬鼻子上脸，我都看不下去了。

丫鬟绣橘
谁说不是呢，真让人想不明白。

大丫鬟司棋
奶娘也是，一副小人得志的嘴脸！

丫鬟绣橘
小姐，我们都替你气不过，你还有心思在这里看书？

迎春
罢了，宁可没有了，又何必生事。也没碍着你们什么，歇息倒好。

《红楼梦》悬疑

※ 在贾府里，元春入宫后，迎春便成了家里最大的姐姐，可是这个二小姐，虽然生得美丽，却天性懦弱。明明是主子，却活得没有一个丫鬟潇洒；明明是小姐，却处处被人压低一头。家里有这样一位小姐，着实有点愁人。

迎春是贾府中的(二)(小)(姐)，又称二姑娘，是荣国府贾赦与妾（qiè）所生的女儿。元春省亲后，搬入大观园，住在紫菱（líng）洲的缀（zhuì）锦楼。(海)(棠)(诗)(社)成立后，她的雅号即是(菱)(洲)。

在《红楼梦》的众多姑娘中，让人**怒其不争**的人，迎春**首当其冲**。迎春生母早亡，贾赦和邢夫人对她毫不怜惜，庶（shù）出的身份只能**依傍**（bàng）奶娘。可是，奶娘却是个极坏的婆子，嗜赌成性，经常欺负老实的迎春。有一次，胆大妄为的奶娘竟然把迎春的"(攒)(珠)(累)(丝)(金)(凤)"私自偷了出去典当赌钱。迎春的贴身丫鬟(司)(棋)、绣橘都觉得无地自容，要找奶娘理论，迎春却自拿了一本《太上感应篇》去看。

> 小姐，你真是太好欺负了！

> 我给你评理去，简直欺人太甚！

1. 刨根问底

(庶)(出)：在封建宗法制度下，姬（jī）妾或者非正妻的嫔妃所生的孩子叫庶出。

(攒)(珠)(累)(丝)(金)(凤)：是一个由珍珠和金丝编织的金凤头饰。累丝是一种极高的工艺技巧，工匠把黄金拉成细丝，再用金丝编制成首饰；累丝金凤，就是用金丝编成凤凰形状的钗簪（zān）；攒珠，即在金丝凤钗上饰以珍珠。通常，过节、聚会等正式场合才会佩戴。

2. 引申词释义

(依)(傍)：指艺术、学术等方面模仿或者依赖、依靠别人；也指依赖，依靠。

(怒)(其)(不)(争)：对某人的不抗争，不争气而感到愤怒和遗憾。

(首)(当)(其)(冲)：比喻最先受到攻击或遭到灾难。冲：要冲，交通要道。

3.说文解字

道貌岸然

神态庄重严肃,装作一本正经的样子,多讽刺假装正经,表里不一。

龌龊

意思是不干净,脏。形容人品质恶劣,思想不纯正。亦形容气量狭小。

骄奢淫逸

本义是指骄横奢侈、荒淫放荡,后形容生活放纵奢侈,荒淫无度。

一命呜呼

呜呼:古汉语叹词,也可借指死亡。

4.细挖《红楼梦》

如此柔懦的性格,导致迎春在婚姻上也必将遭受更大的打击。话说,迎春那贪婪(lán)愚蠢的父亲贾赦欠了孙家五千两银子,为了抵债,就把她嫁给所谓的"世交之孙"**孙绍祖**。虽说孙家与贾府是世交,但是贾政对这门婚事并不看好,主要还是因为他嫌弃孙家不是诗书之族。但是对于贾赦这种不学无术的人,对方是不是博学多才,根本没那么重要。然而,他没有看透的是,在孙绍祖道貌岸然的外表之下,却隐藏着一颗龌(wò)龊(chuò)的内心,这恰恰给迎春埋下了祸根。这个孙绍祖骄奢淫(yín)逸(yì),绰号"**中山狼**",家中所有的媳妇丫头,都难逃他的魔爪。迎春这般怯懦软弱的女子,如何受得了他的折磨?结果,在他的百般折磨之下,仅一年时间就一命呜呼。

反对家暴

宝玉
当初就知道姓孙的不是什么善类，我说把二姐接回住，偏不同意。

王夫人
嫁出去的女儿，泼出去的水，娘家人是管不了的。

宝玉
姐妹在一起，有说有笑，今天迎春走了，后面还会有其他姐妹要离开。

薛宝钗
宝兄弟，兄弟姐妹之间离别，难免会难过，想开点。

黛玉
大家都知道你念着二姐，也不能一天到晚不吃不喝呀。

宝玉
可怜了二姐，本来性格就软弱，还被这样一个恶棍欺负，日子得多难熬？

《红楼梦》另类研究

※想当初迎春出嫁那会，宝玉已经伤心难过了一回，虽然迎春不是自己的亲姐姐，但是从小一起长大，感情自然比其他人要深。这次，迎春被迫嫁给暴虐无耻的孙绍祖后，却惨遭这样的下场，贾府里最伤心难过的人自然非宝玉莫属。一想到正值美好年华的二姐就这样撒手人寰，他就失魂落魄，悲不自胜。

1.人物鉴赏

贾迎春：金陵十二钗之一，善良、宽厚的大家闺秀，一生恪（kè）守封建社会女德，但也有懦弱和缺乏主见等缺点。所谓性格决定命运，这些缺点导致迎春红颜薄命的命运，她的一生与其名字的寓意恰恰相反，让人扼（è）腕叹息。

2.《红楼梦》冷知识链接

其实，迎春的命运在《红楼梦》对其判词中早已有预兆："子系中山狼，得志便猖狂。金闺花柳质，一载赴黄粱。"前两句写的是迎春的丈夫孙绍祖，后两句写的是迎春的悲惨结局。言外之意是迎春将会嫁给一个像中山狼一样忘恩负义的人，受尽他的折磨，最后像花柳一样被摧残而死。

3.冷知识探真

这里的"中山狼"即是迎春的丈夫孙绍祖，该词出自明代马中锡《东田文集》中的《中山狼传》，讲的是东郭先生和狼的故事。春秋时期，晋国大夫赵简子在中山狩猎，遇到一只狼就拼命追赶。狼吓得四处逃窜，不巧遇到东郭先生，就恳求东郭先生救他一命。东郭先生倒空自己的书袋，让狼躲了进去，成功掩护了狼。谁知脱离危险后的狼，竟然跳出布袋，扑向东郭先生，要吃掉他。

4.歇后语

过河拆桥——忘恩负义。

黑瞎子叫门——熊到家了。

1. 贾迎春是《红楼梦》金陵十二钗之七，父亲是_____，母亲是小妾出身且早已过世，邢夫人是继母，与_____是同父异母的兄妹，是贾宝玉的堂姐。

2. 迎春温柔安静，懦弱怕事，绰号_____。父亲贾赦欠孙家五千两银子，就把她嫁给_____以抵债。出嫁仅一年，就被这个忘恩负义的_____虐待而死。

3. 迎春的奶娘偷偷地拿走她的攒珠累丝金凤后，大丫鬟"_____"气呼呼地想要去争理，可是迎春却躲到一边，捧起_____来看。

4. 在《红楼梦》第 73 回，迎春乃笑道："问我，我也没什么法子。他们的不是，自作自受，我也不能讨情，我也不去苛责就是了。"众人听了，都好笑起来。这里作者重点刻画了迎春性格中的_____。

5. 下列人物中，(   )是迎春的贴身丫鬟？

    A 司棋   B 紫鹃   C 绣橘   D 平儿

6. 关于贾迎春的人物形象描写，不恰当的一项是 (   )。

    A 温柔善良，同时胆怯懦弱

    B 对周围的一切，不闻不问

    C 恪守封建社会女德

    D 八面玲珑，做事果断

出身的困扰

探春丫鬟（侍书）
小姐，听说你娘又大闹大观园了。

探春
亏她还是我的姨娘，三天两头给我惹是生非。

探春丫鬟（侍书）
这次好像是和几个戏子打了起来。

探春
我的脸都让她给丢尽了，让我以后还怎么在贾府混下去。

探春丫鬟（侍书）
小姐，你要是个男儿身，也不至于受这份窝囊气。

探春
别人越说我出身不好，我越不认命，偏要成为老鸹（guā）窝里飞出的金凤凰。

《红楼梦》悬疑

※在贾府里，有一个聪明又有野心，且自带光芒的姑娘，她就是贾探春。然而，说起探春的身份在古代却是一种耻辱和原罪。不过，相比迎春的懦弱隐忍，探春却凭借其自身的精明能干、独立强大，在这个世界上，为自己劈开一条路，勇敢地走下去。纵观全书，探春可以说是最具光芒的人物之一。

贾探春是荣国府贾政与**奴婢**（bì）出身的**妾室赵姨娘**所生的女儿,她的身份和迎春一样,都是**庶出**。与元春、贾宝玉是同父异母的关系,贾府称她"**三姑娘**"。因为贾母极爱孙女,所以探春从小在贾母身边长大,也受到了极好的教育。在**尊卑有序**的贾府里,探春算是草根,生母赵姨娘又是一个惹是生非、目光短浅的人,把**儿子贾环**教育得**猥**（wěi）**琐**又愚蠢,连贾府的二、三等丫鬟都不待见他。可以说,在封建宗法社会里,探春庶出的身份无疑让她倍感卑贱和低微,生母更像是沉重的**磐**（pán）石一样时时压在她的心头。

> 老娘不给力,只能自己给自己长本事了!

1.刨根问底

嫡庶有别:中国古代实行一夫多妻制度,各个妻子之间的地位是不平等的,这种差别就是嫡庶有别。嫡庶制度源于中国古代的宗法制,是中国古代婚姻制度的核心内容,嫡庶的差别在唐宋以前比较重要,经元明清而逐代减弱。宗法制的核心,就是嫡长子继承制。

2.引申词释义

奴婢:原指丧失自由、受人奴役的男女,后泛指男女仆人;亦指太监对皇帝、后妃等的自称。

尊卑有序:指尊卑之间有严格的顺序。尊:地位或辈分高,与"卑"相对;序:次第。

猥琐:指举止扭捏、拘束、不自然;或形容人体貌、气质不佳。

磐石:厚而大的石头。比喻稳定坚固。

3.说文解字

出阁

古代的闺秀在出嫁前都住在阁楼上。姑娘出嫁就叫出阁。

老好人

指随和厚道、温柔善良、不愿得罪人、不会拒绝别人，但缺乏原则性的人。

新官上任三把火

比喻新上任的领导先做几件有影响的事，以显示自己的才能和胆识。

不容小觑

意思是不能小看，不能轻视。

4.细抠《红楼梦》

探春虽是庶出，但是这个**未出阁**的小姐的才华和能力却被人们所称道。凤姐因小产身体不适，王夫人便派探春和李纨、宝钗一起掌管家务。李纨是"老好人"，宝钗是亲戚不便插手太多，探春就成了主要负责人。

新官上任三把火，探春先治了治下人的不服，把位子坐稳，也令他们不容小觑（qù）和糊弄。她还勇于创新改革，首次提出**承包责任制**，将大观园里的一草一木分配给专人来管理，这样一年就可以多出几百两银子的利息。她还废除了姑娘们的头油粉脂钱，少爷们上学的点心钱，就是在"节流"上多做贡献。这番改革，就连王熙凤都不由地感叹："可惜了三姑娘是个女孩子，又不是王夫人亲生的。"然而，这番改革却为时已晚，难以挽回贾府的颓（tuí）势。

野玫瑰也有春天

探春丫鬟（侍书）
小姐，不好了，王善保家的带人来秋爽斋了。

探春
若是有丫鬟是贼，那我头一个就是窝主，有本事让他们先来我身上搜。

探春丫鬟（侍书）
王善保家的可是邢夫人的配房，背景大，说不准会动真格呢。

探春
什么背景不背景，既然说丢了东西，那大家都有可能是嫌疑人。

王善保家的
我不过是奉老太太的命，妹妹别错怪我。既然如此，那就不客气了。

探春
我看你是吃了豹子胆了，连我都敢翻，要造反不成？

王善保家的
小姐……呜呜呜……

《红楼梦》另类研究

※探春虽然精明能干，却像"玫瑰花"一样浑身带刺。一次，贾府下人奉命抄检大观园里的违禁品，来到探春的住处秋爽斋时，探春却让丫鬟们秉烛开门，严阵以待。邢夫人的陪房王善保家的竟不知趣，跑到探春身上乱翻，结果探春大怒，直接给了她一巴掌，根本不管她背后是哪个主子在撑腰。

1.人物鉴赏

贾**探春**：金陵十二钗之一，精明能干，积极进取，有决断力，有"玫瑰花"之诨（hùn）名，然而，外表聪明勇敢的她，内心却不知要承受多少寂寞悲凉。凤姐视探春为"咱家的正人"，由衷称赞道："好，好，好！好个三姑娘！"

2.《红楼梦》冷知识链接

《红楼梦》中对探春的判词是：才自精明志自高，生于末世运偏消。清明涕送江边望，千里东风一梦遥。意思是说，探春固然聪明有才能，也有高远的志向，只可惜她生在贾府衰亡的时代，一身本领无处施展。在程高本后四十回续作中，探春远嫁海疆，清明时节，家人在江边涕泪送她出嫁，自此每每想家时，她只能在江边哭泣远望，但也躲过抄家一劫。

3.冷知识探真

探春还是一位"诗书双绝"的女子，她**工诗善书**（工诗：诗词的对仗工整，意思是擅长写诗词；善书：巧于文章，擅长书法），趣味高雅，曾发起建立海棠诗社，是大观园中的一位大才女。她还给红楼第一才女林黛玉起了个极其雅致的号，叫作"潇（xiāo）湘妃子"。贾府四春，琴棋书画各擅长其中一技艺，探春则以书法胜出。她的生日在农历三月初三，刚好是"天下第一行书"——《兰亭序》的创作纪念日，这又从侧面烘托出她身为红楼第一书法家的大家风范。

4.歇后语

踏雪寻梅——**探春**。

孔明张嘴——**计上心来**。

1. 贾探春是《红楼梦》中金陵十二钗之一，荣国府_____与奴婢出身的妾室赵姨娘所生的女儿，_____同父异母的妹妹，贾府通称_____。

2. 探春虽是庶出，但是心气高傲，精明能干，有远见卓识，有_____的诨名，连凤姐都忌惮她几分。

3. 探春是一位_____的女子，她工诗善书，趣味高雅，曾发起建立海棠诗社，是大观园中的一位大才女。

4. 探春管家一回，该按规矩办的严格按规矩办，该兴办的立马兴办。绝对是一个既能通观全局、谋划细节，又能付诸行动的雷厉风行的_____。

5. "削肩细腰，长挑身材，鸭蛋脸面，俊眼修眉，顾盼神飞，文彩精华"描写的是《红楼梦》中的哪个人物？（　　　）

　　A. 贾探春　　　　　B. 贾元春　　　　　C. 贾迎春　　　　　D. 薛宝钗

6. 有关探春的改革，理解有误的一项是（　　　）。

　　A. 探春有眼光，有魄力，但庶出的地位，决定了她不可能有什么大的作为。

　　B. 这段经历不仅让探春更深入地了解贾家，更突出其精明能干、公正无私的一面。

　　C. 探春的改革为贾府每年省下几百两银子，但这个封建家庭的衰亡是必然的，她无法挽救。

　　D. 探春迫于压力，没敢和邢夫人的心腹王善保家的发生争执。

冷冰冰的小姐姐

宝玉

娘，老太太跟前那个妹妹看起来有点高冷啊？

 王夫人

啥？高冷？

宝玉

就是看着冷冰冰的，将别人拒之门外。

 王夫人

你个小屁孩儿懂什么，以后她就是你的小妹，多照应着点。

宝玉

家里的姐姐妹妹都笑嘻嘻的，唯独这个没有一点儿人情味，我不喜欢。

 王夫人

你以为人人都像你一样没心没肺，你呀，凡事得多个心眼。

宝玉

怎么又教训起我来了？真够倒霉的。

《红楼梦》悬疑

※在金陵十二钗中，有一位出身尊贵的小姐，但是因其从小失去父母的疼爱和教养，再加上三个本家姐姐的不幸遭遇，使她不仅养成了孤僻冷漠的性格，还动了出家为尼的念头。她就是贾府"四春"中年纪最小的贾惜春。

释义故事

在《红楼梦》中，惜春的身份非常尊贵，她是宁国府的 嫡 出 千 金，但是她的身世却如她的名字一样，万般可惜。父亲 贾 敬 在她很小的时候，就已经住到城外 道 观，一心修行 炼 丹。后来，贾敬因沉溺（nì）修道炼丹，死于金丹中毒。而且惜春的母亲在她出生不久就去世了。

> 哭什么哭，没爹没妈的野孩子！

父母双亡后，惜春只有一个哥哥可以依靠，但是这个哥哥 贾 珍 因世袭了祖上的 爵位，在宁国府作威作福，更别说照顾妹妹了。惜春从小就没体会过父母的疼爱教导，又因为年龄偏小，怜香惜玉的堂兄宝玉对她也没有其他姐妹那么上心。为此，她一直在荣国府贾母身边长大。而这样的身世也让她的性格变得格外孤僻冷漠。

1.刨根问底

金 丹 中 毒：在古代，道士修行的终极目标就是肉体成仙。然而，因认知水平有限，道士们以为服食金丹就能成仙，却不知道金丹实际上是有毒的。

2.引申词释义

世 袭 爵 位：是指官位可从父亲传到儿子，一代一代永世传承下去。
作 威 作 福：只有君王才能独揽权威。后泛指凭借职位，滥用权力。
怜 香 惜 玉：比喻男子对女子的照顾体贴。香、玉：比喻美好的女子。

第四章 ● 还原红楼梦里的佳人——金陵十二钗正册

3.说文解字

一语成谶

指本为一句无心的话,竟然变成预言且应验了。

智能儿

水月庵的小尼姑,净虚的徒弟,自幼在贾府走动,常和宝玉、秦钟玩笑。后被秦钟父亲逐出,不知去向。

尼姑

归入佛门的女子称比丘尼,俗称尼姑。

4.细挖《红楼梦》

如此不幸的际遇导致惜春在大观园尽交些出家人。《红楼梦》第七回就提及她经常与**小尼姑智能儿**交往。一日,周瑞家的给姑娘们送宫花,遇见惜春和智能儿在一起玩耍,惜春看见周瑞家的,调侃道:"我这里正和智能儿说,我明儿也剃了头同她做姑子去呢,可巧又送了花儿来,若剃了头,可把这花儿戴在那里?"虽是一句玩笑话,但儿时的戏言竟一语成谶(chèn),多少也显示出惜春对世俗的失望。

惜春在大观园中的卧房紧邻**藕香榭**,来人未进大门便能闻到一股温香拂(fú)面而来。其实,作者是在预示惜春日后"独卧青灯古佛旁",即**出家为尼**。惜春本是豪门千金,却看破红尘,选择常伴青灯古佛旁。正如惜春在第七十四回所说:"我只知道保得住我就够了,不管你们的。从此以后,你们有事别累我。"

独善其身，不受牵连

丫鬟入画

小姐，你真是铁石心肠啊，枉我白服侍你那么多了。

惜春

贾府众多姐妹，唯独我的丫头没脸，让我如何去见人？

丫鬟入画

你都不听我给你解释，简直就是心冷如冰！

惜春

府上这么多奶奶、太太们，有谁听过我的解释？

丫鬟入画

亏我还和姑娘一起长大呢？

惜春

你命由天不由我，或打，或杀，或卖，我一概不管！

《红楼梦》另类研究

※抄检大观园时，丫鬟入画因私藏三四十个银锞（kè）子和男人的衣物受到谴责，其实这些东西是入画哥哥让她代为保管的。惜春不但不看在多年的情分上宽容入画，反而要把她撵出去。后来，连铁石心肠的王熙凤都来给入画说情，惜春依然心冷如冰，还说："今日嫂子来的恰好，快带了她去。或打，或杀，或卖，我一概不管。"

大语文拓展

1. 人物鉴赏

贾惜春：惜春是宁国府的正主，金陵十二钗中不甚起眼的人物。父母离世，哥哥贾珍只顾自己吃喝玩乐，导致她生性冷漠孤僻，跟众人关系冷淡，最终剃发为尼。再加上她目睹了姐妹们的不幸结局，产生了弃世的念头，最终出家为尼，入栊翠庵（ān）修行。

2. 《红楼梦》冷知识链接

惜春的判词是：勘破三春景不长，缁衣顿改昔年妆。可怜绣户侯门女，独卧青灯古佛旁。一座古庙，庙里有个独坐看经的美人，这个美人便是出家为尼的惜春。而且在惜春心里，元春、迎春、探春都是薄命的人。元春很早即被送进宫中，与家人骨肉分离；迎春被迫嫁给"中山狼"孙绍祖，日子苦不堪言；探春远嫁，与亲人天各一方。这些例子也为惜春出家为尼埋下伏笔。从锦绣华服的千金，到日后缁（zī）衣乞食的尼姑，让人不得不慨叹惜春生不逢时的悲惨命运。

3. 冷知识探真

贾府四春，各有所长，惜春在姐妹中是公认的画画专长人物，曾受贾母之命绘《大观园行乐图》。但是她的房里却只有最简单的两支着色笔和四样颜料。如此简陋的画具哪里匹配得上她的身份，甚至都不能和怡红院的丫鬟林小红描花样子的秃头毛笔数量相比。

4. 歇后语

热面孔碰到冷毛巾——无情。

三九天吃冰块——凉透了心。

会不会过关题典

1. 贾惜春在贾家四姐妹中年龄最小，是 _____ 的女儿，_____ 的胞妹。

2. 惜春的父亲贾敬好道炼丹，母亲早逝，她一直在荣国府贾母身边长大。既没有父母的疼爱，也没有兄嫂的关怀，养成了 _____ 的性格。

3. 抄检大观园时，惜春撵走贴身丫鬟 _____，与宁国府断绝了往来。面对三个姐姐的遭遇，她最终出家，"独卧青灯古佛旁"。

4. 关于惜春的结局，下列选项中与曹雪芹想法一致的是（　　　）

A. 与紫鹃相伴　　B. 独卧青灯古佛旁　　C. 入栊翠庵修行　　D. 以上都不是

5. 金陵十二钗中，惜春最后的结局属下列哪个选项？（　　　）

　　A. 远嫁他乡　　　B. 客死他乡　　　C. 剃发为尼　　　D. 流落风尘

6. "勘破三春景不长，缁衣顿改昔年妆。可怜绣户侯门女，独卧青灯古佛旁。"这是《红楼梦》中对惜春的判词，回答下面的问题。

（1）请你说出文中划线词的意思。

_____

（2）"勘破三春景不长"一句有什么用法？表达了作者怎样的想法？

_____

第四章 ● 还原红楼梦里的佳人——金陵十二钗正册

大大咧咧的侠女

贾母
孩子们，快来见见你们的云姑娘！

宝玉
听说云妹妹跟其他的姐姐妹妹都不一样，我倒是要见识见识。

贾母
云姑娘爱笑爱说，走到哪都笑语盈盈。

宝玉
是不是所行之处，连雾霾都能吹散，就像旋风一样？

史湘云
我说话已经够不着调了，宝哥哥比我还厉害，哈哈！

宝玉
管它旋风还是龙卷风，反正你一来，我们这里就满堂生辉。

《红楼梦》悬疑

※金陵十二钗中，史湘云是一个与众不同的人物。她出身金陵四大家族的史家，颇有大家门风。但是不同于众女儿的娴（xián）静之美，她爱笑、爱说，在众人面前，既调皮可爱，又讨人喜欢。她就像一个小孩儿一样，不会将不愉快的事放在心上，所以很得长辈、姊妹们的欢心。

在金陵十二钗中，史湘（xiāng）云是一个与众不同的姑娘，她来自四大家族中的史家，是贾母娘家的侄孙女，宝玉的表妹，贾府通称"史大姑娘"。当她还在襁（qiǎng）褓（bǎo）时，父母双亡，由叔叔婶婶抚养长大。好在史湘云生性豁（huò）达，深得贾母喜欢，经常来贾府小住。后来，史家家道中落，身在豪门的史湘云也得自己动手做一些针线活帮补家计。有一次，薛宝钗和史姑娘唠（lào）家常，聊到这段艰苦日子时，史湘云竟红了眼圈，说自己做针线活儿常要做到深夜。

> 哈！哈！哈！
> 笑得我肚子疼！

1.刨根问底

史湘云初进贾府，贾母对她疼爱怜惜，还把贴身丫鬟袭人给她使唤，这与史家雄厚的政治势力不无关系。四大家族中，贾家地位最高，是"国公"；其次是史家，初始爵位是"侯"；然后是王家，初始爵位是"伯"。史家政治地位紧随贾家，贾母讨好史湘云也是在拉拢史家。后来，史家家道中落，薛宝钗和史湘云关于针线活的对话无意间透露出了真相，贾母对史湘云的态度也是急转直下。

2.引申词释义

襁褓：意思是指包裹婴儿的被子和带子；现在借指未满周岁的婴儿。

家道中落：意思是家业衰败，境况不如从前富裕。

豁达：指心胸开阔，性格开朗，能容人容事。

3.说文解字

戏谑

用诙（huī）谐有趣的话开玩笑。

表里如一

原义是表面和内心像一个东西,形容言行和思想完全一致。

小旦

戏剧中旦角（戏曲中的女性形象）的一种,多扮演年轻女子。

直言不讳

讳:避忌,隐讳。指无保留地、坦率地谈出事实、意见或感情;形容一个人说话直爽,毫无隐瞒。

4.细挖《红楼梦》

史湘云的身世既富且贵,虽家道中落,却也不端着贵族的空架子;而且尽管她的身世比黛玉还苦三分,也没见她整日悲戚。与人相交,胸怀开阔。而且史湘云是一个极爱说话的人,薛宝钗说她是个"**话口袋子**",曾戏谑（xuè）道:"呆香菱之心苦,憨湘云之话多。"

史湘云的为人表里如一,心直口快。一次看戏时,凤姐儿指着戏台上的一个小旦龄官说:"这孩子打扮起来活像一个人。"众人都知道,凤姐指的是黛玉,但是担心得罪林姑娘,都不肯说出来,湘云却**直言不讳**（huì）地说:"我知道,像林姐姐。"结果,不仅得罪了黛玉,让她无地自容,还与宝玉发生了矛盾。

她像林姐姐!

假小子不让须眉

林黛玉
瞧，孙行者来了！

薛宝钗
偏云妹妹只爱打扮成个小子样儿，反倒看着更俏丽了些呢。

宝玉
云妹妹穿男装比穿女装都好看，英姿勃发，帅气逼人。

史湘云
你们还没瞧瞧我里头的打扮呢？

宝玉
云妹妹，你这是来走秀的吗？

史湘云
是不是豪气冲天哪？

林黛玉
大有名士之风，嘿嘿！

《红楼梦》另类研究

※性情耿直的史湘云总喜欢穿男装，把自己扮成"假小子"。一个下雪天，她穿着贾母给他的一件貂（diāo）鼠脑袋面子大毛黑灰鼠里子里外发烧大褂子，头上戴着一顶挖云鹅黄片金里大红尚烧昭（zhāo）君套，又围着大貂鼠风领。黛玉见了，忍不住扑哧（chī）一笑，众人也跟着笑出声来。

大语文拓展

1.人物鉴赏

史湘云：曹雪芹按照《世说新语》魏晋风度的标准塑造了史湘云的形象：豪爽、飘逸，诗思敏锐。魏晋风度是魏晋时期名士所具有的率直、洒脱的行事风格，饮酒作诗、纵情山水是其崇尚的生活方式。经判词考证，史湘云最后可能嫁给卫若兰，但是新婚不久，她就守寡，孤老一生。

2.《红楼梦》冷知识链接

"憨(hān)湘云醉眠芍药裀(yīn)"堪称《红楼梦》经典的唯美情节之一。话说一日，贾母、王夫人等当家人都不在家，姑娘们带着丫鬟便纵意取乐。将要散席时，大家却发现湘云不见了。原来史湘云喝醉酒后，便在一块青石板上，用一包芍药花作枕睡着了。众人找到她时，只见一群蜂蝶正围着她翩翩起舞，掉落在地上的扇子也被花瓣半埋，大家见状是又想笑又担心，但又不忍打断湘云的美梦。

3.冷知识探真

一日，大雪初霁(jì)，大观园里要开诗社，谁想诗还没作，发生了一个小插曲。宝玉和史湘云看到进上来的鹿肉，便弄了一块，在芦雪庵架起炉子、烤鹿肉吃。之后，红楼小姐们，在雪光中割腥(xīng)啖(dàn)膻(shān)，大快朵颐起来。这些不食人间烟火的少男少女们，也用最原始、最草根的方式享受野趣。

4.歇后语

胡同里赶猪——直来直去。

打开天窗说亮话——直言不讳。

1. 史湘云是金陵贾、史、王、薛四大家族＿＿＿＿＿＿＿的千金。她是贾母的内侄孙女，贾府通称＿＿＿＿＿＿＿＿。史湘云是个富有浪漫色彩、率直豪迈的女子，深得＿＿＿＿＿＿喜爱，自小接到身边抚养，和宝玉是同吃同住。

2. 史湘云是作者曹雪芹按照《世说新语》＿＿＿＿＿＿＿＿＿＿标准塑造的一位女子形象：心直口快，开朗豪爽，爱淘气，偶尔身着＿＿＿＿＿＿＿＿，大说大笑；风流倜傥，不拘小节；诗思敏锐，才情超逸。

3. 看戏时，凤姐说小旦龄官像一个人，宝玉、宝钗都知道却不说，只有＿＿＿＿＿＿＿＿心直口快地说了出来，宝玉忙向＿＿＿＿＿＿＿＿使眼色，黛玉以为宝玉和湘云一起取笑她，结果闹得宝玉在湘云、黛玉两处不讨好。

4. 在四大家族中，＿＿＿＿＿家地位最高，其次是＿＿＿＿＿家，然后是＿＿＿＿＿家，最后是＿＿＿＿＿家。

5. 下列不属于对史湘云的评价的是（　　　）。

    A. 沉着冷静　　　　B. 开朗豪爽　　　　C. 心直口快　　　　D. 活泼淘气

6.《红楼梦》对史湘云的判词是：富贵又何为，襁褓之间父母违；展眼吊斜晖，湘江水逝楚云飞。

（1）文中划线词分别指的是什么？

＿＿＿＿＿＿＿＿＿＿＿＿＿＿＿＿＿＿＿＿＿＿＿＿＿＿＿＿＿＿＿＿＿

（2）"富贵"二句的意思是什么？

＿＿＿＿＿＿＿＿＿＿＿＿＿＿＿＿＿＿＿＿＿＿＿＿＿＿＿＿＿＿＿＿＿

亦师亦友

邢岫烟
妙玉姐姐，认识你真好，不光教我写字，还教我学文化知识。

妙玉
茫茫人海，我们俩在冷清的寺庙相遇就是冥冥之中的缘分。

邢岫烟
妙玉姐姐，你才学出众，爱品茶爱写诗，妥妥的才女一枚啊。

妙玉
你也很好啊，知书达礼、温厚平和。

邢岫烟
别人你说做作，虚伪，但不管怎么说，你就是我的贵人。

妙玉
我从小父母早亡，你不计较我的怪脾气，我高兴还来不及呢。

邢岫烟
咱俩的情谊真是亦师亦友啊。

《红楼梦》悬疑

※ 在《红楼梦》中，妙玉是一个特立独行的女子，她是身份特殊的带发修行的贵族小姐。在她的人生经历中，佛教背景比家庭背景都重要。在大观园的日子里，她与宝玉、黛玉、宝钗、湘云、贾惜春、邢岫（xiù）烟结下深深的友谊。这样一个美丽聪颖、心性高洁的女子，又会遇到怎样的人生波折呢？

金陵十二钗中，有一位带发修行的居士。她是苏州仕（shì）宦人家的小姐，但是从小体弱多病，再加上父母早亡，家人买了许多替身，可是皆不管用。最后，只好在玄墓蟠香寺出家，方才好转。妙玉在蟠香寺修炼时，与邢夫人的侄女邢岫烟做过十年邻居，邢岫烟所认的字都承妙玉指授，后来两人在大观园重逢后，经常互相来往。

妙玉十七岁那年，随师父进京，后来师父圆寂，她独自在京静居，身边只有几个仆人服侍。翌（yì）年，贾府建造大观园。王夫人佞（nìng）佛，被妙玉的佛学修为所折服，因而下帖请她进贾府，入住栊翠庵（ān）。第二年，岫烟进贾府，与迎春同住。

1.刨根问底

带发修行：皈（guī）依佛门的一种。通常，佛教出家要求剃发，以求顶相明亮，六根清净，不念世俗。

替身：旧指为了解决病痛灾祸，花钱请人代己受罪。

圆寂：佛教用语，指佛教僧徒去世。圆：指功德圆满；寂，指清净寂灭。

下帖：送请帖的意思。古代指婚嫁、产子、丧葬等向亲朋好友联络的方式。

2.引申词释义

仕宦：就是给皇帝当仆人，做官的意思。文人对当官的一种谦虚称法。

翌年：翌：次、第二、之后。翌年：次年，第二年。

佞佛：谄媚佛；讨好于佛。后指迷信佛教。

3.说文解字

情愫

意思是感情；或是本心，真情实意；也指真实朴素的情感。

老君眉

清代名茶，原产靠近武夷山的光泽县乌君山，后被天心永乐禅寺引种武夷山九龙窠（kē），有百年以上历史。

耳房

汉族建筑中主房旁加盖的小房。正房两侧各有一间或两间进深、高度都偏小的房间，如同挂在正房两侧的耳朵，故称耳房。

4.细挖《红楼梦》

妙玉一生在佛院庵堂度过，然而她却尘心未尽，进了贾府后，对宝玉暗生情愫（sù），与岫烟情谊更深。贾母两宴大观园，带着众女儿到栊翠庵品茶。妙玉盛情款待，茶具、茶品、选水都体贴入微。

她给贾母特备了老君眉，请宝钗、黛玉去耳房吃梅花雪茶。面对不请自来的宝玉，拿出自己的绿玉斗给他斟（zhēn）茶，并说出"一杯为品，二杯即是解渴的蠢物，三杯便是饮牛饮骡了"的饮茶之道。

当黛玉问道所喝的茶水是不是旧年的雨水时，还被妙玉取笑"大俗人"。其实，妙玉所用的水是采自5年前的梅花雪水，即将梅花上收集的雪置于瓮中，埋入地下长达五年。

真才女惺惺相惜

黛玉
妙姑娘，你的诗词歌赋简直太厉害了！

妙玉
你喜欢庄子吗？他的文章超赞，有机会我借你几本书读读。

黛玉
在大观园里，你就是最有才华的女子，堪比诗仙。

妙玉
你可不是一个喜欢恭维的人，怎么也学会夸赞他人了？

黛玉
你那么冰雪聪明，诗词歌赋更是不得了，自愧不如啊！

妙玉
我也有苦衷啊，从小总生病，带发修行才能确保身安。

黛玉
咱俩好相似呀，我也是从小吃药，有个和尚说除非出家，才能保平安。

《红楼梦》另类研究

※妙玉冰雪聪明，才华横溢，诗词歌赋更是十分了得，就连黛玉都自叹不如，称她为"诗仙"。但是妙玉却自恃(shì)甚高，对众人皆尊敬的贾母、王夫人都敢怠慢。作为佛家弟子，妙玉在文学上却大爱庄子，常赞"文是庄子的好"，故自号"槛外人"。其实，妙玉看似特立独行，只是对世事多了一份通透。

大语文拓展

1.人物鉴赏

妙玉：妙玉本是仕宦人家的小姐，美丽、博学、聪颖，但也孤傲、清高、不合群。她心虽是佛家弟子，却尘缘未了，为情所困。《红楼梦》后四十回写她被贼人掳（lǔ）走，贾府传闻她被杀害于海边，是金陵十二钗中结局最悲惨的一个。

2.《红楼梦》冷知识链接

刘姥姥逛大观园，喝了一口贾母杯中的茶，妙玉就要扔掉那只价值不菲的**成窑五彩小盖钟**。在她眼里，乡下来的刘姥姥是"脏"的。而贾母因让刘姥姥用了自己的茶杯，所以贾母临走时，她没有说一句挽留的话。而宝玉是懂妙玉的，他知道妙玉一定会嫌刘姥姥踩脏了她的地板，于是交代打杂的把弄脏了的地板冲洗干净；而宝玉也是懂刘姥姥的，他说请不要扔掉那只成窑杯，不如送给刘姥姥。

3.冷知识探真

《红楼梦》对妙玉的判词是：欲洁何曾洁，云空未必空；可怜金玉质，终陷淖（nào）泥中。前两句说妙玉想要保持洁净，却事与愿违。后两句指妙玉被贼寇（kòu）劫去，陷在最肮（āng）脏污秽（huì）的泥淖中。妙玉一生努力修炼超脱凡尘，可怜高贵怕脏的生命却陷入肮脏之中，落得个不堪的下场，命运实在是跟她开了个大大的玩笑。

4.歇后语

水面上看影子——**清高**。

脑袋顶部开天窗——**眼圈子高**。

会不会过关题典

1.妙玉，是一个带发修行的_____。她原是仕宦人家的小姐，自小在玄墓蟠香寺出家为尼。贾府建造大观园，妙玉入住_____。

2.妙玉为什么把贾母饮茶用过的成窑杯子扔掉？（　　　）

    A. 嫌贾母脏　　　　　　B. 嫌宝玉饮茶用过　　　　　　C. 嫌刘姥姥饮茶用过

3.妙玉给贾母沏的是什么茶？为什么要沏这种茶？

_____

   4.妙玉招待宝钗、黛玉、宝玉在自己房间饮茶时，她把自己的茶器给谁用了？妙玉的"一杯为品，二杯即是解渴的蠢物，三杯便是饮牛饮骡了"这一个饮茶之道是说给谁听的？反映了她怎样的情感？

_____

   5.《红楼梦》第四十一回中，妙玉招待完贾母，把宝钗、黛玉接到自己屋内。黛玉问："这也是旧年的雨水？"妙玉冷笑道："你这么个人，竟是大俗人，连水也尝不出来。这是五年前我在玄墓蟠香寺住着，收的梅花上的雪，共得了那一鬼脸青的花瓮一瓮，总舍不得吃，埋在地下，今年夏天才开了。我只吃过一回，这是第二回了。你怎么尝不出来？"弄得黛玉没有再说什么。

（1）妙玉用什么水给宝钗、黛玉沏茶？

_____

（2）妙玉为何说黛玉是个"大俗人"？这句话暗含了她怎样的情感？

_____

第四章 • 还原红楼梦里的佳人——金陵十二钗正册

宝玉梦游太虚幻境

秦可卿
都半大小子了，怎么还偏要睡我的房间？

迷迷糊糊的贾宝玉
想睡就睡，管那么多干吗……

秦可卿
这事要是让老太太知道了，还不拧下你的耳朵！

迷迷糊糊的贾宝玉
这是哪儿呀，简直太美啦……

秦可卿
丫头们，留心着点猫儿狗儿打架，可别吵醒了宝叔。

丫鬟
奶奶放心，保准让宝叔睡个好觉。

《红楼梦》悬疑

※她妩媚似宝钗，袅娜如黛玉，行事温柔平和，被贾母赞为重孙媳中第一得意之人；而在警幻仙界，她又是警幻仙姑的妹妹。她是金陵十二钗中的哪位女子？又会有怎样的人生际遇呢？

《红楼梦》里的宁国府和荣国府在一条街上，这条街因有两个著名的 府第，又称"宁荣街"。宁国府在东边，故称"东府"。有一次，贾宝玉去东府里游玩，中午泛起困来，秦可卿（qīng）就把他安置在自己的卧室午睡。这个秦可卿就是宁国府贾珍之子贾蓉的妻子，她还有个无血缘关系的弟弟秦钟。

梦中的宝玉来到一个仙境，名叫太虚幻境，掌管者是警幻仙子，其妹妹正是秦可卿。后来，秦可卿奉警幻仙子之命，降临尘世，引导金陵十二钗归入太虚幻境。宝玉又来到一个叫薄（bó）命司的地方，里面有好多大橱，存放着天下女子过去、未来的簿册，外面用写有各省地名的封条封着。宝玉找到自己家乡的封条，上面写着"金陵十二钗正册""金陵十二钗副册""金陵十二钗又副册"。翻开册子，里面不是姓名、年龄、星座等，而是一幅图，一首判词。

1. 刨根问底

尘世：佛教徒或道教徒所指的人世间。

府第：指的是贵族、官僚的住宅，或是借指官宦人家。

判词：结论、下判断的语言。

2. 引申词释义

卿：古时指高级官名，君王称大臣为卿；亦指夫妻或好友间亲昵的称呼。

钟情：感情专注，常指爱情。

首座：指居第一位；首先建造的特定建筑物；禅堂中位居上座的僧人。

3.说文解字

养生堂

又称"育婴堂",是一种收养孤儿、弃儿的慈善机构。封建社会的育婴堂收养的都是女孩,几乎没有男孩,因为男人在封建社会是家里的顶梁柱。秦可卿就来自育婴堂。

宦囊

意思是因做官而得到的财物。

营缮郎

明清两代工部设有营缮司,主管皇家宫廷、陵寝的建造、修理等事。郎,是一种低级官员。此官名为曹雪芹虚拟。

4.细挖《红楼梦》

秦可卿从小就是个弃婴,被养生堂收养,后来被营缮(shàn)郎秦邦业抱养,起名可儿。秦邦业年过五旬,又生了秦钟。他虽然为官清廉,宦囊(náng)羞涩(sè),家境清寒,但非常重视对秦可卿姊(zǐ)弟俩的教育。秦可卿长大成人后,嫁到显赫(hè)的宁国府,与贾蓉结为夫妻。嫁入宁国府、做了蓉大奶奶的秦可卿,因长得袅(niǎo)娜纤(xiān)巧,行事温柔和平,得到了贾府上下的一致认可,就连贾母都认为她是重孙媳中第一个得意之人,王熙凤更是与她情投意合,时常去找她说话。

管家妇同病相怜

王熙凤
我的奶奶！怎么几日不见，就瘦得这么厉害了？

秦可卿
我就是心性太强，思虑太过……

王熙凤
不如意事常有，天天胡思乱想，十条命都不够！

秦可卿
唉，治得了病，治不了命啊。

王熙凤
太医的方子，你得当回事，再挺半个月兴许就好了。

秦可卿
恐怕我这一倒，再也爬不起来了……

王熙凤
呸呸呸，别瞎胡说！

《红楼梦》另类研究

※一年中秋，秦可卿患病卧床，后来病情每况愈下，最后竟一病不起。贾敬生日那天，王熙凤来看望秦可卿，刚一见面就潸(shān)然泪下，宝玉本就有怜悯(mǐn)之心，得知病情后，泪流不止。到腊月初二，凤姐最后一次探病，秦可卿大约就在当夜殒(yǔn)命。

大语文拓展

1.人物鉴赏

秦可卿：金陵十二钗之一。众人眼里，她是极妥当的人。不过，她却心思细腻，不管听见个什么话儿，都要度量个三日五夜。她的判词是：情天情海幻情身，情既相逢必主淫。漫言不肖皆荣出，造衅（xìn）开端实在宁。意思是借幻境说人世间风月情多，不要说不肖子孙都出于荣国府（指宝玉），坏事的开端其实是在宁国府。

2.《红楼梦》冷知识链接

秦可卿的死让整个宁国府陷入巨大的悲恸之中，她的丧礼更是极尽奢华。贾珍特意买下了薛家木店里的一副出自**潢**（huáng）**海铁网山**，原是给义忠亲王老千岁准备的**樯**（qiáng）**木板**。贾珍还给贾蓉捐了个**龙禁尉**的前程，并请凤姐来协理丧事。出殡（bìn）那天，宁国府街上，诸王孙公子，不可枚数；人来人往，哭声摇山震岳。

3.冷知识探真

秦可卿临死前，曾**托梦**给王熙凤，告其"月满则亏，水满则溢"和"登高必跌重"，以警示贾府兴亡。还嘱咐王熙凤要多置买田产，以保贾府将来至少衣食无忧，即便家业败落，或者不幸被抄家，也能给后人留一条活路。秦可卿的这番话是保家族长久之策，希望王熙凤能为贾家做长远的打算。可是王熙凤没有在意秦可卿的这份担忧。结果，贾府被抄家后，上下一片凄惨。

月满则亏，水满则溢！
登高必跌重……

4.歇后语

魏绛（jiàng）劝晋悼（dào）公——**居安思危**。

提起来的竹篙（gāo）——**眼泪汪汪向江河**。

1. 秦可卿和贾珍是什么关系？（　　）

　　A. 兄妹　　　　　B. 夫妻　　　　　C. 翁媳　　　　　D. 叔侄

2. 《红楼梦》中，贾宝玉在秦可卿卧房午睡，梦入太虚幻境，他遇到了谁？（　　）

　　A. 警幻仙子　　　　B. 云雪仙子

3. "盛筵必散"一语出于《红楼梦》中何人之口？（　　）

　　A. 探春　　　　　B. 秦可卿　　　　C. 袭人　　　　　D. 妙玉

4. "情天情海幻情身，情既相逢必主淫。"指的是谁？（　　）

　　A. 秦可卿　　　　B. 惜春　　　　　C. 探春　　　　　D. 妙玉

5. 宝玉在秦可卿的府上午睡时，梦到一个仙境，名叫＿＿＿＿＿，并在＿＿＿＿＿发现金陵十二钗的册子。

6. 宝玉在太虚幻境，看到金陵十二钗有＿＿＿＿＿＿＿、＿＿＿＿＿＿＿、＿＿＿＿＿＿＿。

7. 按小说中所写，秦可卿死后最伤心的人是＿＿＿＿＿＿。

8. 秦可卿魂归天香楼。（打一成语）

9. 秦可卿临死前，给谁托梦？请概括秦可卿托梦给对方的核心内容。

　　＿＿＿＿＿＿＿＿＿＿＿＿＿＿＿＿＿＿＿＿＿＿＿＿＿＿＿＿＿＿＿＿＿＿＿

10. 请你简述一下，秦可卿死后，宁国府在其丧礼上是怎样的奢华？

　　＿＿＿＿＿＿＿＿＿＿＿＿＿＿＿＿＿＿＿＿＿＿＿＿＿＿＿＿＿＿＿＿＿＿＿

望子成龙心切

贾兰
宝叔好！你看到一只小鹿没？

贾宝玉
是有一只小鹿从我身边箭一样地跑走了，你射它干什么？

贾兰
这会儿刚下课，闲着也是闲着，不如演习演习骑射。

贾宝玉
可爱的小鹿自由奔跑，多有诗意的画面，被你给打破了。

贾兰
俺娘说了，能文能武，长大后才会有出息。

贾宝玉
你娘真是望子成龙心切。

贾兰
俺娘就我一个娃，可不就全身心地投入啊。

《红楼梦》悬疑

※贾府众人第一次出场时，贾母对林黛玉说，这位是"先珠大哥的媳妇"，你知道贾母所说的女子是谁？她在大观园里又有着怎样的命运呢？

释义故事

金陵十二钗中,李纨(wán)是一个**恪守**封建礼法的贤女节妇典型。她出身金陵名宦,父亲李守中曾为国子监祭酒,从小就受父亲"**女子无才便是德**"的教育,认为认得几个字,记得前朝几个贤女便罢,每日以女红(gōng)为要。李纨是荣国府长孙**贾珠之妻**,**儿子贾兰**,可惜贾珠**英年早逝**。李纨虽**膏粱锦绣**,但是青春守寡,心如"**槁**(gǎo)**木死灰**"。贾珠死后,李纨把全部精力都投入对贾兰的培养上,督促他读圣贤书,为科举考试做案头准备,还安排他习武。

1. 刨根问底

国子监祭酒:国子监就是太学,即朝廷设置的最高学府。祭酒就是掌管国子监的最高领导,官职为从三品。

女子无才便是德:在封建社会,女子不需要有才学,有德行就可以。这里的"德"指封建女德,其中不少观点已落后于时代。

2. 引申词释义

恪守:谨慎而恭顺地遵守。

英年早逝:英年:英姿焕(huàn)发的年龄,指青壮年时期。英年早逝指在青壮年时期就去世。

膏粱锦绣:膏、粱:肥肉和细粮,泛指美味的食物;锦绣:精致华丽的丝织品。形容富贵人家衣食精美的奢华生活。

槁木死灰:槁:干枯。意思是枯干的树木和火灭后的冷灰;比喻心情极端消沉,对一切事情无动于衷。

147

第四章 • 还原红楼梦里的佳人——金陵十二钗正册

3.说文解字

(结)(社)

是指人们围绕共同宗旨和目标结成的团体。

(心)(如)(古)(井)

古井:年代久远的枯井。形容心里十分平静或一点也不动情。

(狮)(子)(搏)(兔)

意思是对小事情也非常重视、使出全部力量。

(市)(侩)

原指买卖的中间人。后指唯利是图、庸(yōng)俗可厌的人。

4.细抠《红楼梦》

(结)(社)、(作)(诗)、(吟)(唱)是古代文人最喜欢的事,而李纨本就知识广博,内蕴(yùn)丰富,进入大观园后,她恢复了青春朝气,想要创办(诗)(社)。李纨虽青春丧偶,但是她的内心并非"心如古井",而是涌动着波涛,憧憬着美好生活。自从诗社建立后,李纨就像变了一个人,既写诗又评诗,大观园里,经常可以看见她的笑容,听见她的笑声。

但是创办诗社,没有钱是没法实现的。为此,她出了个人人叫好的主意,邀请王熙凤做(监)(社)(御)(史),好解决经费问题。李纨对王熙凤发动了一系列的炮轰,一口气送给她"无赖泥腿市侩(kuài)""下作贫嘴恶舌""黄汤灌狗肚""狗长尾巴尖""泼皮破落户""楚霸王"好多(雅)(号)。李纨这个要钱的办法,有如狮子搏兔,势不可当。王熙凤只好甘拜下风,满足了大观园众女儿的心愿。

未亡人枯木逢春

脂砚斋

曹公，李纨这个心如死灰的人在你的笔下大放异彩，简直神了。

曹公

性格越光彩，心中的愁苦越深重啊。

宝玉

我们的大嫂虽不能穿鲜戴艳，但也阻止不了她对诗作的创作热情。

脂砚斋

在诗的王国里，李纨终于找到了自己的位置。

宝玉

大嫂品评起诗作来，简直就是口吐莲花。

李纨

我只是深藏不露而已，不过被人夸赞，还是很开心哟！

《红楼梦》另类研究

※在《红楼梦》中，李纨不但想过创立诗社，还给自己选了一个雅号，名叫"稻香老农"。她的文采虽然不像黛玉、宝钗那般超群出众，但也是可圈可点。她既写诗，又评诗，活跃异常。贾宝玉对李纨评诗也是称赞有加，说她"善看，又最公道。"与荣府的其他媳妇相比，李纨的诗情和雅趣让她独树一帜。

1. 人物鉴赏

李纨：李纨是曹雪芹精心设计的一个典型的封建妇女形象，一辈子**恪守妇道**，育儿教子，从无怨言，并且为人公道，持重守礼。搬进大观园前，她就是一个槁木死灰的守寡妇人；搬进大观园、参与创建诗社后，她的生命散发着青春的活力，喷涌着灼（zhuó）热而丰富的情感。

2.《红楼梦》冷知识链接

李纨小时候父亲教她读《**女四书**》《**列女传**》，希望她能识字，有高尚的情操。因为当时女子以纺绩（jì）女红为要，父亲给她取名纨。纨是细绢，一种很细的丝织品。值得一提的是，李纨是《红楼梦》中唯一有字的女子，字**宫裁**。古代女子社会地位低下，只是小名、乳名，有字的女子凤毛麟角，黛玉、宝钗虽然诗才冠绝群芳，也没见她们有字，"宫裁"可以理解为"工裁"，说明李纨善女红。

3. 冷知识探真

李纨身上除了节妇、才女、好嫂子这些标签，还有一个标签——**大菩萨**。王熙凤生病，她奉贾母之命代理管家时，就表现出**心善仁慈**的一面。当时赵姨娘和探春因二十两银子闹了起来。起因是赵姨娘的兄弟去世了，探春按规矩给了二十两银子，赵姨娘贪财又说探春的亲舅舅死了，结果丧葬银子没讨要成，还和探春闹得不可开交。一向如水不争的李纨一边拉这个，一边拉那个，忙得不亦乐乎。

探春　李纨　赵姨娘

4. 歇后语

买鱼放生——**菩萨心肠**。

唐僧的肚皮——**慈悲为怀**。

1. 李纨与荣国府长孙＿＿＿＿＿结婚，生有一子，名叫＿＿＿＿＿。后来，丈夫英年早逝，她遵礼守节，悉心教导，使儿子成为贾府第五代中最出息的后人。

2. 李纨是金陵名宦之女，父名李守中曾为＿＿＿＿＿。李纨青春守寡，心如"槁木死灰"，是封建淑女，是标准的节妇，是妇德妇功的化身。

3. 在李纨的身上除了节妇、才女、好嫂子这些标签外，还有一个标签＿＿＿＿＿。当时，王熙凤有病在身，她奉贾母之命代理管家时，表现得心善仁慈。

4. 下面关于李纨的性格描写，不正确的是（　　）

A. 待人谦恭有礼　　　B. 清心寡欲　　　C. 安分守己　　　D. 逢迎谄媚

5. 李纨从小父亲就让她只读女四书，请你说说女四书指的是什么？

＿＿＿＿＿＿＿＿＿＿＿＿＿＿＿＿＿＿＿＿＿＿＿＿＿＿＿＿＿＿＿＿＿＿

6.《红楼梦》中李纨青春守寡，心如死灰，但是她进入大观园后，却恢复了青春朝气。试举两个能表现出她在大观园恢复青春朝气的例子。

＿＿＿＿＿＿＿＿＿＿＿＿＿＿＿＿＿＿＿＿＿＿＿＿＿＿＿＿＿＿＿＿＿＿

7.《红楼梦》中，李纨的判词是："桃李春风结子完，到头谁似一盆兰。如冰水好空相妒，枉与他人作笑谈。"

（1）请你说说这首判词的意思。

＿＿＿＿＿＿＿＿＿＿＿＿＿＿＿＿＿＿＿＿＿＿＿＿＿＿＿＿＿＿＿＿＿＿

（2）文中"一盆兰"指的是什么？

＿＿＿＿＿＿＿＿＿＿＿＿＿＿＿＿＿＿＿＿＿＿＿＿＿＿＿＿＿＿＿＿＿＿

＿＿＿＿＿＿＿＿＿＿＿＿＿＿＿＿＿＿＿＿＿＿＿＿＿＿＿＿＿＿＿＿＿＿

泼皮破落户儿，来啦

贾母
她是我们这儿有名的泼皮破落户，你只叫她凤辣子就是了。

黛玉
好一个有趣的名字。

王熙凤
能讨老祖宗的欢心，说我啥都行！

贾母
今天可是个大日子，你来安顿好黛玉。

王熙凤
老祖宗，您交代的事，我哪儿敢忘，要是忘记了，该打，该打！

贾母
你呀，果真是我的开心果、顺气丸。有你在，啥烦恼都没了。

王熙凤
老祖宗，您尽说些没用的伤心话，来，来，吃果子！

《红楼梦》悬疑

　　※除了宝玉、黛玉、宝钗，王熙凤在《红楼梦》中的地位毋（wú）庸置疑。甚至可以说，没有了王熙凤，《红楼梦》就失去了一种让读者眼前一亮的新意。然而，这个角色却让人又爱又恨，这个"出了名的凤辣子"到底是怎样一个人呢？

释义故事

王熙凤是金陵十二钗之一，贾琏（liǎn）的妻子，王夫人的侄女，贾府通称凤姐、琏二奶奶。林黛玉进贾府一回，曹公写到她的出场就特别有意思：一语未了，只听后院有人笑声，说："我来迟了，不曾迎接远客！"这一声就像戏曲舞台上角色还未出场，就先从后台送出一声响亮的"马门腔"。随着后台这一声，一个浓妆的少妇出场了。

只见她头上戴着金丝八宝攒（cuán）珠髻（jì），绾（wǎn）着朝阳五凤挂珠钗；项下戴着赤金盘螭（chī）璎（yīng）珞（luò）圈；身上穿着缕金百蝶穿花大红洋缎窄裉（kèn）袄。一双丹凤三角眼，两弯柳叶吊梢眉，身量苗条，体格风骚，粉面含春威不露，丹唇未启笑先闻。如此出场可谓先声夺人，满屋便只有她一个人的说话声。

我来了！

1. 刨根问底

金丝八宝攒珠髻：用金丝穿绕珍珠和镶嵌八宝（玛瑙、碧玉、猫儿眼、祖母绿之类）支撑的珠花的发髻。

五凤：凤凰的 5 种，即凤、鹓（yuān）雏（chú）、鸑（yuè）鷟（zhuó）、青鸾、鸿鹄（hú）。在古代凤凰是中华文明的重要象征。

2. 引申词释义

髻：盘在头顶或脑后的发结；亦比喻美丽的山峰。

螭：传说中没有角的龙。古建筑或工艺品上常用它的形状做装饰。

璎珞：一种挂于颈项、垂于胸前的饰品，用小巧的花朵穿串而成。

丹凤：头和翅膀上的羽毛为红色的凤鸟。

第四章 • 还原红楼梦里的佳人——金陵十二钗正册

153

3.说文解字

推诿

意思是将个人受挫的原因归咎于自身以外的原因,以摆脱内疚的方式,但推诿只能是一种心灵上的安慰,事实总是令人神伤的。推卸责任,推辞。

有条不紊

形容做事、说话有条有理,丝毫不乱。紊:乱。

缜密

意思是细致精密;谨慎周密。

4.细挖《红楼梦》

话说,秦可卿去世之后,宁府贾珍想把丧事办得隆重一些,但是贾珍的老婆尤氏病重不能理事,于是宝玉就推荐凤姐去帮宁府**料理丧事**。谁知凤姐最喜欢揽事,好卖弄才干,于是答应了这件事。

王熙凤**掌管宁国府**的第一件事就是先解决宁府存在的几个问题:人口混杂,遗失东西;事无专执、临期推诿(wěi);需用过费,滥支冒领;任无大小,苦乐不均;家人豪纵,只退不进。王熙凤的思想有条不紊(wěn),足见她缜密严谨的管理态度和过人之处。

其实,王熙凤并不是瞎逞(chěng)能,她在管理荣府方面就有着丰富的经验。不然,她也成不了荣府大管家。在宁府,她实行岗位责任制,规定制度,自己更是以身作则。结果,王熙凤凭借自己的管理才能,把秦可卿的丧事办得妥妥帖帖,受到宁府上下的一致称赞。

154

水晶心肝玻璃人

贾母
听说凤丫头协理宁国府，做得有声有色。

王夫人
在凤姐的威慑之下，家仆们也都尽力做好本职工作。

贾母
凤丫头一向争强好胜，年轻又有干劲，不愧是脂粉堆里的英雄。

王夫人
不过，好像下人们对她也是怨声载道，很难服众啊。

贾母
没有点心理承受能力，怎么能得到众人羡慕和赞赏的眼光？

贾母
再说年纪轻轻，没有点狠辣手段，又怎么能压得住场？

王夫人
对对，老太太说得是。

《红楼梦》另类研究

※在王熙凤的整顿下，宁府被她管理得井井有条，贾母对她赞叹有加；但是为人苛责、处事严格的王熙凤却也得罪了不少人，邢夫人嫉恨她太能干、张狂，总想抓住她的小把柄；赵姨娘因为她的苛刻心生怨恨。下人更是对她充满怨言，一个婆子迟到了，不仅挨了板子，还被罚一个月工钱，惹得奴仆们心里暗暗地恨她。

大语文拓展

1.人物鉴赏

王熙凤：王熙凤要强，但可惜，贾家已经走向没落，入不敷出。男人没什么赚钱本领，她只好拆东墙补西墙，甚至要靠典当值钱货周转。日子久了，身体落下了不小的毛病。最终因心力交瘁而致死。

2.《红楼梦》冷知识链接

王熙凤本就家境优越，然而却十分贪财。自从当上荣国府的管家后，她便利用手中的权力大肆敛财，放高利贷就是其最无耻的敛财手段。王熙凤手里管着家中众人的月银，她先是拖着不发，然后拿这些钱去放高利贷，赚来的利息归自己，本金再作为月银发给众人。为了满足自己的贪欲，她是什么钱都敢赚。"秦可卿停灵铁槛寺"一回中，有一桩退婚官司，王熙凤为了敛财，以贾琏的名义摆平了此事，结果拆人婚姻、害人性命，自己却将三千两银子收入囊中。

3.冷知识探真

贾琏同族的弟弟贾瑞被王熙凤的美丽容貌所倾倒，结果王熙凤设下计谋好好教训了他一顿，哪知贾瑞身子弱，最终居然一命呜呼；贾琏在外面偷娶尤二姐，王熙凤趁贾琏不在家，将其骗到自己身边，又设计挑拨离间，结果逼得尤二姐含恨自尽，心狠手辣至极。如此种种，虽然王熙凤很有管理能力，但她也绝对称不上是一个好人。

4.歇后语

把砒（pī）霜拌在糖浆里——心狠手辣。

衣食不愁想当官，得了皇帝想神仙——贪得无厌。

1.《红楼梦》中，有一个女子，她模样标致，语言爽利，心机极深细，但是"机关算尽太聪明，反算了卿卿性命"，这个人是_____。

2. 以下对王熙凤的身份描述不准确的是（　　）。

  A. 她是贾琏的妻子   B. 王夫人的内侄女

  C. 贾府通称凤姐、琏二奶奶   D. 她不在金陵十二钗内

3. 王熙凤之所以深得贾母的欢心，主要是由于什么原因？（　　）

  A. 容貌出众 B. 善于理财 C. 善于察言观色，机变逢迎 D. 体恤下人

4. 以下不属于王熙凤分析宁国府有五大病的是（　　）。

  A. 事无专职   B. 仆役懈意   C. 人口混杂   D. 需用过费

5. 王熙凤整顿宁国府时，采取的措施有（　　）。

  A. 实行岗位责任制 B. 收编新仆役 C. 规定制度 D. 领导以身作则

6.《红楼梦》中的王熙凤极擅玩弄权术，她曾弄权铁槛寺，还设计害死了丈夫贾琏的小妾，这位丧命的小妾是（　　）。

  A. 尤二姐   B. 尤三姐   C. 平儿   D. 秋桐

7. 以下太虚幻境的判词属于王熙凤的有（　　）。

  A. 凡鸟偏从末世来，都知爱慕此生才。

  B. 机关算尽太聪明，反算了卿卿性命。

  C. 才自精明志自高，生于末世运偏消。

  D. 一从二令三人木，哭向金陵事更哀。

掌上明珠又病了

丫鬟平儿
二奶奶，不好了，巧姐得痘疹了！

王熙凤
你们是怎么照顾巧姐的，怎么会得痘疹呢？别给我编瞎话！

丫鬟平儿
二奶奶息怒！二奶奶息怒！

王熙凤
还给我愣着干什么，快让人传太医来！

王熙凤
回来！再传话给厨房，煎炒类的食物一律不要做，饮食要清淡。

丫鬟平儿
好的，二奶奶您先别急，我马上就去办。

王熙凤
宝贝女儿啊，你可是娘的掌上明珠，给娘快快好啊！

《红楼梦》悬疑

　　※巧姐是荣国府王熙凤和贾琏的千金，由于年纪幼小，在书中的出场次数并不多。又由于自己是一个女娃，所以迟迟都没有乳名。然而，这样一个富贵豪门的千金小姐，最终却成为荒村野店的纺绩农妇，这其中到底发生了什么？她又经历了哪些坎坷的人生故事呢？

释义故事

金陵十二钗中，(巧)(姐)年纪最小，辈分也最小，她是王熙凤与贾琏之女，一出生就得到很多人的怜爱，可是巧姐时常爱生病，看着楚楚可怜，让人很是心疼。在当时那个(重)(男)(轻)(女)的社会下，第一胎生了个女儿，自然不受人待见。巧姐都两岁了，还没有名字。

后来刘姥姥进大观园时，王熙凤看刘姥姥虽然年事已高，但是身体却很硬朗，于是请她给孩子起个名字。一是想借她的寿命，希望孩子也能长寿；二是刘姥姥是乡下人，生活贫苦，这样的人给孩子起名字，用迷信的说法就是能压得住不好的运势。刚好这个女娃出生在七月初七，恰为(乞)(巧)(节)，于是刘姥姥就起了一个"巧姐"的名字。

1.刨根问底

(乞)(巧)(节)：是汉族的传统节日，又叫七夕节。每年农历七月初七，穿着新衣的少女们就会在庭院向织女星乞求，希望她们能传授给自己心灵手巧的手艺，祈求自己长得美丽，嫁得一个如意郎君。因为节日以乞巧为主，故称这一天为"乞巧节"。

2.引申词释义

(楚)(楚)(可)(怜)：形容娇柔秀美，使人觉得可爱。也形容神情凄楚或处境令人可怜。

(年)(事)(已)(高)：年事：年纪。指一个人的岁数已经很大了。

(硬)(朗)：指身体健壮、强硬有力；也用来夸赞相貌棱角分明的男人，或指老人身体健康。

3.说文解字

信手拈来

随手拿来。多形容说话、写文章时词汇或材料例证丰富。

刻意为之

意思是用尽心思做某件事。

逢凶化吉

指运气好或有神灵保佑,遇到危难、凶险就能转化为吉祥。

一语双关

一句话包含两个意思,即表面一个意思,暗中又藏着一个意思。

4.细挖《红楼梦》

《红楼梦》中,每个人的名字都是有一定内涵的,巧姐也蕴含深意,而非信手拈来。巧姐之名虽然是借刘姥姥之口,实际上却是曹雪芹刻意为之。当时刘姥姥取完名字,还留下几句话:姑奶奶要依我这名字,她必长命百岁。日后大了,各人成家立业,或一时有不遂心的事,必然是遇难成祥,逢凶化吉,却从这"巧"字上来。

此话可谓**一语双关**,不但把巧姐前面的伏笔埋下了,还隐藏了巧姐的结局,简直是无"巧"不成书,不仅如此,还连带双关了《红楼梦》中的各种"巧"事:贾府衰败,巧姐家亡,被恩人刘姥姥相救。而这一切又恰巧与巧姐的判词相呼应:"势败休云贵,家亡莫论亲。偶因济刘氏,巧得遇恩人。"可见,巧姐之名暗示其一生的际遇。

送你一个好名字

刘姥姥

小丫头，你可记得我吗？上次来，你还是个小宝宝呢。

巧姐

你是谁？我怎么从来都没见过你，你是大观园里的哪个婆子？

刘姥姥

你这个小丫头，怎么把我都忘了？我还给你取过乳名呢。

巧姐

尽瞎说，我的名字是俺爹俺娘给取的。

王熙凤

那会儿你还小，哪记得住这些，不过刘姥姥所言倒是千真万确。

刘姥姥

时间过得真快，一晃，小丫头都长成大姑娘了，真好。

王熙凤

托姥姥的福，巧姐现在好得很呢。

《红楼梦》另类研究

　　※贾家败落之前，巧姐过的是锦衣玉食的生活，而且可能是贾府小姐之中过得最好的一个。当时王熙凤作为荣国府的当家，而且自己也只有巧姐这一个女儿，简直是含在嘴里怕化了，捧在手里怕掉了。就连刘姥姥见了，都忍不住说"只怕姑奶奶以后少疼她些就好了"，这也足以说明巧姐在贾府过的是什么样的日子。

大语文拓展

1.人物鉴赏

巧姐：巧姐作为金陵十二钗之一,注定是命薄福薄之人。虽然出生时贾府辉煌依旧,可是还没等到她长大,贾府就已经没落,美好生活不复存在。好在有贵人相助,她才躲过一劫。巧姐的结局可以说寄托了曹雪芹的思考与理想,大观园落魄后,昔日娇贵的小姐们该怎样寻找一条出路? 在他看来,或许归隐田园也是一个理想的终结。

2.《红楼梦》冷知识链接

巧姐年龄尚小,在《红楼梦》中并没有太多的故事,只是随着贾家的败落,她那狠心的舅舅和兄长竟然要把她给卖掉。好在王熙凤生前接济过难以度日的刘姥姥,种下善缘,所以巧姐日后遇难时,刘姥姥才会想尽办法把她从火坑里救出来,以报答当年王熙凤对她的恩情。若是没有刘姥姥的出手相助,巧姐的一生恐怕就这么葬送了。

3.冷知识探真

《红楼梦》中,巧姐的判词是：势败休云贵,家亡莫论亲。偶因济刘氏,巧得遇恩人。画面是一座荒村野店,有一美人在那里纺绩。作者曹雪芹或许不想让巧姐嫁给富贵人家,而是嫁给清贫人家,于平淡之中享有老百姓的幸福。贾家被查抄后,小姐们的结局几乎都很悲凉,可见所有的繁华到头来都是昙(tán)花如梦,只有清贫平淡的日子,才最真实。这其实是在劝人积德行善,济困扶穷才是善举。

4.歇后语

热中送扇,雪中送炭——急人之所急。

蝎子贴膏药——又黑又毒。

1. 巧姐是金陵十二钗之一，荣国府_____与_____之女，生日是农历七月初七。

2. 由于巧姐刚好出生在七月初七，恰为_____节，于是刘姥姥给她起了一个"巧姐"的名字。

3. 巧姐的名字是谁取的。（   ）

    A. 凤姐　　　　　　B. 刘姥姥　　　　　　C 平儿　　　　　　D. 贾琏

4. 王熙凤落难时，巧姐险些被"狠舅奸兄"所卖，幸而得到谁的营救？（   ）

    A. 平儿　　　　　　B. 贾芸　　　　　　C. 小红　　　　　　D. 刘姥姥

5. 下列不属于金陵十二钗的是（   ）。

    A. 巧姐　　　　　　B. 李纨　　　　　　C. 秦可卿　　　　　　D. 贾宝玉

6.《红楼梦》中，有这样一段判词"势败休云贵，家亡莫论亲。偶因济刘氏，巧得遇恩人"，请你回答下面几个问题。

（1）这段判词说的是_____。

（2）"势败休云贵，家亡莫论亲""偶因济刘氏，巧得遇恩人"分别是什么意思？

_____

_____

（3）判词中的"巧"是怎样一种修辞手法？

_____

_____

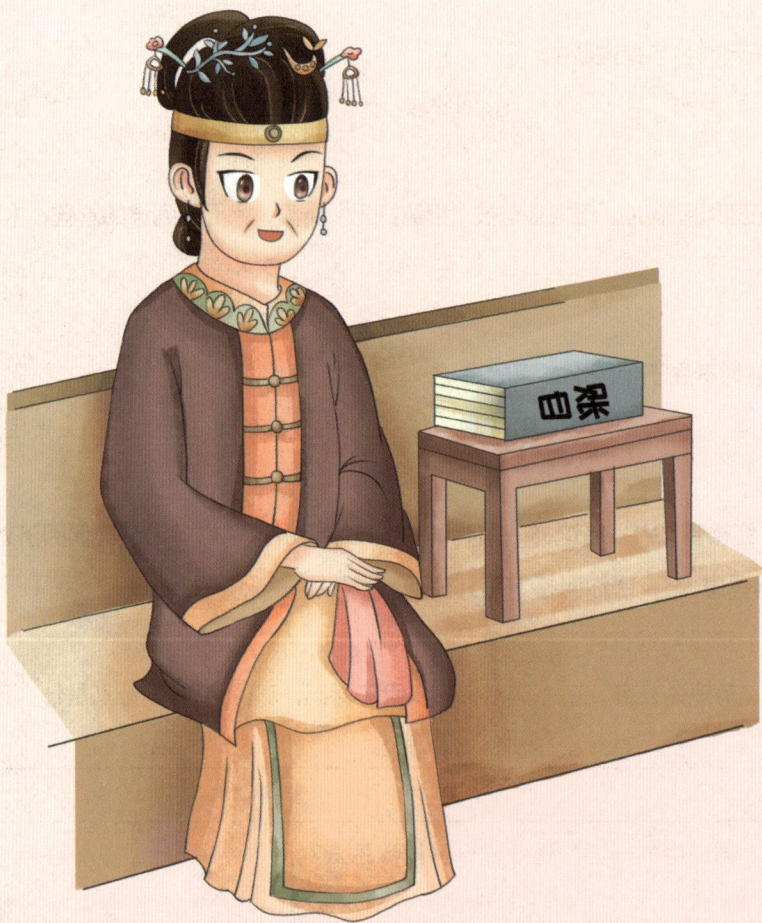

第五章

『大慈大悲』的大家长

——王夫人

大权交给王熙凤

王夫人

老祖宗，如今我心力不济，担心管不好里里外外的家事呀。

贾母

可是，李纨也不足以撑起荣府的重任哪。

王夫人

我倒是有一个人选，不知道老祖宗怎么看？您觉得凤丫头怎么样？

贾母

凤丫头的能力不用多说，自然是一流的。

王夫人

最重要的是她也是我的内侄女，自家人自然用着放心。

贾母

她可是大房家的儿媳妇哇，难得你能这么顾全大局。

王夫人

您这说的是哪儿的话，这不都是为了咱大家族好。

《红楼梦》悬疑

※在《红楼梦》的嫂嫂、太太们中，王夫人是出身官宦之家的大小姐，贾政的嫡妻，荣国府的实权派人物，虽说她是个吃斋念佛的人，却是一个极具争议性的人物。在贾府纷乱复杂的日常生活中，王夫人扮演着怎样一个角色呢？

释义故事

王夫人是(贾)(政)(之妻),(贾珠)、(元春)、(宝玉)(之母),王熙凤的姑姑,(王)(子)(腾)的妹妹,薛姨妈的姐姐。她出生贾、史、王、薛中的王家。护官符中,对其家族这样评价:"东海缺少白玉床,龙王来请金陵王。"

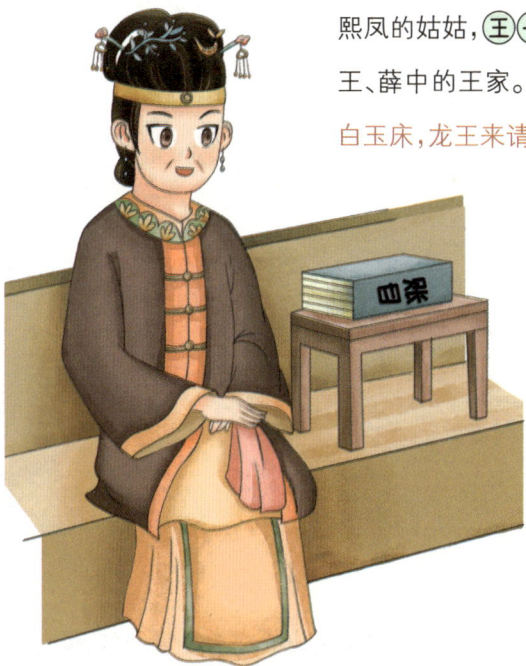

当时,荣国府的大太太邢夫人是贾赦后娶的续弦,且为人愚钝,而王夫人为金陵四大家族之一的王家,所以成了荣国府当家主事之人。不过,王夫人却推说年纪大了精力不济,把大权交给自己的内侄女王熙凤。尽管如此,对于荣国府的大小事宜,凤姐仍会向她请示汇报。为此,王熙凤曾戏谑,说自己不过是个挂钥匙的丫头。

1.刨根问底

(东)(海)(缺)(少)(白)(玉)(床),(龙)(王)(来)(请)(金)(陵)(王):传说龙王珠宝极多,非常富有;"王"指金陵王家。意思是东海龙宫里珍宝何其之多,却依然要向金陵的王家借白玉床。这里借龙王来请,极言王家的富裕。

(王)(子)(腾):都太尉统制县伯王公的后裔,王夫人、薛姨妈的哥哥。初任京营节度使,后擢(zhuó)九省统制,奉旨查边,旋升九省都检点。

2.引申词释义

(事)(宜):关于事情的安排、处理,多用于公文、法令。
(戏)(谑):用有趣的、引人发笑的话开玩笑。

3.说文解字

念佛

信佛人念"阿弥陀佛",指虔诚地信奉佛教。

吃斋

信奉佛教者吃素食、不吃荤腥食物,是一种虔诚的仪式。

通情达理

形容很懂道理,说话、做事合情合理。

感激涕零

感激得掉下眼泪。形容极为感动的样子。涕:眼泪。零:落。

委曲求全

勉强迁就,以求保全;为了顾全大局而暂时忍让。

4.细挖《红楼梦》

王夫人的娘家有权有势,在贾府地位也是举足轻重,但是她并不十分显露,除侍奉婆婆,教育亲子外,只以**念佛**、**吃斋**(zhāi)、静养为事,给人一种**宽厚仁慈**、**通情达理**的印象,众人对其评价都很高。

刘姥姥初进贾府求助,王夫人没有因其家贫而嫌弃,反倒嘱咐凤姐好生接待。刘姥姥对此感激涕(tì)零,逢人便说:"荣国府贾二老爷的夫人,会待人,倒不拿大,如今上了年纪,越发怜贫恤老,最爱斋僧敬道,舍米舍钱。"贾母有时错怪了她,她也能委曲求全,因而深得贾母的欢心。

《红楼梦》五十五回,贾探春说到自己的无奈时,也流露出对王夫人的感恩:"太太满心疼我,只因姨娘每每生事,几次寒心……太太满心里都知道,如今因看重我,才叫我照管家务。"

玉不琢，不成器

王夫人
老爷，快别打了，虽然宝玉该打，你也不要气坏了身子。

贾政
这个小兔崽子，现在不教训，以后闯了大祸，怎么办？

王夫人
万一有个三长两短，被老祖宗知道了，岂不是不孝？

贾政
别给我搬出这个镇山宝！

王夫人
珠儿啊，你爹现在要你弟弟的命呀，娘也不活了！

贾政
都是你把他给惯的，简直无法无天！

王夫人
宝玉，赶快给你爹求情，说你再也不敢了。

《红楼梦》另类研究

※ 由于贾珠英年早逝，元春又被选入宫中，王夫人对宝玉简直爱子如命。她经常在贾政面前为宝玉掩护说情，宝玉反而更加肆意妄为。这与宝玉见了贾政如同"猫见老鼠"一样，形成鲜明的对比。有一次，宝玉犯错，贾政惩罚他，王夫人心痛至极，于是使出"必杀技"，向贾政哭劝道，"若是贾珠活着，宝玉即使被打死也不怕，况且打死宝玉事小，倘或惹急了老太太，一时不在了，岂不事大！"

大语文拓展

1.人物鉴赏

（王夫人）：《红楼梦》中的人物都具有多面性，王夫人亦是如此。平时一心求神拜佛，但是在平和宽慈的外表下，却隐藏着（威）（力）（权）（势）的内里。伺候她多年的丫头金钏，因为和贾宝玉言语略有轻浮，便是一个火辣辣的巴掌，结果金钏没几日就投井自尽。得知此事后，她却流下伪善的眼泪，并对宝钗说，是金钏弄坏了东西，打了她两下。

2.《红楼梦》冷知识链接

王夫人是善良厚道的二太太，在"（扬）（善）"方面做得还是不错的。她对黛玉、宝钗、湘云、宝琴、岫烟等姑娘，都能做到关爱厚待。虽然她素来爱静，对小辈们的嬉闹也不主动参与，但是在道义和经济上常常能予以支持。这么多人住在大观园，她照样发放月银，毫无半点嫌弃和反感。这与邢夫人的吝啬、势利形成了鲜明的反差。

3.冷知识探真

王熙凤病倒之后，荣国府的家事都堆到了王夫人的头上，随着大小事情的堆积，她感觉自己的精力不足以管理这么大个家族，于是她命李纨、探春、宝钗代理凤姐治家，至此"（大）（观）（园）（管）（理）（小）（组）"正式成立。在此期间，她不计探春作为赵姨娘亲生女儿的身份，破格提拔她、任用她，反映了她宽广的胸襟（jīn）；她又借李纨、宝钗在下人中的贤德声望，帮助探春压稳阵脚，这也反映了王夫人的谋事老到。

> 你是个有本事的姑娘，好好干！

4.歇后语

弥勒面孔如来心——（和）（善）。

世界地图吞肚里——（胸）（怀）（全）（球）。

1. 王夫人是＿＿＿＿之妻，＿＿＿＿、＿＿＿、＿＿＿＿之母，＿＿＿＿的姑姑，＿＿＿＿的姐姐。

2. 护官符中，哪一句话是评价王夫人所在的王家的。（　　）

　　A. 贾不假，白玉为堂金作马。

　　B. 阿房宫，三百里，住不下金陵一个史。

　　C. 东海缺少白玉床，龙王来请金陵王。

　　D. 丰年好大"雪"，珍珠如土金如铁。

3. 《红楼梦》中，王夫人和宝玉的关系是（　　）。

　　A. 母子　　　　　　B. 祖孙　　　　　　C. 姑侄　　　　　　D. 表亲

4. 王夫人与黛玉、凤姐、宝钗的亲属关系分别是（　　）。

　　A. 姨母、舅母、姑母　　B. 舅母、姑母、姨母　　C. 姑母、姨母、舅母

5. 《红楼梦》中宝玉挨打一回，劝说贾政住手的是（　　）。

　　A. 王夫人　　　　　B. 贾母　　　　　　C. 邢夫人　　　　　D. 王熙凤

6. 哪个丫头被王夫人冤枉勾引宝玉，含冤跳井而死？（　　）

　　A. 袭人　　　　　　B. 晴雯　　　　　　C. 金钏　　　　　　D. 入画

7. 下列对于王夫人的性格分析，不正确的是（　　）。

　　A. 王夫人懂得人情世故，能够巧妙地处理各种复杂的人际关系。

　　B. 王夫人非常注重家族的荣誉和地位，经常为贾府的利益而奋斗。

　　C. 她刚毅果敢，明辨是非。

　　D. 外表看似和善厚道，但是内心却很虚伪残酷。

第六章

平庸无能的窝囊太太

——邢夫人

邢夫人主动做媒

邢夫人
鸳鸯姑娘，我给你道喜来啦！

鸳鸯
太太，您说的是……

邢夫人
你性子好，老爷待你又好，以后和我并肩了，享不尽的好日子。

鸳鸯
太太，我没这个想法。

邢夫人
难道你放着奶奶不作，愿意作丫头？

鸳鸯
我只想一辈子做老太太的丫头。

邢夫人
错过这个机会，后悔就迟了，你可想好了？

《红楼梦》悬疑

　　※《红楼梦》中，各个人物都是鲜活的、精彩的，荣国府大房的邢夫人，出身寒微，又无儿无女，看似平庸无能，也不是忠厚长者，你知道她有着怎样的性格吗？又会有怎样的命运呢？

邢夫人是贾赦续弦（xián）的妻子，虽为贾府的大太太，却因地位尴尬和自己的身世背景处处比不上妯（zhóu）娌（li）王夫人。

邢夫人的娘家虽然有一定实力，但是远不及贾家，自己又无儿无女，为此，她只会一味地奉承贾赦，凡事没有自己的主见，家中大小事务皆由丈夫摆布。在外人眼里，邢夫人似乎禀性愚犟（jiàng），用一个词来形容，就是颟（mān）顸（hān），其实这也是她无奈的自保之道。

当贾赦看上贾母身边的丫鬟鸳鸯，想要纳她为妾时，邢夫人立刻为他游说（shuì）奔走。可是鸳鸯是个有骨气的丫头，直接拒绝了。后来，贾母得知此事，骂完贾赦为老不尊，更话里话外地讽刺邢夫人贤惠太过。

1.刨根问底

妯娌：兄弟的妻子合称或互称。妯娌之间的关系，是弟兄关系的一个延伸。

禀性：就是人的天性，是指一个人与生俱来的天生的品性资质。

2.引申词释义

愚犟：愚，形容笨傻、不聪明；犟，指固执，强硬不屈。

颟顸：意思是糊涂而马虎。颟：糊涂，不明事理。

游说：指某人陈述自己的建议、主张，希望自己的建议、主张被采纳、实施。

为老不尊：表示作为老人自己不知道尊重自己，行为不检。

3.说文解字

银钱

指的是银质钱币或泛指钱财,是一种珍贵的货币。历史上,银钱曾经被用于支付商品和工资,是财富的象征。

贪婪

贪得无厌,不知足。婪:贪爱财物。

牟利

谋取个人利益。牟:牟取,求取之意。

捉襟见肘

捉襟:整理衣襟。见:同"现",露出,指整理一下衣襟,就露出胳膊;形容衣服破烂,生活窘困,比喻顾此失彼,穷于应付。

4.细挖《红楼梦》

邢夫人除了一味奉承贾赦以求自保,还是个贪财自私的人,为了钱,她可以没底线,更不要什么尊严。王熙凤都曾评价过,只要有**银钱**经过她的手,她便异常苛刻,贪婪地从中**牟**(móu)**利**。在邢夫人眼里,似乎只有金钱,才能给她带来**安全感**。

最初成婚的时候,邢家还是有一定实力,若是破落户,依贾赦的贪婪,也不可能娶她。只是后来邢家走下坡路,眼看着娘家日子捉襟见肘,作为女儿,又怎么能忍心,所以邢夫人敛财在一定程度上也是为了**贴补娘家**。在古代,如果娘家不能成为出嫁女儿的依靠,那么出嫁的女子就要成为娘家的依靠,这样的事情并不罕见。

再加上,贾赦又是一个贪花好色的糟老头子,面对这样的丈夫,以及放任不管的婆婆,让邢夫人在贾家只能单打独斗,既然谁都靠不住,只能靠自己。只要自己有钱,就有**底气**。

先从自己人下手

邢夫人
要使什么，横竖有二姐姐的东西，能搭着使就搭着使吧。

邢岫烟
姑姑，二姐姐也不容易呀，我怎么能占她的便宜？

邢夫人
想那么多干什么，对了，每月你把月钱拿出一两给我。

邢岫烟
姑姑，我已经够悲催了……

邢夫人
不就是一两钱，有那么为难吗？

邢岫烟
我本来就不是那种娇惯的人，可是这么做让我怎么活呀？

邢夫人
实在不行，就把棉衣给当了，钱多钱少也能有个周转。

《红楼梦》另类研究

※邢夫人有一个侄女，名叫邢岫烟，因生计问题，跟随父母到荣国府投奔姑母邢夫人，和迎春住在一起。可是邢夫人这个人把钱财看得比亲情都重，再加上自己续弦的身份，更是让她觉得没面子。于是，邢夫人要求邢岫烟把每月二两银子的月钱省下一两，帮衬自己的父母，邢岫烟只得靠典当衣服来维持她的开支。

大语文拓展

1. 人物鉴赏

邢夫人：邢夫人虽然是荣国府大房太太，贾琏的继母、王熙凤的婆婆，但是因为自己续娶的身份，又无儿无女，让她成了一个完完全全的利己主义者，凡事以利为先，即便是自家侄女来投奔，她也觉得是给自己"添麻烦"，对其不管不问。邢夫人又嫉妒王夫人的家世背景和在贾家的地位。愚昧贪财、冷漠嫉妒（dù），构成了邢夫人的主要性格特征。

2.《红楼梦》冷知识链接

在古代，无子就是**原罪**。邢夫人自从嫁给贾赦，没有自己的亲生子女。贾赦虽然有一双儿女，但是贾琏和迎春不是她的骨肉，对她也不是特别亲近。邢夫人不像王夫人，不仅有自己的儿女，还有能给自己撑腰的娘家作**后盾**。至于贾赦更是一个**独善其身**的人，竟然因五千两白银，要卖了自己的亲生女儿。所以，邢夫人在贾家是谁也指不上。对她来说，唯有**敛财**才有活下去的可能。

3. 冷知识探真

邢夫人对身边的人也是心生**忌妒**。虽说她是贾家的大太太，但是因为自己没有管家的才能，在婆婆贾母面前不被待见，在下人面前没有威信，导致她得不到婆婆贾母的欢心和当家的权力。这样一来，管家的权力自然就落到了二太太王夫人以及邢夫人的儿媳王熙凤的手里。如此尴尬的处境，让邢夫人总是想方设法怨怼（duì）有能力的人，比如，让王夫人丢脸，给王熙凤使坏，而不是反省自己，所以每当贾府出现管理漏洞时，总会掀起**轩然大波**。

4. 歇后语

攥着金条咽气——**至死不忘贪财**。

扳倒醋缸，咬了青杏——**酸透**。

会不会过关题典

1. 邢夫人是_____续弦的妻子，_____的继母，_____的大儿媳妇。

2. 邢岫烟是_____的侄女。（   ）

    A. 王夫人   B. 邢夫人   C. 赵姨娘   D. 贾母

3. 选出下列和邢夫人相关的词。（   ）

    A. 泼皮破落户   B. 严厉古板   C. 出身高贵   D. 吝啬贪财

4. 下面对邢夫人的性格特征描述不当的一项是。（   ）

    A. 邢夫人只知奉承贾赦，家中大小事务，皆由丈夫摆布。

    B. 出入银钱，一经她手，便克扣异常，娄取财货。

    C. 作为贾家的大儿媳，邢夫人不得婆婆贾母的欢心。

    D. 邢夫人负责贾府的管家事宜。

5. 阅读下文，回答相应的问题。

    凤姐儿知道邢夫人禀性愚强，只知承顺贾赦以自保，次则娄取财货为自得，家下一应大小事务俱由贾赦摆布。凡出入银钱事务，一经她手，便克啬异常，以贾赦浪费为名，"须得我就中俭省，方可偿补"，儿女奴仆，一人不靠，一言不听的。

（1）在王熙凤眼里，邢夫人是怎样一个人？

_____

_____

（2）为什么说邢夫人是一个贪财的人？

_____

_____

第七章

论资排辈

——贾府里的老爷、少爷们

提笔科举闯仕途

贾敬：爹，为什么您一天到晚让我努力读书？

贾代化：儿啊，咱家的基业都是祖宗拿命拼来的。

贾敬：如今已是太平盛世，咱家家大业大，还愁什么？

贾代化：马上得的天下终究会生锈啊！

贾敬：爹，您放心，我一定刻苦读书，像祖父那般建功立业！

贾代化：我知道你最有读书天分，千万不要辜负了我对你的期望。

贾敬：爹，男子汉大丈夫虽不得上战场，也能提笔科举闯仕途。

《红楼梦》悬疑

※《红楼梦》讲述了宁国府和荣国府的兴旺与衰败，而贾敬和贾赦分别是两大家族的第三代传人。作为家族的第三代掌门人，他们能否继续振兴家族，光宗耀祖？在他们的执掌下，两大家族又会有怎样的命运？

释义故事

贾敬是 宁国公 贾演 的孙子， 京营节度使 世袭一等神威将军 贾代化 的次子， 贾珍 、 惜春 之父。想当初，宁国公贾演、荣国公贾源兄弟俩出生入死，因立下战功才创下贾府的基业。但是随着帝王基业的稳固，在太平盛世，马上得天下的那把战刀也会生锈。贾府若想在太平盛世继续赢得圣恩，势必要进行一场 大刀阔斧 的改革。到了贾代化这一代便开始在府内创建 家塾 (shú)，精心栽培人才，贾府终于有一人 脱颖而出 ，这个人就是贾敬。贾敬为人聪明，考中乙卯（ mǎo ）科进士，对贾府来说，可谓天大的好消息。

眼看贾敬这个有志青年，可以凭自己的本事 前程似锦 。不料，贾代化去世，而长子贾敷（ fū ）也早已过世，所以贾敬别无选择，只能放弃进士的前程，成了 宁国府的掌门人 。

1.刨根问底

节度使 ：古代集地方军政大权的官职，是坐镇一方的封疆大吏。唐初在边境设置，后遍设于内地，形成藩镇割据的局面。

家塾 ：私塾的一种，指塾师在自己家里或借用祠堂庙宇开馆设学，学生交纳一定"束修"（指的是送给老师的报酬）入学就读的教育机构。

掌门人 ：武林中执掌某一门派的人，也说掌门。多指在某方面或某领域的学科带头人或权威人士；也指在其他领域有特别贡献的技术尖子。

2.引申词释义

大刀阔斧 ：比喻办事干脆利落，有魄力。

脱颖而出 ：锥子的整个尖部透过布囊显露出来。比喻才能全部表现出来。

前程似锦 ：意思是前程像锦绣那样，形容前途十分美好。

3.说文解字

隐**遁**（dùn）

隐蔽躲藏；隐居起来，逃避尘世。

汞（gǒng）

通称水银，一种金属元素。常温下易蒸发，以蒸汽形式经呼吸道进入人体。汞中毒便是人吸入了蒸发的汞而导致的。

胡**羼**（chàn）

意思是指鬼混。

《阴**骘**（zhì）**文**》

道教重要典籍，道教劝善书之一种，以通俗的形式劝人行善积阴德，时间久了，必将得到神灵的赐福。

箕（jī）**裘**（qiú）**颓**（tuí）**堕**（duò）**皆从敬**

箕裘：比喻先辈的事业；颓堕：衰落，颓废。比喻先辈的事业没有人继承。

4.细抠《红楼梦》

就在贾敬前途大好时，却卸掉官爵头衔，隐**遁**山林，妄图修道成仙，飞升长生。除了让后代管理家族事务，把官让儿子贾珍给袭了，贾敬自己还在都外玄真观烧**丹**炼**汞**，和道士们胡**羼**。不料，贾敬因吞食秘制丹砂而死。

贾敬生日，宁府自然要给他排场庆贺，但他却认为自己清净惯了，特地嘱咐前来请安的贾珍不必给他送什么东西，日后也不必再来看他了，贾珍只好依从。在贾敬看来，给他过生日最好的纪念，莫不是把他从前注的《阴骘文》写出来刻了，这比吃什么稀奇果品要强百倍呢。

贾敬迷恋上了虚妄的道教迷信，对家事不问不闻，使后代贾珍、贾蓉之流毫无顾忌地胡作非为。在秦可卿的判词中曾提到，"**箕裘颓堕皆从敬**"，说白了就是宁府的儿孙无德无能，不能继承祖业，贾敬更是负主要责任。临了，贾敬因吃秘制的丹砂，中毒而死。

算盘珠子都掉我头上了

贾赦
老祖宗，您先消消气，别气坏了身子。

贾母
别以为我不知道你打的是什么算盘。

贾赦
我是真心想娶鸳鸯，她这么孝敬您，不娶进门多可惜。

贾母
呸！谁都知道鸳鸯是我的贴身丫鬟，知道钱匣子的钥匙放哪，我还不知道你的花花肠子。

贾赦
老祖宗，我咋会干这些没皮没脸的事呢？

贾母
有我这把老骨头在，借你一百个胆儿也不敢。

《红楼梦》另类研究

※贾赦，荣国公贾源之孙，**贾代善和贾母的长子**，贾政、贾敏的长兄，邢夫人的丈夫，贾琏、贾琮 (cóng)、迎春的父亲。贾赦上了年纪，仍寻欢作乐，威逼贾母的贴身丫鬟鸳鸯做妾，遭到贾母的怒斥方才作罢。他也不是个好父亲，贾琏已有了女儿，看不惯便是一顿毒打。为人贪婪，把女儿迎春作为抵债的工具嫁到孙家，结果被作践而死。

1.人物鉴赏

贾赦：贾赦虽是世家子弟，为人却荒淫昏聩(kuì)，成日花天酒地，不务正业，为此贾赦在贾母面前并不得宠，贾府众人也不怎么喜欢贾赦的为人。由于贾赦作恶多端，导致东窗事发，被御史参奏"交通外官，恃强凌弱，纵儿聚赌，强占良民妻女不遂逼死"等款，最终，贾赦遭到查抄，被革去世职，充军边地。

2.《红楼梦》冷知识链接

贾府作为"钟鸣鼎(dǐng)食、翰墨诗书"之家，贾赦这个长辈却说过这样一番言论："像我们这样的人家，原不必读什么书，只要认识几个字，不怕没有一个官儿做。"当时的贾府早已家道中衰，子孙却不求上进，靠着祖宗留下的家业，坐吃山空，贾赦却毫无危机感，蔑视读书的重要性。在当时的背景下，贾府若想振兴祖业，只有两条，要么勤奋读书，考取功名，进阶仕途；要么效力疆场，建功立业。贾家虽可官爵世袭，但爵位传至贾赦已是第三代了，而且爵位每袭一代，就要降一级，贾赦如此蔑视读书，简直无知无识，毫无远见。

3.冷知识探真

作为贾府的长房，荣国公嫡孙，按理荣府的大权应该是他这个长房执掌，但是由于贾赦好色、不务正业，没有肩负起"齐家"的责任，贾母自然偏向贾政，因此主持贾家大小事务的是贾政一方。对此，贾赦当然很不满，因而经常和贾政争权夺利，倾轧(yà)排挤，与贾母、贾政的相处也总是貌合神离，足见贾赦见识短浅，器量狭小。

4.歇后语

道士念佛经——不务正业。

骑着老虎看美人——贪色不怕死。

1. _____是宁国公贾演的孙子，京营节度使世袭一等神威将军_____的次子，_____之父。

2.《红楼梦》中，贾敬因_____而死。

3. _____是荣国公贾源之孙，_____的长子，_____的长兄，_____的丈夫。

4. 贾敬常住在哪里修炼？（　　　）

    A. 玄庙观　　　　　B. 太真庙　　　　　C. 铁槛寺　　　　　D. 玄真观

5. 下列选项中，对人物关系的表述，不正确的一项是。（　　　）

    A. 宁国府贾敬是贾惜春的父亲，惜春与贾珍是兄妹关系。

    B. 贾敷和贾敬是亲兄弟，他们的父亲是贾代化。

    C. 贾赦的父亲是贾代善。

    D. 贾敬是贾琏、贾琮、迎春的父亲。

6. 以下关于贾赦的人物事件，不符合的一项是。（　　　）

    A. 贾赦，世袭祖上的功勋，被封为一等将军。

    B. 贾赦作为贾府的大老爷，终日浑浑噩噩，饮宴游乐。

    C. 贾赦是个正经的读书人，是个谦恭厚道的君子。

    D. 贾赦依靠自己的势力，勾结外官，结果落了个被抄家流放的下场。

7. 请你描述"鸳鸯拒婚"是怎么回事？体现了贾赦的哪些性格特征？

我太难了

贾政
> 老祖宗，儿不孝，没能让咱贾家光宗耀祖哇。

贾母
> 你虽好读书，但不擅长科举之路哇。

贾政
> 唉，终究还得是进士出身，这才是最光荣的，也是最靠谱的。

贾母
> 靠祖宗恩德，有个官做，好歹也能保一家老小衣食无忧。

贾政
> 只可惜不走科举入仕这条路，保不齐会被他人数落身无一技。

贾母
> 条条大路通罗马，治家治国都得靠能力说话。

贾政
> 老祖宗说得有理，儿会努力的。

《红楼梦》悬疑

※说起贾政，往往会浮现出一张严厉、死板、生硬的面孔，他为人迂腐、古板，为此贾政历来被认为是"假正经"，是典型的封建卫道士。但他更是一个不幸的父亲，大儿子英年早逝；大女儿虽为贵妃，但终究没能逃脱悲剧的命运；小儿子抛弃红尘离他而去。作为父亲的贾政，心中纵有千般疼痛，也只能独自跺脚长叹而已。

释义故事

贾政,荣国府的二老爷,(贾)(母)(和)(贾)(代)(善)所生的次子,贾赦之弟,贾珠、元春、宝玉、探春、贾环之父,林黛玉的舅舅,薛宝钗的姨父。

前文提到,贾家乃"钟鸣鼎食之家,诗书簪(zān)缨(yīng)之族",前半句是真的,后半句却不是那么回事。荣、宁二府的起家不是靠科举而是军功,是祖宗九死一生拼来的。贾府的创立者是贾演和贾源兄弟俩,因战功被封为宁国公和荣国公,他们的长子贾代化和贾代善世袭了爵位,之后贾代化传给贾敬,贾代善传给长子贾赦。贾政是贾代善的次子,没有资格继承(爵)(位)。贾政从小刻苦读书,深得祖父荣国公的喜爱。一心想凭借才学通过(科)(举)踏上仕途,好为没出过进士的荣国府争一口气。然而,贾代善临终前,皇帝体恤老臣,赐了贾政一个主事之衔,升为(工)(部)(员)(外)(郎)。贾政最终还是依靠(祖)(荫)(yīn)进入官场。

1.刨根问底

(科)(举)(制)(度):古代通过分科考试选拔官吏的一种制度。正式的科举考试分为乡试、会试和殿试三级。乡试第一名为解元,会试第一名为会元,殿试第一名为状元。

(进)(士):清代时,通过最后一级中央朝廷考试者,称为进士,是古代科举殿试及第者之称。

(工)(部)(员)(外)(郎):工部负责国家经济建设和江河等工程治理,员外郎是其下属的一种官职。

2.引申词释义

(临)(终):意思是人即将死。人走向生命中最后一个阶段。

(仕)(shì)(途):指知识分子通过学习和应试等方式,转变成国家管理者的过程。

(祖)(荫):祖先荫封,后世子孙以先代官爵而受封。

3.说文解字

及第

明清时期科举考试考中殿试前三名,分别有状元及第、榜眼及第、探花及第的称谓。

金榜题名

本义是指科举时代考生考中进士,荣登殿试录取榜单之上;后泛指考试被录取。

抓周

婴儿出生满一年,称"周";这天父母摆上各种物品任其抓取,用来预测婴儿将来的爱好、志向等。最早见于南北朝时期。

乖觉

意思是机警灵敏。

4.细挖《红楼梦》

为了承担起振兴贾府的家庭重任,贾政把**进士及第**的希望寄托在后代身上。本来大儿子贾珠很有希望能**金榜题名**,十四岁进学,即中秀才,大体相当于现在的上大学;之后娶妻**李纨**,李纨乃国子监祭酒李守中的女儿,**国子监祭酒**在当时就是第一国立大学校长。

然而,令贾政痛心的是,贾珠不久病死,于是只好把希望寄托到宝玉身上。但是,宝玉当年在**抓周**时只抓取那些胭脂钗环,令其大失所望。后来,宝玉到了上学的年龄,贾政更是喜忧参半,喜的是,宝玉聪明乖觉(jué),百不及一;忧的是,宝玉淘气异常,不爱读书。其实,宝玉并不是不爱读书,而是贾政只许他读儒家的"四书五经",日后好走"学而优则仕"的仕途,除此之外的书籍一概斥之为"浓词艳赋""虚应故事"。因此,贾政平时对宝玉从未有过好脸色,总是一副**冷若水霜**的严父模样,宝玉一见这位父亲就浑身直哆嗦。

暴力解决不了问题

贾政
你这个无知的孽障，气死我算了！

宝玉
爹，住手，我可是你亲儿子呀，再打就死翘翘啦！

贾政
你挨打，实在是咎（jiù）由自取，怨不得天，尤不得人。

宝玉
爹，我不造反了，我要活命啊！

贾政
天天不务正业，勾搭不三不四的人，你长本事了？

宝玉
哎哟……爹，疼死我了！你听我给你解释……

贾政
你还是打得轻，来人，再给我打三十大板！

《红楼梦》另类研究

※贾政管教子女相当严厉，宝玉挨打就是《红楼梦》中的精彩片段。导火索是宝玉交结了贾家敌对势力忠顺亲王的戏子，犯了政治大忌，于是贾政把宝玉毒打了一顿。作为父亲，听到儿子不争气的事，因恨铁不成钢而失望，甚至暴怒是可以理解的，但是贾政下手未免太狠了一些。而且贾政不问青红皂白就是一顿毒打，足见父子感情冷淡。

大语文拓展

1. 人物鉴赏

(贾)(政)：贾政,(谐)(音)"(假)(正)",在《红楼梦》中的形象就是假正经,在家庭教育上他不仅迂（yū）腐古板,而且简单粗暴,甚至僵化扭曲。其实,贾政就是封建制度培养出的样板式的"正人君子",是典型的(封)(建)(卫)(道)(士)的代表人物。只要他出现在红楼儿女们欢聚的地方,大家便敛（liǎn）声屏（bǐng）息,致使贾母不得不撵（niǎn）他出去歇息,众人才得以自在取乐。后来,贾府被抄家后,贾政在落魄和寂寥中度过余生。

2.《红楼梦》冷知识链接

作为荣国府的当家人,贾政是最有危机意识的。在一次元宵灯谜上,贾珍深感"山雨欲来风满楼""黑云压城城欲摧"的紧迫和危机。整个荣国府只有他和贾赦两个人可以挣到俸（fēng）禄（lù）,贾琏虽然有职位,但那是花钱买来的虚职,根本带不来禄银。自己又是次子,没有资格继承父亲的爵位。唯一的儿子又这么不争气,如果宝玉不能通过科举走上仕途,将来就只能守着祖上的产业(坐)(吃)(山)(空)。

3. 冷知识探真

贾政是除贾母外荣国府最高的掌权者,但是他和贾母一样不常管理府中大小事务,而且不善管理财务,是个名副其实的(甩)(手)(掌)(柜)。闲时,经常同一众清客闲聊诗赋,诗词造诣不弱于宝玉。一次,宝玉借鉴古诗题吟对联时,贾政随口就能说出他借用了哪句诗,诗词功力可见一斑。贾政并不喜好繁华奢侈的生活,在游览大观园时亦有过归农隐逸之意。

4. 歇后语

老鼠啃账本——(吃)(老)(本)。

按图像找马——(死)(板)。

1. 关于《红楼梦》中贾赦、贾政、贾敏的辈分，判定正确的一项是（　　　）。

 A. 是同辈分，是同父同母的兄弟姐妹。 B. 不是同辈分。

 C. 是同辈分，是同父异母的关系。 D. 是同辈分，是同母异父的关系。

2. 贾政不喜欢宝玉是从什么时候开始的？（　　　）

 A. 入塾 B. 抓周 C. 挨打 D. 元春省亲

3. 以下对贾政的描述不当的一项是（　　　）。

 A. 贾赦世袭荣国公，贾政通过科举考试获得官职。

 B. 贾政非常重视子女的教育，比起同辈的贾赦、贾敬不知要强多少倍。

 C. 贾政对宝玉的读书要求严厉之极，甚至到了偏执的地步。

 D. 贾政之所以对宝玉不满，一大部分原因来自宝玉的荒疏学业。

4. 元春省亲后的一次家宴，贾母带着大家制灯谜，＿＿＿＿＿＿从各人的灯谜中看出一些不祥之兆。

5. 元春省亲后的一次家宴，贾母带着大家制灯谜，回答相应的问题。

 贾政心里暗想："娘娘所作爆竹，此乃一响而散之物。迎春所作算盘，是打动乱如麻。探春所作风筝，乃飘飘浮荡之物。惜春所作海灯，一发清净孤独。今乃上元佳节，如何皆作此不祥之物为戏耶？"

（1）贾政从各人的灯谜中，看出了哪些不祥之兆？

_____

（1）为什么一番猜谜竟能引起贾政悲观的思虑？

_____

_____

荣国府的能力担当

贾琏
二奶奶，你说咱俩是不是珠联璧合？

王熙凤
呸！还珠联璧合，不跟你喝西北风就不错了！

贾琏
我这么精明能干的人，把贾府管理得稳稳当当。

王熙凤
快闭上你个乌鸦嘴，若是没有我，你早就喝西北风去了。

贾琏
叔叔不喜欢打理俗务，咱俩可谓风光无限哪。

王熙凤
大事小事还不都是我帮你出谋划策。

贾琏
对对，二奶奶英明，在荣国府里，你才是炙手可热的人物。

《红楼梦》悬疑

※贾琏是荣国府贾赦之子，人称琏二爷，可是，这样一个出身就含着金钥匙的人却偏偏是个风流浪荡之人，不喜读书，也没心思谋官。在《红楼梦》中，他又会演绎 (yì) 怎样的故事呢？

释义故事

贾琏,宁荣二府"玉"字辈的一员,荣国府贾赦之子。按照宁荣二府的大排行,贾珍居长,贾琏居次,所以人称二爷、琏二爷。贾琏虽是贾赦之子,却帮着叔叔贾政管理荣府。这与贾府其他单纯混吃等死的男人不大一样,一方面,是因为贾琏为人精明能干,荣国府许多大事都是在他的主持下完成的;另一方面,是因为贾政生性不喜欢打理俗务,所以荣府的许多外部事务都由他实际负责,可以说,贾琏就是荣国府对外的能力担当。贾琏因不肯读书,未取功名,所以用钱捐了个在当时允许捐的最高品级——五品同知,平时和妻子王熙凤管理荣府家务,成为荣府与外界抛头露(lù)面的人物。

1.刨根问底

五品同知:明清以来,国家为了弥补财政困难,买官卖官现象特别流行。百姓若是拿得出钱,也能买个虚职过过官瘾。或是具备一定条件的人,比如有钱商贾,为了改变社会地位,更是乐此不疲。贾琏所捐的五品同知,就是当时非常泛滥的一个职位。同知为知府的副职,正五品,因事而设,每府设一二人,无定员,负责分管地方的盐、粮、捕盗、江防、海疆、河工、水利等事务,同知办事衙(yá)署称"厅"。同知一般是虚职,没有实权。

2.引申词释义

品级:是我国古代封建社会表示级别高低的标志。官分九品,每品有正、从之分,共十八级;未入流者为吏。

抛头露面:意思是露出头和面孔,原指妇女出现在大庭广众之中;现指公开露面。

3.说文解字

寻花问柳

原指赏玩春天的景色。也比喻男子引诱玩弄妇女。

厮（sī）打

意思是指相打；打架；相互扭打。

子（sì）嗣

意思是指儿子，指传宗接代的人。

宗桃（tiāo）继承

又称宗法继承，根据血缘与辈分关系而继承宗庙世系的制度。是以嫡长子继承为中心的继承制度。

姑奶奶，饶命啊！

刽（guì）子手

旧时执行死刑的人，也比喻屠杀人民的人。

4.细挖《红楼梦》

在生活作风上，贾琏可谓是一个寻花问柳、偷鸡摸狗之徒，和诸多女子有着不清不楚的关系。女儿巧姐出水痘，他搬出外书房斋，与女仆多姑娘偷摸在一起；凤姐生日去吃席，他又乘机在家和女仆鲍（bào）二媳妇幽会，被凤姐发觉后鲍二媳妇羞愤自尽。

不仅如此，贾琏还以没有子嗣宗桃继承为由，偷娶尤二姐，即贾珍继室尤氏的继母带来的女儿，并在府外另立门户。后来，贾赦因贾琏外出办事得力，将房中丫鬟秋桐赏他作妾，贾琏就把尤二姐置之脑后。最后，他的风流也间接导致尤二姐的死亡。虽然贾琏不是直接造成这些命案的刽子手，但悲剧的根子全在他身上。若不是他贪色，这些女子也不会落到这步田地。

一堆旧扇子引发的血案

贾赦

这个石呆子，怎么这么认死理，难道扇子比他的命还值钱？

贾琏

爹，兴许扇子还真是人家的命根子呢。

贾赦

在贾家，还有花钱解决不了的事？

贾琏

爹，为了这点儿事弄得人家倾家荡产，也不算什么能力。

贾赦

什么？这点儿事？我看你是屁股痒痒了！

贾琏

本来就是嘛，您非要弄得人家倾家荡产不成？

贾赦

你这个没出息的家伙，就算抢我也得抢回来！

《红楼梦》另类研究

※贾琏虽不成器，但良知未泯(mǐn)。贾赦喜欢古扇，得知一个混号"石呆子"的人爱收藏古扇，便让贾琏无论花多少钱都得买来，但石呆子却不肯卖，贾琏只好知难而退。不曾想，贾雨村得知此时后，利用职权污蔑石呆子拖欠官银，直接没收家产，将几把扇子弄到了手，转而孝敬给贾赦，贾琏却被父亲大骂能力不行，还被痛打了一顿。

大语文拓展

1.人物鉴赏

贾琏：贾琏上有严父,内有霸王似的娇妻,这种被上下夹攻的处境让其养成了畏上、惧内的性格特点。而且贾琏身上也有各种封建公子的通病:风流多情,嗜色如命,花天酒地。可以说,贾琏是一个彻头彻尾的花花公子,在其美服华冠的外表下,掩藏着一颗荒淫(yín)无耻的心。

2.《红楼梦》冷知识链接

作为一个封建家族的男性主子,贾琏却非常害怕老婆。这与凤姐的家庭背景、精明能干以及权力欲有很大关系,为此贾琏处处受到凤姐的辖制。经济上,贾琏急需钱时,只能悄悄地向平儿挪用;性格上,在凤姐面前,贾琏言听计从,即便处理日常事务,也要随时看凤姐的脸色行事;私生活方面,贾琏更是处处受到凤姐的严密防范,连房中侍妾平儿也不敢多接近,生怕有什么把柄被捏在凤姐手里。可以说,贾琏对执掌荣府经济大权的凤姐没有丝毫办法。

3.冷知识探真

贾琏毕竟是封建家族的男性主子,所以凤姐一旦失去靠山,他便会进行报复。《红楼梦》对王熙凤的判词曾说"一从二令三人木,哭向金陵事更哀",暗示贾琏终于无法忍受王熙凤的辖制,对她一"冷"二"休",把她遣出贾府,送回金陵老家。其实在此之前,贾琏对王熙凤已经愈来愈不满,特别是尤二姐之死,使他对王熙凤的阴谋有所觉察,这也成为贾琏性格发展的转折点。贾琏凭借当时社会对夫权的支持,最后休了王熙凤,多年夫妻却无半分情谊。

4.歇后语

少年郎穿花衣裳——花花公子。

奴才见主子——言听计从。

1. 冷子兴演说中曾谈到贾赦有两个儿子，长子名叫＿＿＿＿＿，次子则是＿＿＿＿＿。

2. 冷子兴演说荣国府时，曾这样说贾琏："这位琏爷身上现捐的是个＿＿＿＿＿，也是不肯读书，于世路上好机变，言谈去的，所以如今只在乃叔政老爷家住着，帮助料理家务。"

3. 下面对贾琏的描述，哪一项不符合？（　　　）

　　A. 贾琏是一个风流浪荡之人。

　　B. 在王熙凤的辖制下，更显得贾琏软弱无能。

　　C. 贾琏寻花问柳，偷鸡摸狗的劣性难改。

　　D. 贾琏倚财仗势，强买香菱为婢。

4.《红楼梦》里平儿和贾琏是什么关系？

＿＿＿＿＿＿＿＿＿＿＿＿＿＿＿＿＿＿＿＿＿＿＿＿＿＿＿＿＿＿

5. 阅读下文，回答相应的问题。

　　平儿咬牙骂道："……偏那石呆子说：'我饿死冻死，一千两银子一把，我也不卖！'老爷没法子，天天骂二爷没能为……二爷只说了一句：'为这点子小事，弄得人倾家败业，也不算什么能为！'老爷听了就生了气，说二爷拿话堵老爷，俩人就打起来了。"

（1）通过贾琏被打这件事，说一说贾赦、贾琏分别是什么性格？

＿＿＿＿＿＿＿＿＿＿＿＿＿＿＿＿＿＿＿＿＿＿＿＿＿＿＿＿＿＿

＿＿＿＿＿＿＿＿＿＿＿＿＿＿＿＿＿＿＿＿＿＿＿＿＿＿＿＿＿＿

（2）作者以"夺扇子"这一惨案，从侧面反映出怎样的社会问题？

＿＿＿＿＿＿＿＿＿＿＿＿＿＿＿＿＿＿＿＿＿＿＿＿＿＿＿＿＿＿

＿＿＿＿＿＿＿＿＿＿＿＿＿＿＿＿＿＿＿＿＿＿＿＿＿＿＿＿＿＿

有其父，必有其子

贾蓉

爹，你可真威风，威烈大将军哪！

贾珍

你以为呢？好日子还在后头呢。

贾蓉

我的梦想就是像爹一样，有酒有肉，潇潇洒洒。

贾珍

咱家祖业丰厚，金银财宝就算祖宗八代也花不完。

贾蓉

哇！一辈子享不尽的荣华富贵！

贾珍

走，陪爹喝酒去！

贾蓉

这事我在行！

《红楼梦》悬疑

※贾珍、贾蓉这对父子，可以说是标准的花花公子，他们一无德、二无能，唯知寻欢作乐、花天酒地，而贾府的败落主要是由男性统治者的胡作非为所造成的，他们又是如何一步步让家族走上下坡路的呢？

释义故事

贾珍，宁府"玉"字辈的一员大将，宁国公贾演的曾孙，贾敬之子，世袭 (三)(品)(爵) 威烈将军，贾家第四代，也是 (族)(长)，人称珍大爷。贾珍早年丧母，父亲贾敬出家修道，无人管制的他游手好闲，胡作非为，还带动儿子贾蓉不顾法纪地做尽坏事，是一个带头败家毁业的不肖子孙。贾珍生活 穷奢极欲，为人 荒淫（yín）无耻。妻子是老实的尤氏，仍去调戏尤氏的两个妹妹——尤二姐和尤三姐。在 (热)(孝) 之中，还不忘吃喝赌钱，寡（guǎ）廉鲜（xiǎn）耻。对此，《红楼梦》曾说，"(家)(事)(消)(亡)(首)(罪)(宁)"，意思是贾家衰败的祸根就出在宁府。

1.刨根问底

贾珍是世袭三品爵威烈将军，祖父贾代化是世袭一等神威将军。"一等将军"要比"三品爵将军"地位高，因为世袭的爵位是逐代递减的。这里，世袭三品爵是荣誉，威烈将军是军衔，两者并不冲突。

(族)(长)：一般由长房长子或是长孙担任，负责宗族内部的管理和各项事务。小到家庭纠纷、婚丧喜庆，大到祭祖、祠庙管理等事务，都由族长主持。家族中，其他辈分高、有威望的人会辅助族长管理家族。

(热)(孝)：旧时对新近发生的父母（或丈夫）的丧事叫热孝。通常指百日之内，做孝子、孝女、孝媳的要披麻戴孝，不剃发，不娱乐，不外出。

2.引申词释义

(穷)(奢)(极)(欲)：穷、极：尽，极端。欲：欲望。形容极端奢侈，尽情享受。

(荒)(淫)(无)(耻)：意思是荒唐淫乱，不知羞耻；形容生活糜烂。

(寡)(廉)(鲜)(耻)：寡、鲜：少。廉：清廉。耻：羞耻。形容没有节操，不知羞耻。

第七章 · 论资排辈——贾府里的老爷、少爷们

3.说文解字

长房长孙

是指男子的正房或者第一个配偶所生下的第一个儿子,即其长子;该长子与其正房或者第一个配偶所生的第一个儿子,即长孙,又称为长房长孙。

监生

国子监学生的简称,国子监是明清两代的最高学府。明清时期,取得入国子监读书资格的人称国子监生员,简称监生。其中依靠父、祖官位入监的称"荫监",由皇帝特许入监的称"恩监",因捐纳财物入监的称"捐监"。监生没有官职,只是一种身份。

撺掇

意思是在一旁鼓动人做某事。

4.细挖《红楼梦》

贾蓉,宁国府贾珍之子,荣府第四代"草"字辈中重要的角色。由于宁府居长,贾蓉就成了封建宗法社会特别器重的长房长孙,人称蓉大爷。可是贾蓉没有官位,就是一个监生,妻子秦可卿去世后,贾珍花银子给他捐了个五品龙禁尉,只为了在葬礼上风光一些。

> 汉唐盛世不也这样,何况我呢!

俗话说,上梁不正下梁歪,在贾蓉面目俊秀、身材细挑的外表下,还隐藏着一个糜烂而淫乱的灵魂。在生活作风上,贾蓉和贾珍都有一个共同点,即荒淫无耻,调戏尤二姐。为了能达到接近尤二姐的目的,他还撺(cuān)掇(duo)贾琏偷娶尤二姐,此事被王熙凤知道后,尤二姐不幸被逼死。这种胡作非为的行为连丫鬟们都看不下去,忍不住说了几句气话,贾蓉却说,"从古至今,连汉朝和唐朝,都说脏唐臭汉,何况咱们这宗人家。"对宝玉而言,可能因为身边这些活生生的例子,才常说为官的人个个都是"禄(lù)蠹(dù)"。

朱门酒肉臭，路有冻死骨

贾珍
怎么才这么点银子？够做什么的？

庄头
老爷，送来的银钱实物已经够多了，吃利息也能吃好久。

贾珍
难道你们当我是傻子吗？

贾珍
这几年，府上添了许多花钱的事……

庄头
老爷，老百姓还得养家糊口啊。

贾珍
是你当家，还是我当家？不和你们要，找谁去要？

《红楼梦》另类研究

※在《红楼梦》里，贾珍是一个带头败家毁业的不肖子孙，赤裸裸地暴露出了他贪得无厌的本性。宁国府在外地有许多田庄，每年要收大量银钱和实物地租。一个过年前夕，黑山村的庄头来交租，光清单就列了长长的一大张，即便如此，贾珍看了还是嫌少，对庄头一通抱怨，短短几句对话将其贪得无厌的嘴脸刻画得淋漓尽致。

大语文拓展

1.人物鉴赏

(贾珍)：贾珍的父亲贾敬一心好道,不管家事,贾珍妻子尤氏又从不"谏(jiàn)夫治家",于是贾珍仗着自己一族之长的身份,恣(zì)意行乐。虽说在贾府,贾政的辈分比贾珍高,但是在封建宗族社会,贾珍的胡作非为,连贾政都无法约束。不过,由于贾珍的族长身份,也导致他不能像儿子贾蓉那样当着下人的面胡闹。

2.《红楼梦》冷知识链接

在外人眼里,贾府是典型的"诗礼之家",可是贾蓉在这个大环境下,却没有一点教养可言。贾蓉是可惜了空有一副好皮囊,里面装的全是丑恶的灵魂。再加上尤氏不是亲生母亲,不便管教他,贾蓉在宁国府里更是成了混世魔王。和尤氏的二个姐妹在一起,言语行为极其轻浮;凤姐大闹宁国府,扬言要打他时,他竟然厚着脸皮、油腔滑调地跟凤姐打起了擂台,结果引得众人又要笑,又不敢笑。

> 打不到! 你打不到!

3.冷知识探真

我们常用"衣冠禽兽"形容那些穿戴有模有样,但言行连禽兽都不如的人,像贾珍、贾蓉虽然美服华冠,但是称作"衣冠禽兽"再合适不过。衣冠禽兽,原本没有贬义色彩。"衣冠"作为权力的象征,历来受到统治阶级的重视。古代官服上会绣飞禽走兽,以显示文武官员的等级。因此,人们称文武官员为衣冠禽兽。明朝中晚期,宦官专权,政治腐败,于是,老百姓又称那些为非作歹、道德败坏的文武官员为"衣冠禽兽"。

4.歇后语

> 猴儿戴帽子——装人样。
>
> 吃香油唱曲子——油腔滑调。

1. _____ 在贾敬出家后，世袭了_____之爵位，担任了贾府的族长。

2. 贾家男性的取名严格遵照族谱，比如，贾敬、贾政、贾赦是"_____"字辈的；贾珍、贾琏、贾宝玉、贾琮、贾环是"_____"字辈的；贾蓉、贾兰、贾芸是"_____"字辈的。

3. 《红楼梦》中，贾族族长是谁？（　　）

　　A. 贾珍　　　　　B. 贾政　　　　　C. 贾母　　　　　D. 贾赦

4. 下列人物之间存在父子关系的是（　　）。

　　A. 贾珍 – 贾蓉　　B. 贾赦 – 贾政　　C 贾琏 – 贾珠　　D. 贾源 – 贾代善

5. 下面几个人物中，谁与贾珍是兄妹关系？（　　）

　　A. 贾惜春　　　　B. 贾迎春　　　　C. 贾探春　　　　D. 贾元春

6. 一次，贾宝玉和王熙凤在宁国府赴尤氏婆媳的家宴，晚上离开时，听到宁国府的老仆人 _____ 醉酒大骂主子，数落贾珍父子骄奢淫逸的行为。

　　A. 焦大　　　　　B. 林之孝　　　　C. 赖大　　　　　D. 周瑞

7. 下面对于贾珍的性格描述不当的一项是（　　）。

　　A. 贾珍表面上看知书达理，其实是个道貌岸然的"假正经"。

　　B. 贾珍为人自私、冷酷，对妻子秦可卿也没有给予足够的关心。

　　C. 贾珍是个典型的纨绔子弟，作恶多端、败坏家业。

　　D. 贾珍做事有底线，富有一定的同情心。

一肚子怨气

贾环
哼，老祖宗给众人分好吃的，就是没我的份！

探春
谁叫你平时一肚子坏心眼。

贾环
对宝玉，我简直恨之入骨！

探春
瞎胡说什么？别跟娘似的，处心积虑地想着祸害别人就好。

贾环
我也是贾政的儿子，为什么不受人待见？

探春
出身的差距，注定让你和宝玉不在同一条起跑线上。

贾环
我才不信这个邪，我就要跟宝玉较量较量！

《红楼梦》悬疑

※在《红楼梦》中，贾环虽然是堂堂的贾政之子，贾宝玉的庶出弟弟，而且人称环三爷，但是在贾府上上下下，贾环的形象却是一个丑陋荒唐而又自轻自贱的无赖小儿，不受贾母喜爱，众人对他也是爱搭不理，这又是怎么回事呢？

释义故事

贾环是荣国府贾政与**亲室赵姨娘**所生的儿子,贾宝玉同父异母的弟弟,人称环三爷。虽说是**庶出**,但是作为堂堂的贾政之子,贾环天生拥有很高的地位。然而,同宝玉相比,贾环在长辈眼里是无法被并肩看待的。比如,宝玉被允许在大观园里和姑娘们一起居住玩耍,而贾环则没有自己的一席之地。又如,宝玉到贾赦**那里**请安,被邢夫人拉到炕上坐,百般怜爱。而贾环来了,邢夫人只让他坐在椅子上。还有一次,贾母命人把自己的粥给凤姐送去,把一碗笋和一盘**风腌果子狸**(lí)给黛玉和宝玉送去,唯独没有想到给贾环送点什么吃的。

贾母都这样对待贾环,更不用说别人了。探春作为亲姐姐,也不见其对年幼的弟弟加以怜爱,可谓奶奶不疼、姐姐不爱。再加上自己庶出的身份,导致贾环生出人既贱我、我亦自贱之心,处心积虑以求报复,在贾府时常给人粗鄙之气、为人猥琐狠毒的印象。

1.刨根问底

请安:古代的一种文明用语,用于对长辈的尊敬。安是旧时的一种问候礼节,也就是问安,是卑幼对尊长起居的问候、问好。

风腌果子狸:贾府办年货时,獐(zhāng)子、狍(páo)子、熊掌、野鸡、鹿肉应有尽有,还会上一道硬菜——风腌果子狸。可见,吃野味的陋习自古有之。风腌果子狸就是将果子狸肉炒熟盐腌之后风干,食时再以蒸煮。

2.引申词释义

粗鄙:指粗俗鄙陋。

处心积虑:指存心很久,费尽心机;也指千方百计地谋算。处心:存心;积虑:图谋了很长时间(该成语多含贬义)。

3.说文解字

猥琐

指庸俗不大方,多指相貌、举止。

荒疏

意思是浮躁、荒唐,没有注意而失礼。

俊朗

意思是相貌英俊、性格开朗洒脱。

洪水猛兽

洪水:能造成灾害的大水。猛兽:凶猛的野兽。比喻极大的祸害。

4.细挖《红楼梦》

贾政对贾宝玉、贾环二人素来**严酷**和**冷漠**。但是对待贾环,根本就没有任何的父爱,贾政不喜欢贾环不说,甚至连和他置气都省了,可以说是轻慢无视到了极点。贾政平时对贾环多是训斥责骂,在他眼中,贾家子弟应该是谨言慎行,而贾环的胡乱冲撞简直是不成体统,完全不符合他心中对于贾家子弟的界定。

在贾政心中,宝玉的种种行为虽然令其头疼,但终究还是希望他能接下这世袭爵位,把贾家发扬光大,而且宝玉看上去神彩飘逸、秀色夺人。贾环则给人为人**猥**(wěi)**琐**、举止荒疏的感觉。如果说宝玉的外表至少能让贾政少气几分,而贾环的神情言行却实在是给贾政添堵,让他从心里无法爱上这个儿子,更别说将目光放在贾环身上了。

其实,贾环见了贾政也是吓得骨软筋酥,有如面对**洪水猛兽**。父亲高高在上,充满威严,具有生杀予(yú)夺的大权。而自己则是时时担心着,生怕被父亲逮到错处,可见,贾环对贾政从骨子里透出来的是深深的畏惧,终日惶(huáng)惶不安。

想让人爱，先要自爱

莺儿
贾环，该你掷了，如果掷个七点就赢，否则就输。

贾环
瞎说什么，我怎么会输？

莺儿
哈哈，掷了个五，你输啦！……贾环，你怎么把铜钱拿走了？

贾环
哼！这些铜钱本来就是我的！

莺儿
一个做爷的，还赖我们这几个钱！

贾环
你们就是看我不是太太养的，一个个都来欺负我。

宝玉
好兄弟，快别说这话，人家笑话你呢。

《红楼梦》另类研究

※贾环的每一次出场都是负能量，第一次出场是和薛宝钗、香菱、莺儿等人玩掷骰 (tóu) 子比大小，贾环赢了头一回，十分欢喜。谁知后来接连输了几盘，为了一点铜钱和面子，便又是瞪眼又是乱叫，甚至伸手抓起骰子，拿钱就跑。可见，贾环玩游戏时一副无赖的习性。当莺儿指出贾环要赖时，他不但不讲理，还说众人欺负他。

1.人物鉴赏

贾环：贾环在贾家本是正经主子，即便是庶出，因父亲的缘故地位也是高的，但他却**不思上进**，忌恨嫡兄贾宝玉不说，还多次陷害宝玉。比如，故意拨翻烛台，烫伤宝玉；金钏跳井事件后，诬陷宝玉，使宝玉遭受贾政毒打。在这个嫡庶有差、长幼有别的封建大家族里，众人都把他踩在脚下，自己也活成了一个丑陋荒唐而又自轻自贱的无赖小儿。

2.《红楼梦》冷知识链接

作为母亲，赵姨娘对贾环的影响也是不言而喻的。她对宝玉和王熙凤是又嫉又恨，无时无刻不想陷害他俩，好让贾环成为贾府的继承人。可是贾环受了委屈，赵姨娘不但没有给予安抚，还像泼妇一样骂儿子不争气。赵姨娘虽是贾环的亲生母亲，却心胸狭隘（ài），恶毒自私，再加上身份低微，缺少修养，只会**挑唆**（suō）贾环闹事。于是，贾环因事挨了打，赵姨娘又不能出面作主撑腰，最后倒霉的还是贾环。

3.冷知识探真

在《红楼梦》中，贾环虽行为无赖，但也算有些才华。王夫人曾把他看作是个正儿八经的读书人，让他十分庄重地抄《**金刚咒**》。贾政也曾对贾环、贾兰说过："宝玉读书不如你两个。"当然贾环所读不过是迂腐之书罢了。每逢达官贵族们举办诗文聚会时，贾政都会领着宝玉、贾环、贾兰去参加，可见对于贾环的文才，贾政也是很信任的。贾赦也赞扬过贾环的诗，说其诗作甚有骨气，还赏给他许多玩物。

4.歇后语

鼠肚鸡肠——**心胸狭窄**。

上梁不正下梁歪——**少调失教**。

1._____ 是贾政和赵姨娘所生的儿子。

    A. 贾宝玉　　　　B. 贾环　　　　C. 贾兰　　　　D. 贾珠

2. 下列选项中，对贾府人物关系的表述，不正确的一项是（　　）。

    A. 贾环是荣国府贾政与妾室赵姨娘所生的儿子。

    B. 贾环是贾宝玉同父异母的弟弟，人称环三爷。

    C. 贾环和贾探春是《红楼梦》里一母同胞的姐弟。

    D. 贾环与贾兰是兄弟关系。

3. 下面有关贾环的性格描述不正确的一项是（　　）。

    A. 贾环是个小肚鸡肠、心胸狭隘的人。

    B. 贾环性格软弱，胆小怕事，缺乏自信。

    C. 贾环为人率直纯真、心地善良、爱憎分明。

    D. 贾环自卑而敏感，是不被贾府众人喜爱的一个孩子。

4.《红楼梦》第五十五回，王熙凤给未婚的小叔子、小姑子算未来婚嫁的经济账，凤姐说，宝玉和黛玉自然是顶格操办。其他的姑娘们，都按每人一万两银子算。到了贾环这里，凤姐却说，环哥娶妻有限，就按三千两银子，不拘泥哪里省一些也就够了。

（1）为什么贾环在贾府会受到这样的待遇？

_____

_____

（2）探春和贾环都是赵姨娘所生，为什么贾环却不被待见呢？

_____

_____

第八章

万花丛中过

——细数红楼梦里的男配角

蛮横霸道的混小子

薛姨妈
宝钗，你哥这个混小子又跑哪去了？

薛宝钗
谁知道呢，兴许又去斗鸡走马了。

薛姨妈
都是我把他给惯坏了，以为他在富贵中安享一生就好了。

薛宝钗
他呀，别惹出人命官司，就已经是烧高香了。

薛姨妈
唉，他那蛮横霸道的劲儿，啥时候能改改啊。

薛宝钗
只要是他想要的，就一定要得到，没有道理可讲。

薛姨妈
我得想想办法，让他学规矩些，再这样下去，就难收拾了。

《红楼梦》悬疑

※《红楼梦》中，很多配角都给我们留下了深刻的印象，薛蟠就是其中之一。薛蟠，诨号呆霸王，薛宝钗的亲哥哥。因幼年丧父，母亲薛姨妈把一对儿女拉扯大，却因骄纵成性，无法管教这个儿子。这位薛大公子会有怎样的命运？他和其他纨绔子弟又有什么不同呢？

薛蟠是薛姨妈之子,薛宝钗的哥哥,父亲在其年幼时去世,是一个纨(wán)绔(kù)的 世家公子,金陵城中第一个弄性尚气的人,人称"金陵一霸",外号"呆霸王"。薛蟠出身于金陵四大家族的薛家,为 紫薇舍人 薛公的后代,仗着家族的 庇(bì)护,在户部挂虚名,支领钱粮。薛蟠祖辈是 皇商,生意从京城到地方遍地开花。因幼年丧父,寡母又纵容溺爱,薛蟠只知挥金如土,虽也上过学,不过略识几字,不学无术,终日 斗鸡走马,游山玩水。

薛蟠的"呆"还体现在他稚子般的天真单纯。一次,他以贾政名义哄宝玉出来,共享鲜藕鲟鱼,曾说:"改日你也哄我,说我的父亲就完了!"拿过世的老父亲说事,简直是幼稚到极致。

1.刨根问底

紫薇舍人是唐宋时期的官职,是天子近侍(shì)之臣,负责起草诏令,参决政务,执掌中书省诸事。

户部:为掌管户籍财经的机关,长官为户部尚书。

皇商:指有皇家背景的商人,是指从事商业经营活动的皇族宗室成员,或是代替皇室管理某些商业的亲信。

2.引申词释义

庇护:庇有遮蔽、掩护的意思。庇护指的是袒护,掩护。

弄性尚气:意思是指凭感情办事,好耍脾气。

斗鸡走马:即斗鸡与赛马。古代的两种赌博游戏。

3.说文解字

目不识丁

指的是眼睛不认识"丁"字,形容一个字也不认识。

唐寅

字伯虎,号六如居士、桃花庵(ān)主等,明代著名画家、文学家。

唯利是图

指只谋求利益,不顾及其他。

义忠亲王

人称老千岁。秦可卿入殓(liàn:指给尸体穿衣下棺)时用的棺材,本是他向薛家所定,后因他获罪,就不曾拿去。

4.细挖《红楼梦》

薛蟠虽然出身皇商之家,却不懂经营之道,**大字不识**。在他小的时候,父母对他便疏于管教,任由他一味地吃喝玩乐,结果荒废了学业。父亲宁愿教导妹妹薛宝钗,也不愿意培养这个儿子,这也造成了薛蟠目不识丁,连"唐寅(yín)"二字都不认识的尴尬现状。父亲去世后,薛家的家业陷入衰败之中,而薛家唯一的儿子薛蟠对一应经济世事,全然不知。薛家家大业大,各处都有基业,但是主心骨一走,作为商人,自然都是唯利是图,下人更是趁机图利益,谋好处。

不过,薛蟠也并非真的"呆"。在秦可卿的葬礼之上,他就成功地推销出当时没有人敢买的一副棺木。这副棺木是为**义忠亲王**准备的,只因他坏了事,就不曾拿走。当薛蟠得知贾珍正在为秦可卿寻一副上好的棺木,而且他又看出了贾珍的性情,知道他对此不会在意时,便成功地用他的三言两语,将这副自称为万年不坏的棺木卖到了一千两银子的价格。这笔买卖,做得实在漂亮。

出门小霸王，回家乖宝宝

薛蟠
伙计们，小心着点儿搬。

薛姨妈
哪来的这么多箱子，你这是要干吗？

薛蟠
这可是我第一次外出做生意给妹妹带回来的稀罕物。

薛姨妈
天天嚣张跋扈、无法无天，也懂得体贴人了。

薛蟠
我可是一个孝顺母亲、疼爱妹妹的老好人。

薛蟠
妹，哥还给你配了冷香丸，小心点，收好了。

薛宝钗
谁说我哥是"金陵一霸"了，对我贴心着呢。

《红楼梦》另类研究

※对比贾府内部的各种钩心斗角，薛家却始终能其乐融融，这自然不少了薛蟠的功劳。薛蟠虽然是个纨绔子弟，但思想方面始终秉承传统孝道，对母亲、妹妹都能照顾周全。薛蟠每次外出运货归来，一向粗枝大叶的他总不忘给家人带几大箱礼物。纵观《红楼梦》全书，能有如此孝心的子孙，恐怕只有薛蟠一人。

1.人物鉴赏

薛蟠：薛蟠虽然不是《红楼梦》的主要人物，却是作者精心刻画的立体人物。他可谓正邪两赋，他的嚣张跋扈、骄奢淫逸让人恨得咬牙切齿，他对母亲和妹妹的关怀又让人添了几分感动。抄检大观园后，探春万念俱灰，感叹道，"贾家倒是一家子亲骨肉呢，一个个恨不得你吃了我，我吃了你！"这一正一反，恰恰显出薛蟠"齐家"的功绩。

2.《红楼梦》冷知识链接

纵观《红楼梦》全书，薛蟠的**真性情**有目共睹，对人对事从来不耍心机，所有作为都简单纯粹，没有任何深沉的心机存在。秦可卿去世后，贾珍为寻棺木急得像热锅上的蚂蚁，薛蟠雪中送炭；薛蟠办生日宴，想让宝玉同他一起享用鲜藕、大西瓜、鲟（xún）鱼、暹（xiān）猪这些美食，自称"左思右想，除我之外，惟有你还配吃，所以特请你来"，众人听了，哭笑不得，却实实在在是薛蟠的真心话。

3.冷知识探真

薛蟠作为公子哥，骨子里自然继承了商人庸俗市侩（kuài）的一面。不过，薛蟠却非常向往贵族阶层"**风花雪月**"的高雅生活以及行事方式。前文提到，在"葫芦僧判断葫芦案"中，薛蟠执意要买甄英莲，就是爱慕人家"生得不俗"。后来，当薛蟠看到神若仙子的林黛玉时，瞬间为其饱读诗书的气质所倾倒。可能正是因为觉得自己太俗，所以对"高雅"的追求才如此强烈。不过，就算薛蟠费尽心机想要接触这些高雅之士，他的庸俗气质、低下学识注定这一切只是一场徒劳。

4.歇后语

布袋里装西瓜——**直上直下**。

山头上搭戏台——**高高在上**。

1.＿＿＿＿＿是薛姨妈之子，＿＿＿＿＿之兄，是一个纨绔的世家公子。

2.薛蟠外出做生意，宝钗便将＿＿＿＿＿带进大观园作伴，还请＿＿＿＿＿教她作诗。

3."呆霸王"是《红楼梦》中哪个人物的绰号？（　　　）

　　A.薛蟠　　　　B.贾宝玉　　　　C.贾琏　　　　D.贾环

4.关于《红楼梦》中薛蟠形象的分析，不正确的一项是（　　　）。

　　A.薛蟠终日游手好闲，吃喝玩乐，不学无术。

　　B.薛蟠性情蛮横霸道，对待自己的母亲和妹妹也是如此。

　　C.薛蟠父亲早逝，母亲溺爱，身为家中唯一的男丁无人约束。

　　D.薛蟠天性愚钝，没有妹妹天资聪颖，而且不明礼教。

5.将下列人物中，有血缘关系的连在一起。

　　贾珍　　　　　　薛宝钗

　　贾宝玉　　　　　贾迎春

　　贾琏　　　　　　贾元春

　　薛蟠　　　　　　贾惜春

6.阅读下文，简单描述故事背景，再说一说薛蟠是怎样一个人？

　　薛蟠连忙跑了过来，对着宝钗左一个揖，右一个揖，只说："好妹妹，恕我这一次罢！原是我昨儿吃了酒，回来得晚了，路上撞着鬼了，来家未醒，不知胡说了什么，连我自己也不知道，怨不得你生气。"

擅长戏文的帅气男侠

宝玉

湘莲兄，你的表演简直太精彩了！

柳湘莲

多谢夸奖，也就你最懂我。

宝玉

人人都知道戏子的地位很低，你却偏偏爱在戏台上过把瘾。

柳湘莲

想唱就唱，不用顾及世人的眼光。

宝玉

这是我做梦都想实现的事呀。

柳湘莲

我这个人生性不愿被束缚，只要有机会，总要过一把瘾哪。

宝玉

湘莲兄，你真是生得又俊美，简直文武双全哪。

《红楼梦》悬疑

※柳湘莲是《红楼梦》中次要的角色，然而在曹雪芹笔下，他却是屈指可数的几个获得过肯定评价的"须眉浊物"。在柳湘莲的身上，又会发生哪些富有传奇色彩的故事呢？

释义故事

柳湘莲,在《红楼梦》正式出场是在贾府的私家舞台上,因其热衷于客串戏剧里的角色,擅演生旦角色的戏文。其实,柳湘莲的真实身份是高贵的 官宦子弟,为人 风度翩翩,不幸的是,父母早逝,随之而来家道没落,这一切变故让这位世家公子成为 市井之徒,养成了任意自我的性格,性情豪爽,酷爱耍枪舞剑,在书中和贾宝玉最合得来。

关于柳湘莲的为人性格和人生经历,《红楼梦》是这样说的:那柳湘莲原系世家子弟,读书不成,父母早丧,素性 爽侠,不拘细事,酷好耍枪舞剑,赌博吃酒,以至眠花卧柳,吹笛弹筝,无所不为。因他年纪又轻,生得又美,不知他身份的人,都误认作 优伶(líng)一类。

1.刨根问底

生旦净末丑:指的是中国传统戏曲的行当。生行指是扮演男性角色的行当,旦行指的是不同的女性角色,净行指的是性格刚烈或粗暴的男性角色,丑行指的是扮演的滑稽人物,末行逐渐归入了生行中。

2.引申词释义

风度翩翩:风度指美好的举止姿态,翩翩指洒脱的样子。风度翩翩形容举止言谈优雅自然,超逸洒脱。

市井之徒:旧指做买卖的人或街道上没有受过教育的人。

素性:指本性,即人的本质。

优伶:古代指以歌舞、杂技、滑稽表演为业的艺人。伶原指戏弄,较常见的意义是乐官、乐师,引申为表演歌舞的艺人。

3.说文解字

(客)(串)

指的是非正式演员或非本班社演员的临时性演出。

(才)(子)(佳)(人)

指才华出众的男子和姿容美丽的女人,泛指有才貌的男女。

(轻)(浮)

意思是言语、举动随便,不严肃不庄重。

(赖)(大)

赖嬷嬷之子,赖尚荣之父,因赖嬷嬷服侍过贾府的老主子,又得到贾母的认可,于是做了荣府大总管。

(不)(计)(前)(嫌)

意思是不计较以前的嫌隙。

4.细挖《红楼梦》

因为柳湘莲经常客串演戏,而且演的都是(才)(子)(佳)(人)的爱情戏,所以宝玉的表哥薛蟠就误认为他是可以随意调笑的轻浮之人。有一次,在赖大家赴宴,薛蟠酒后随意调笑柳湘莲,结果语出冒犯。柳湘莲不畏权贵、英勇机智,把薛蟠骗到郊外,一脚踹翻,拖到泥地里一通好打,薛蟠抱头喊大

老爷,饶命呀!

爷。为了躲避报复,柳湘莲远走他乡,独自云游去了。

其实,虽然薛蟠可恨,柳湘莲对他还是很仁慈的。知道他经不住打,便使了三分力气,心想教训一下,让他知错就是了。所以薛蟠虽然疼痛难忍,却并未伤筋动骨。挨了打的薛蟠自觉很没面子,就以经商为名出去躲躲,不巧的是途中遇到一伙盗贼掠夺财物。这时柳湘莲再度登场,他(不)(计)(前)(嫌)(xián),拔刀相助,挺身斗贼。后来,柳湘莲不仅救了薛蟠的性命,将他的财物抢了回来,还宽容了薛蟠,两人为此结拜为兄弟,上演了一出"(不)(打)(不)(相)(知)"的好戏。

一个刚烈的女子

尤二姐
妹，你也不小了，姐问你个事，可有心仪之人哪？

尤三姐
姐，这多难为情，你让我怎么说呢。

尤二姐
这有什么，你要是有了心上人，就跟姐说，姐帮你撮合。

尤三姐
姐，我是看上一男子。他一年不来，我等一年；十年不来，等十年；他若是死了，我情愿剃头当姑子去，再不嫁人。

尤二姐
傻丫头，瞎胡说什么呢？

尤三姐
姐，我是认真的，不信，我给你看他的照片。

《红楼梦》另类研究

※柳湘莲因出众的气质妥妥成了一位女子心中的男神。这位女子就是尤三姐，宁国府贾珍之妻尤氏的继母尤老娘跟前的小女儿。那日，尤三姐随母亲看戏，尤三姐对台上演小生的柳湘莲一见钟情。自此，尤三姐立下了非柳湘莲不嫁的爱情誓言。只可惜柳湘莲误以为尤三姐是不干不净之人，尤三姐含泪自尽，柳湘莲深为感动，随道士出家去了。

大语文拓展

1.人物鉴赏

柳湘莲：柳湘莲的人生经历颇具**传奇色彩**，由宦官子弟到串场小生，再由江湖侠客到出世隐者。他的身上既有贾宝玉般离经叛道的叛逆精神，又有重情重义的一面。自己一贫如洗，也要留几百钱为朋友重修坟墓。同时，柳湘莲还有着**生性多疑**的一面，这也是尤三姐自刎的直接原因。

2.《红楼梦》冷知识链接

当贾琏得知尤三姐非柳湘莲不嫁后，就有意撮（cuō）合这对有情之人。而柳湘莲对尤三姐也颇有好感，于是，将家传双股**鸳鸯宝剑**赠予尤三姐，以作聘（pìn）礼。可是后来当柳湘莲听说尤三姐是贾家宁府尤氏的妹妹，便执意要退婚，在他看来，宁府除了门口石狮子是干净的，只怕连猫儿狗儿都不干净。尤三姐听到这个消息，瞬间绝望了，心一横，竟用那把定情信物自杀了。柳湘莲觉得是自己害死了尤三姐，后悔不已，在跛（bǒ）足道人的点化下，斩断青丝，跟着道人走了。

3.冷知识探真

中国历史上还有一位帅气的男子，他就是兰陵王高长恭，出身于北齐王朝宗室，渤海蓓（bèi）县人，为人温良敦（dūn）厚，治军躬勤细事。入仕后，历任并州刺史、尚书令、太尉等职，凭军功封乐陵县公、巨鹿郡公、兰陵王。公元563年，突厥攻入晋阳，高长恭奋力抗敌，名震边塞。随着权位扩大，高长恭遭到北齐后主的嫉妒，因言"国事即家事"，坐罪鸩（zhèn，指被毒酒毒死）死，时年三十三岁。

4.歇后语

梁山好汉——**重义气**。

曹操做事——**疑心重**。

1.《红楼梦》第六十六回，"情小妹痴情归地府，冷二郎冷入空门"中的情小妹是＿＿＿＿＿＿，冷二郎是＿＿＿＿＿＿。

2. 柳湘莲把＿＿＿＿＿给了尤三姐作为定情信物。

　　A. 手帕　　　　B. 诗歌集　　　　C. 鸳鸯剑　　　　D. 鹦鹉

3. 下列各项描述不符合故事情节的是（　　　）。

　　A. 薛蟠酒后向柳湘莲调情，柳湘莲将他骗至郊外，一脚踹翻，事后，远走他乡；后来又救了薛蟠，与薛蟠结为兄弟。足见其无邪之心。

　　B. 柳湘莲向宝玉说起定亲一事，因宝玉的一席话，怀疑起尤三姐的为人，并说了很难听的话。柳湘莲自惭失言。

　　C. 尤三姐用剑自刎，柳湘莲深为感动，将万根烦恼丝一挥而尽，随跛足道士出家去了。

　　D. 柳湘莲为人虚情假意，待人毫无诚意，只是表面上敷衍。

4. 下面对柳湘莲性格描述不当的一项是（　　　）。

　　A. 柳湘莲离经叛道，厌恶正途，神似贾宝玉。

　　B. 柳湘莲喜欢舞刀弄枪，形成了他豪放不羁、嫉恶如仇的性格。

　　C. 柳湘莲是典型的富家公子哥，蛮横任性、仗势欺人、不学无术。

　　D. 柳湘莲性情多疑，而他的多疑更是导致一个绝色女子的殒命。

不被重用的元老

焦大
老国公啊，老国公，你若在天有灵，好好管管这帮后代吧！

贾代儒
唉，你没权没势，谁还把你放在眼里呀。

焦大
别说是爷们、奶奶们，就是那些小厮也敢跟我蹬鼻子上脸。

贾代儒
想当年，你还和太老爷一起出生入死，现在呢？

焦大
想当年，就是他爹，他爷爷，也不敢和我焦大挺腰子！

贾代儒
你九死一生又如何？到头来，家业还不是人家的。

焦大
老国公啊，寒心哪！

《红楼梦》悬疑

※《红楼梦》无闲笔，每一个人物的出场都有其自身的使命所在，哪怕是一个微不足道的小人物。他们虽不惹眼，却值得细细品味。这节将要介绍的人物虽然出场不多，却也有血有肉，他们又会演绎怎样的人性故事呢？

释义故事

在《红楼梦》中，有一个天不怕地不怕的人物，他就是从小跟宁国公贾演南征北战、从死人堆里把**奄（yǎn）奄一息**的主子背出来的**奴仆焦大**。但是作为一名救过老国公的奴仆，他却是不幸的。

焦大在老国公爷在世的时候，还是非常有面子的。然而贾敬出家以后，后代子孙不念当年的恩情，不知感恩图报，经常让焦大干一些累活。作为宁府**三朝元老**，与贾母同辈的焦大还经常遭到众**小厮（sī）**们的欺负。想当初，主子没吃没喝，焦大就饿着肚子偷东西给主子吃。如果当初不是他在战场上冒着生命危险救下主子，是不可能有日后贾府的繁华。

因此，每当焦大喝醉了酒，就会破口大骂，说自己**九死一生**挣下这个家业，却被**忘恩负义**的后代给祸害了。还对宁国府**糜（mí）烂**的生活深恶痛绝，吓得众小厮魂飞魄丧，把他捆起来，用土和马粪填了一嘴。

1.刨根问底

三朝元老：原指受三世皇帝重用的臣子；现在用来指在一个机构里长期工作过的资格老的人。元老：对年老而又有声望的大臣的尊称。

2.引申词释义

奄奄一息：形容气息微弱临近死亡，也比喻事物即将消亡、湮（yān）没或毁灭。

小厮：多指男性，即未成年的男性仆从。也指供人使唤的僮（tóng）仆。

九死一生：九：泛指多数。指历尽艰险，死里逃生；也形容处在生死关头，情况十分危急。

忘恩负义：指忘记别人的好处，做出对不起别人的事。

糜烂：指表皮或黏膜上皮的局限性浅表缺损，后被引申到人们思想及作风等问题，多指堕落，不求上进。

227

第八章 ● 万花丛中过——细数红楼梦里的男配角

3.说文解字

青梅竹马

青梅：青色的梅子。竹马：指小孩用竹竿当马骑。比喻男女儿童天真无邪地在一起亲昵（nì）玩耍的样子。

迅雷不及掩耳之势

指雷声来得非常快，连捂耳朵都来不及。比喻来势凶猛，使人来不及防备。

畏罪远遁

指犯罪后担心遭到惩罚。远遁：意思是逃往远处。

4.细挖《红楼梦》

在《红楼梦》的众多小厮中，有一个名叫潘又安的人，他虽品性风流，但是性格懦弱，胆小怕事。潘又安与贾府二小姐迎春的大丫鬟司棋是青梅竹马，彼此发誓非对方不娶不嫁。

潘又安在《红楼梦》中仅正面出场过两次，第一次是潘又安与司棋在诗意绵绵的大观园中约会。不巧被贾母的贴身丫鬟鸳鸯撞见，潘又安以迅雷不及掩耳之势藏在树

后。司棋见过鸳鸯，便叫潘又安出来，潘又安才不情不愿地从树后爬出来。当他见到贾母的贴身丫鬟鸳鸯姐姐时，更是捣蒜似的一个劲儿地向鸳鸯磕头，随后畏罪远遁（dùn）。

不久，抄检大观园，奶奶们在司棋的住处抄到一封情书，结果司棋被赶出了大观园，终日以泪洗面。过了一段时间，潘又安回来了，这是他第二次出场，也是最后一次出场。这一次，潘又安带着金银财物要迎娶司棋，无奈司棋母亲嫌他穷，将他拒之门外。司棋万念俱灰，一头撞在墙上当场身亡。潘又安见状，也殉（xùn）情自尽了。

人间自有真情在

倪二
我做混混儿这么多年，还没见过这种泼皮无赖。

贾芸
唉，危难关头。

倪二
我这个人最听不得这种憋屈事。

贾芸
倪大哥，你这是干吗？

倪二
小兄弟，这些银子你拿着，就当我借给你了。

贾芸
倪大哥，你真是我的救命恩人，我给你写个字据吧。

倪二
什么借据、利息，不侮辱了我的侠义之名。

《红楼梦》另类研究

※贾芸是贾府的旁支，为了生活，想巴结凤姐，好在贾府谋个营生。为此，贾芸向开香料铺的舅舅卜世仁赊（shē）香料，舅舅不仅不帮，还数落了他。更可气的是，当初还是舅舅侵吞了他的家产。后来，贾芸遇到了醉金刚倪（ní）二。倪二虽说是个无赖，但是听了贾芸的遭遇，竟为他愤愤不平，当下借给他银子，而且不要利钱，也不定文约。

大语文拓展

1.人物鉴赏

贾代儒：贾代儒是贾府中"代"字辈的长辈，因为不是贾家的嫡系，所以没有像贾赦、贾珍那样世袭的可能；本人也一直没有考上举人，充其量也只是秀才或童生（明清两代没有考取秀才的读书人）。因儿子和儿媳早逝，贾代儒对孙子贾瑞管教严格，但是效果不佳。

2.《红楼梦》冷知识链接

贾代儒的孙子贾瑞一病不起，急需人参滋补，贾代儒因家道贫寒，吃不起人参，就到贾府找王夫人借人参。贾代儒与贾母的丈夫贾代善是平辈，贾代儒是贾代善的远房堂弟。这么来看，贾代儒与贾母多少还是有些亲的。问题是，虽然王夫人这边答应了，但是负责具体事务的王熙凤却故意刁难，因为贾瑞曾调戏过她。王熙凤没有怜悯（mǐn）贾瑞不说，还把没有药力的参须送了过去。与此同时，秦可卿病重，每天需要吃二钱人参时，王熙凤却连个"不"字都没说过。两段不同的情节形成鲜明的对比，贵贱相较，分外刺眼。

3.冷知识探真

人参是一味名贵中药。《神农本草经》指出，其味甘，有补五脏、安精神、定魂魄、止惊悸、除邪气、明目、益智等功效。可以说，拥有人参也可以反映出一个人地位的显贵。史料记载，乾隆死后，嘉庆皇帝抄没和珅（shēn）的家产时，就发现了600斤人参。在"白玉为堂金作马"的贾府，人参使用的多寡，也在一定程度上反映了贾府的兴衰。

4.歇后语

黑瞎子吃人参——不知贵贱。

逼公鸡下蛋——故意刁难。

隐藏在**红楼梦**里的大语文

1. 焦大是哪个府里的仆人？（　　）

    A. 宁国府　　　　B. 荣国府

2. "拼着一身剐，敢把皇帝拉下马"一语出自《红楼梦》中何人之口？（　　）

    A. 凤姐　　　　B. 薛蟠　　　　C. 焦大　　　　D. 鸳鸯

3. 以下说法中不正确的两项是。（　　　　）

    A. 焦大是《红楼梦》中宁国府的老仆，曾有恩于贾府。

    B. 焦大对宁国公后代骄奢淫逸的生活深恶痛绝。

    C. 贾府素来尊重老一辈的奴仆，并给他们委以重任。

    D. 面对主子，焦大做人低调，知道规矩要遵守，绝不敢越雷池半步。

4. 贾瑞父母早亡，只有他祖父_____教养。（　　）

    A. 贾代儒　　　B. 贾代善　　　　C. 贾政　　　　D. 贾代化

5. 下面哪个人物并非因情而死？（　　）

    A. 贾瑞　　　　B. 尤三姐　　　　C. 贾环　　　　D. 潘又安

6. _____当着凤姐和宁国府诸人的面把贾府上下痛骂一遍，最后他又被捆绑并塞进一嘴的马粪。

7. _____因调戏王熙凤，反被她戏弄病重。_____的祖父_____只得到贾家去讨人参，结果王熙凤用人参须打发了他。

第九章 命归何处

——命比纸薄的小人物们

红颜薄命

薛蟠
娘，香菱看着多喜色，以后您就享福吧。

薛姨妈
混小子，自己是哪根葱，还不知道！

薛蟠
娘，我保证香菱跟着我，吃喝不愁。

薛姨妈
我怎么听说，最近你又去干那些斗鸡走马的事了？

薛蟠
娘，我就是手痒痒了，明儿就跟那些不三不四的朋友断交。

薛姨妈
香菱是个好姑娘，你别欺负人家就是了。

薛蟠
娘，我向蓝天白云发誓，我所说的话都是言而有信的。

《红楼梦》悬疑

※在《红楼梦》中，曹雪芹对香菱这个人物可以说是特别钟爱，在大观园与众姐妹同住时，赋予了她特殊的气韵，使大观园游移着一股极清的暗香。然而，香菱的命运却也是悲哀的。她的人生又会经历些什么呢？

香菱是《红楼梦》中第一个出场的女性人物,也是开启全书的重要人物。前文提到她的波折身世,本以为可以和冯渊喜结良缘,谁知偏被命运捉弄,半路杀出个薛蟠。薛家仗着势强人多,把香菱据为己有。起初,香菱是薛姨妈身边的丫鬟。后来,薛蟠与薛姨妈浑(hún)闹,薛姨妈拗(niù)不过他,不久摆酒席正式纳了香菱做妾。哪知薛蟠才高兴没几日,便看作马棚风一般了。

香菱本名英莲,曹公之所以给她改名,寓意还是很深的。英莲的"莲"本身质地高洁,如观音菩萨净水瓶里的柳枝,如如来佛祖亲炙(zhì)的座席。然而,一旦它脱离莲座,委落红尘,处于污泥,就会成为野草闲花群落中的一株菱花。

1. 刨根问底

红颜:指年轻人的红润脸色;也指女子美丽的容颜,或指美女。

马棚风:意思是习以为常,不当一回事。

净水瓶:观音菩萨净水瓶装的是天下最珍贵的甘露水;净水瓶神通广大,是用女娲炼就的五色土和祝融的真火烧制而成。可以让人的心灵得到净化,可以消除人们心头的无名怒火。

莲座:指莲花的底部,呈倒圆锥形;亦指佛家语,指诸佛的莲花座位。

红尘:指人间俗世之意;指纷纷攘攘的世俗生活;指闹市的飞尘,形容繁华,也指热闹的地方。

2. 引申词释义

喜结良缘:意思是两个人因缘相遇,经过长期相处和了解,最终达成婚姻关系。

据为己有:把本来不属于自己的东西,占据下来归自己所有。

亲炙:指的是亲身受到教益,亲受教育熏陶。

3.说文解字

得陇（lǒng）**望蜀**（shǔ）

原指已经取得陇右,还想攻取西蜀（陇:今甘肃东部;蜀:今四川中西部）。比喻贪得无厌,讥讽人不知道满足。

糟蹋

指不珍惜,不爱惜,不补救,玷污。形容随便丢弃或毁坏,损坏。也指侮辱,蹂（róu）躏（lìn）。

园林

指特定培养的自然环境和游憩（qì）境域。在中国传统建筑中独树一帜,有重大成就的是古典园林建筑。

怜香惜玉

比喻男子对女子的照顾体贴。香、玉:比喻美好的女子。

4.细挖《红楼梦》

香菱跟了薛蟠这样的男人,又会有怎样的命运呢? 薛蟠本是"**珍珠如土金如铁**"的皇商子弟,生活奢侈,举止轻浮。不仅如此,就算得了香菱这个妾室,依然得陇望蜀,喜新厌旧,连他的亲生母亲薛姨妈都认为他是糟蹋人家女儿。幸好家里还有薛姨妈和薛宝钗,香菱这个名字就是宝钗给她起的。

后来,薛蟠外出做生意,薛宝钗就把香菱带入大观园来住。虽说香菱进入薛家是跌入另一个火坑,但此事也有好处:香菱可以有机会感受大观园的园林景观,有缘结识宝钗、黛玉、袭人、平儿等好女子和最怜香惜玉、最懂得女孩的贾宝玉。为了描述香菱书香人家的气质,曹雪芹还安排了这样一个故事——**香菱学诗**。她拜黛玉为师,一时间,香菱学诗和**黛玉论诗**成了大观园里的著名一景。

有志者事竟成

香菱
黛玉姐姐，我又作了几句诗，你来点评一下。

黛玉
好呀，妹妹，你说来听听。

香菱
天下无难事，只怕有心人。

黛玉
这句诗作得极好，很有新意。

史湘云
香菱妹妹，你简直是咱大观园里的文艺女青年哪。

香菱
还得多谢黛玉姐姐一次又一次地点拨了。

黛玉
只要有志向，有毅力，就没有什么办不到的事情。哈哈！

《红楼梦》另类研究

※在学诗这件事上，香菱表现出了强烈的意愿。她听黛玉优雅地论诗，从黛玉那里借来诗集，一首一首地读起来。宝钗数次催她睡觉，她也不肯。香菱每读完一本诗集，就让黛玉给她出题，经常茶饭无心，坐卧不定，口中嘟嘟哝（nóng）哝，一首作得不好又继续作一首。甚至连做梦都在作诗，整个人如痴如醉，像魔怔（zheng）了一样。

大语文拓展

1.人物鉴赏

香菱：曹雪芹在塑造香菱时,有意把她塑造成娇憨(hān)天真、纯洁温和、得人怜爱的女性。香菱虽然遭到了厄(è)运的磨难,却依然毫无心机,总是笑嘻嘻地面对人世的一切,恒守着她温和专一的性格。

2.《红楼梦》冷知识链接

《红楼梦》中与香菱有关的诗共有四首加三句,其中一首就是她的判词:根并荷花一茎香,平生遭际实堪伤。自从两地生孤木,致使香魂返故乡。前两句写香菱的温柔聪慧与不幸身世,后两句写香菱受到薛蟠正妻夏金桂的迫害,最终含恨而逝。意思是和莲花同生的菱角也有芬芳,平生遭遇实在令人哀伤。其中,"两地生孤木"是个拆字谜,代表夏金桂的"桂"字。自从遇到一个"桂"字,她便死了去。

3.冷知识探真

薛蟠外出做生意,遇到同是皇商的夏家,迷上了夏家千金夏金桂,不久娶为正室。夏金桂的出现,使香菱这朵菱花开始枯萎。夏金桂别看花枝招展,其实不是个省油的灯。对香菱极尽虐待,甚至挑唆薛蟠殴打香菱。香菱遇到薛蟠和夏金桂这样的主子,注定不会有好日子过。清代文学家高鹗(è)。曾对《红楼梦》作过续补、编辑、整理,在他所续的后四十回中,夏金桂对香菱下毒,结果却阴差阳错地毒死了自己。香菱被薛蟠扶正,不久生下一子,却因难产而死。

4.歇后语

踩着鼻子上脸——欺人太甚。

背后拉弓——暗箭伤人。

1. 下列是贾宝玉在太虚幻境看到的判词，哪一句判词预示了香菱的命运。（　　）

　　A. 可叹停机德，堪怜咏絮才。玉带林中挂，金簪雪里埋。

　　B. 根并荷花一茎香，平生遭际实堪伤。自从两地生孤木，致使香魂返故乡。

　　C. 凡鸟偏从末世来，都知爱慕此生才。一从二令三人木，哭向金陵事更哀。

　　D. 二十年来辨是非，榴花开处照宫闱。三春争及初春景，虎兕相逢大梦归。

2. 下列不是出自《红楼梦》的故事是。（　　）

　　A. 共读西厢　　　　B. 香菱学诗　　　　C. 桃园结义　　　　D. 宝钗扑蝶

3. 在《红楼梦》中，曹雪芹借写_____，表达了对王维、杜甫、李白等唐朝诗人的欣赏，也表达了自己对诗作的一些看法，强调诗要有新意，要寄寓情感。

4. 黛玉说，香菱就是"一个极聪明伶俐的人"，而宝钗说她"本呆头呆脑的"。两个人的观点截然不同，是否矛盾？又是为什么？

_____

5. 阅读原文，回答相应的问题。原文①表现了香菱什么特点？请评析一下原文②的意思。

　　①香菱听了，默默的回来，越性连房也不入，只有池边树下，或坐在山石上出神，或蹲在地下抠土，来往的人都诧异。李纨、宝钗、探春、宝玉等听得此信，都远远的站在山坡上瞧看他。只见他皱一回眉，又自己含笑一回。②一时探春隔窗笑说道："菱姑娘，你闲闲罢。"香菱怔怔答道："'闲'字是十五删的，你错了韵了。"

_____

_____

数一数二的忠仆

贾母
袭丫头，你原是我屋里的人，从今往后，就到宝二爷身边了。

袭人
过去服侍老祖宗时，我心里只有您；今后服侍二爷，心里也只有他。

贾母
你这个孩子，最大的优点就是有一颗忠心，我看人，不会错的。

袭人
不过，老祖宗，我一没姿色，二没才干，您为什么会选我呢？

贾母
还不是因为你办事周到，让人放心。

袭人
老祖宗，您就放一万个心，我定会尽心竭力照顾好二爷。

贾母
你就做好自己分内的事，别的一概不用操心。

《红楼梦》悬疑

※袭人是怎么成为宝玉身边排名第一的大丫头的？在宝玉、黛玉、宝钗的关系中，她为什么一直坚持"拥钗抑黛"？为什么说袭人学起了王母娘娘，要在宝玉和黛玉之间划一条难以逾越的银河？成熟稳重的袭人为什么和宝玉的关系越来越生分？这中间到底发生了什么呢？

释义故事

袭人原本是 贾母 身边的丫鬟,原名 花珍珠。贾母见她心地纯良,做事勤恳,再加上担心宝玉跟前的丫鬟不中使唤,便让她照顾宝玉的起居。

关于袭人的名字,曹雪芹在书中这样写道:宝玉知道她姓花,又知陆游作诗" 花气袭人知骤暖 ",于是向贾母请求,给其取名为袭人。

其实,袭人不是贾府里家生家养的丫鬟,小时候因 家徒四壁,所以被卖到贾家当了奴婢(bì)。袭人虽然长相并不 出挑,但是心里却有一股 痴劲儿,服侍贾母的时候,心里、眼里只有一个贾母;服侍宝玉的时候,心思都在宝玉身上,是一个性格 隐忍、恪尽职守 的妥当人。

1.刨根问底

丫鬟:丫头,旧社会被奴役的女子,没有人身自由,一切都得听主人的,是归主人所有的财产。丫头的名字常按主人的喜好随便取名。

花气袭人知骤暖:出自南宋诗人陆游的《村居书喜》:红桥梅市晓山横,白塔樊江春水生。花气袭人知骤暖,鹊声穿树喜新晴。坊场酒贱贫犹醉,原野泥深老亦耕。最喜先期官赋足,经年无吏叩柴荆。

2.引申词释义

家徒四壁:意思是家里只有四周的墙壁,形容家中十分贫穷,一无所有。

出挑:意思是少年男女到了青春期,体态容貌转为美好出众。

隐忍:是一种将事情藏在内心,强力克制忍耐,不作表示。

恪尽职守:恪,谨慎、恭敬;尽,完善。谨慎认真地做好本职工作。

3.说文解字

蟾（chán）**宫折桂**

蟾宫：月宫，古代传说月亮上有蟾蜍，故称蟾宫。在月宫里攀折桂枝，比喻科举时考中进士。也指获得很大的成就或很高的荣誉，在体育比赛中运动员获得冠军，在考试中，取得较好的名次。

姨娘

旧社会达官贵人的偏房、侧室称作姨娘，随着新婚姻制度的颁布，这一旧社会的产物已消失。

潦倒

指颓废、失意的样子，举止散漫、不自检束等。

4.细挖《红楼梦》

袭人服侍谁，心里便只有谁。然而，她的行为处事并不专以讨好宝玉为目的，反倒常常规劝宝玉要勤读书、知上进。袭人之所以总是劝宝玉好好读书，除骨子里固有的信念：考取功名、**蟾宫折桂**、出任仕途才是古代男人最好的出路之外，也有她自己的盘算。

袭人原本是贾母的丫鬟，贾母见她做事细心、温柔和顺，便把她派给宝玉使唤。袭人考虑到自己的身世背景，就尽心竭力做事，好日后升为宝玉的**姨娘**；而且她的表现也令王夫人喜欢，无形中坚信了袭人的这个想法。此后，每当她看到宝玉，就觉得他就是自己一生的依靠，心中自然希望宝玉能发展得更好，迫切希望宝玉能走上正道。要不然，不好好念书，就会没有出息，潦（liáo）倒一辈子。

你说的都对，但我不爱听

袭人

宝兄弟，老爷叫你去会会贾雨村。

宝玉

你知道我最烦这种事，就说我睡着了，怎么叫也叫不醒。

袭人

以后免不了要为官作宰，听听仕途学问，总没坏处。

宝玉

你要是对这些感兴趣，就替我听去。

袭人

瞧你说的是什么话，宝钗要是在，也会劝你这么做。

宝玉

哼，林姑娘就从来不说这些混账话！

袭人

好男儿要胸怀大志，不能总泡在柔情蜜语里。

宝玉

你们怎么都来管我，请别的屋里坐坐去吧。

《红楼梦》另类研究

※在人们的印象中，袭人是《红楼梦》里数一数二的忠仆，可是当她知道宝玉的心上人是黛玉而非宝钗时，立刻学起了王母娘娘，决定在宝玉、黛玉之间划一条难以逾（yú）越的银河，扶宝钗上马，共同打击情敌林黛玉。袭人之所以这么做，其实是担心黛玉夺走宝玉对她的那份爱。

大语文拓展

1.人物鉴赏

袭人：袭人是**怡红院的总管**，合格的当家主母。她把怡红院管得井井有条，把宝玉照顾得事无巨细，她还规劝宝玉走正道、多读书。跟贾母、王夫人等保持沟通，说话做事面面俱到，滴水不漏。不过，因袭人姿色和才干都不出挑，所以贾母也不会把她许配给自己孙子做姨娘。

2.《红楼梦》冷知识链接

在《红楼梦》前八十回，袭人是一个**品性端正**、**做事稳重**的角色。曹雪芹给她的评语是"心地纯良，克尽职任"，脂砚斋夸奖她是"贤袭人"；宝玉说她是"出了名至善至贤之人"。可是在后四十回，袭人性情大变，为人行事变得**阴险卑劣**起来。其实，袭人主要还是担心万一宝玉和黛玉成就了木石前盟，那么她与宝玉的爱情就会轰然倒塌。相反，如果宝玉娶了他不爱的宝钗，她在宝二爷的感情世界里还会有一席之地。所以，每当周围人说了不利于她的话，为了维护宝玉对她的那份爱，袭人的性情就会变得和之前大相径庭。

3.冷知识探真

一次，袭人撞见宝玉跟黛玉告白，如临大敌，当即把这件事告诉王夫人。受传统封建礼教的影响，婚姻需要父母之命、媒（méi）妁（shuò）之言，自由恋爱会大伤风化，甚至搞得身败名裂。王夫人知道此事后，担心宝玉的名声受损，就趁机把袭人收为心腹。只是一心想成为宝玉姨娘的袭人终究和宝玉没有缘分，结果被伶人蒋玉菡娶为人妻。

这个孽障，要造反了！

4.歇后语

骆驼走沙滩——**稳重**。

老虎咧嘴笑——**阴险万**（dǎi）**毒**。

1. 宝玉有一贴身丫鬟叫_____，原是贾母身边丫鬟，原名珍珠。

2.《红楼梦》中，袭人是金陵十二钗之一吗？（   ）

    A. 是   B. 不是

3.《红楼梦》中，有"小宝钗"之称的是（   ）。

    A. 紫鹃   B. 晴雯   C. 香菱   D. 袭人

4.《红楼梦》太虚幻境中，"金陵十二钗"的正册、副册和又副册预示着贾府各女子的命运，"枉自温柔和顺，空云似贵如兰。堪羡优伶有福，谁知公子无缘"说的是（   ）。

    A. 紫鹃   B. 晴雯   C. 袭人   D. 麝月

5. 袭人的名字是（   ）给取的。

    A. 贾母   B. 贾政   C. 王夫人   D. 宝玉

6. 关于袭人的性格特征，下面哪一项描述不正确。（   ）

    A. 袭人素来忠心温顺，对宝玉的服侍可谓尽心尽职。

    B. 在袭人温顺的外表下，隐藏着极强的好胜之心。

    C. 在她的身上，有着劳动人民的本色——爱惜东西不浪费。

    D. 勤勉谨慎，行事低调是袭人长于他人之处。

7. 请简单讲述一下袭人与黛玉的关系如何？

    _____

园子里最厉害的丫头

宝玉
晴雯,你知道咱园子里,哪个丫头最厉害?

晴雯
那还用说,当然是非本姑娘莫属。

宝玉
你还真是心直口快啊。

晴雯
谁叫我天生敢说敢干呢。

宝玉
老太太都说,论秀气、灵气、霸气,丫头堆里没人能比得了你。

晴雯
所以,日后你待我可得好着点哪。

宝玉
好姐姐,你不说我两句硬话,我就烧高香了。

《红楼梦》悬疑

※晴雯不仅是怡红院里最漂亮、最灵巧的丫鬟,还是一个敢笑敢闹、敢爱敢恨的女侠;在她的身上,还体现着对平等独立自由意识的追求。虽然晴雯是出身低微的小人物,也不妨碍她身上散发出熠(yì)熠的光芒。在她的人生经历中,又会上演哪些精彩感人的故事呢?

宝玉身边有几位大丫头,除了成熟稳重的第一丫头袭人,还有晴雯、麝(shè)月、秋纹、碧痕等人。晴雯虽是丫鬟,但是在宝玉房里却过着千金小姐一样的生活。有人评价她有林黛玉之风,而她更以"勇"著称,颇有女侠的风采。

有一天,晴雯给宝玉换衣时,失手把他的扇子给弄折了,当时宝玉正因事愁眉不展,便训斥了她几句。晴雯的自尊心受到伤害,当即怼(duì)了回去,不仅把宝玉气得浑身乱颤,连来劝架的袭人也落了个灰头土脸。此时的宝玉可以说是碎了碟子又打碗,简直气上加气,于是,直奔老祖宗那里,非要闹得晴雯一干丫鬟跪下求情才罢。

可是傍晚时候,宝玉又主动哄晴雯开心,说:"扇子是用来扇凉的,但想撕着玩儿也是可以的。"于是,二人尽释前嫌(xián)。晴雯还说她喜欢听撕扇子的声音,宝玉便把手上的扇子递给她撕。一会儿工夫,晴雯便将一大堆名扇撕了个尽。麝月来劝,宝玉又夺过麝月的扇子交给晴雯,还说"千金难买一笑,几把扇子又值几何"。

> 再撕响些!

1. 刨根问底

千金小姐:旧时对富家女孩的敬称,今多指对别人家的女孩的美称。

女侠:是指具有侠义品质和守信重诺的女人。

2. 引申词释义

愁眉不展:展:舒展。由于忧愁而双眉紧锁。形容心事重重的样子。

调停:意思是安排,处理;也指居间调解、排除纠纷。

灰头土脸:形容满头满脸沾满尘土的样子,也形容懊丧或消沉的神态。

尽释前嫌:尽释:完全放下。嫌:仇怨,怨恨。意思是把以前的怨恨完全丢开。

3.说文解字

(快)(意)(恩)(仇)

即有恩报恩,有仇报仇,干脆利落,不会前怕狼后怕虎。

(酣)(畅)(淋)(漓)

形容非常畅快、舒适。常指文章、绘画、文艺作品感情饱满,笔意流畅,情感得到充分抒发。

(荡)(气)(回)(肠)

形容文章、乐曲十分婉转动人,使人肝肠回旋,心气激荡。

(鸡)(犬)(不)(宁)

形容声音嘈杂或骚扰得厉害,连鸡狗都不得安宁。

4.细挖《红楼梦》

(晴)(雯)(敢)(爱)(敢)(恨)、(快)(意)(恩)(仇),在反对抄检大观园和诀别宝玉这两件事上,她的表现最为酣畅淋漓、荡气回肠。当时王夫人派王熙凤抄检大观园,整个过程中,只有两个人对此表示了强烈的抗议,一个是小姐中的探春,另一个则是丫鬟中的晴雯。虽然众人没有从晴雯的箱子里搜出什么见不得人的东西,但是晴雯的表现着实难能可贵,令人钦佩。

看好了,姑奶奶箱子里都有些什么?

不幸的是,抄检大观园后,晴雯还是被赶了出去,因为抄检大观园让府中鸡犬不宁,矛盾斗争不断升级。晴雯火一样的性格得罪了一些老婆子,其中就有(王)(善)(保)(家)(的),结果自己却成为家族派系斗争的牺牲品。

离开贾家后,从小父母就早逝的晴雯,只得寄居在她的表哥家。宝玉偷偷去探望她时,晴雯用泼辣的语言和决绝的行动表达了心中浓浓的爱与恨。晴雯眼含热泪,狠命地把两根葱管一般的指甲齐根咬下,留给宝玉做个念想,然后主动和宝玉交换了贴身小袄。这是晴雯对宝玉纯洁而高贵的爱,也是她对造谣诬陷者的切齿反抗。

带病加夜班

宝玉

好姐姐，我能不能过这一关，全靠你了！

晴雯

你这个没心没肺的家伙，这会儿子想起我了。

宝玉

都怪我大意了！老祖宗说这是孤品，糟蹋了就再也没了。

晴雯

这行头的确非同寻常，府上也找不出第二件。

宝玉

好姐姐，看你这有气无力的样子，你还撑不撑得住？

晴雯

再撑不住，也得狠命咬牙挨着呀。

宝玉

好姐姐，你真是人美心更美啊。

《红楼梦》另类研究

※晴雯还是大观园里针线最巧的女孩，"病补雀金裘"就是她的高光时刻。当时晴雯生了一场病，卧病在床。那日，贾母拿了一件珍贵的雀金裘给宝玉。谁知当晚衣服被炭火烧了一块。宝玉担心挨骂，就派人去外面修补。只是这件衣服太珍贵，无人敢补。好在晴雯会一种技法，顶着病恹恹的身子补了整整一夜。然而，晴雯的病情也愈发严重。

大语文拓展

1.人物鉴赏

晴雯：晴雯是一个非常有个性和独立思考能力的女子。她不甘被奴役和压迫,擅于表达自己的看法和想法。她还非常聪明和机智,特别是在危急时刻,能够冷静应对；同时,她也非常勇敢和坚强,敢于对抗挑战和权威。她的直言不讳和敢爱敢恨让她成为贾府的一股清流。

2.《红楼梦》冷知识链接

论丫鬟们的相貌,晴雯的确是**怡红院**,乃至大观园内最漂亮、最灵巧的丫头。看她不顺眼的王善保家的和王夫人曾评论她,水蛇腰、削肩膀儿,眉眼如黛玉,天天打扮得像个西施。王熙凤说"若论这些丫头们,总共比起来,都没晴雯生得好",贾母则说"晴雯那丫头,我看他甚好……言谈针线都不及他,将来还可以给宝玉使唤的"。

晴雯不光模样标致,还生了一张巧嘴,王善保家的说她仗着样貌,一句话不投机,就立起两只眼睛来骂人。为此,晴雯没少被人一口咬定是个狐狸精,王夫人更是认定"有本事的人,未免就有些调歪"。

3.冷知识探真

《红楼梦》里晴雯的判词是"霁月难逢,彩云易散。心比天高,身为下贱。风流灵巧招人怨。寿夭多因毁谤生,多情公子空牵念。"意思是说,晴雯心比天高,却是奴仆之躯,因为伶(líng)俐(lì)灵巧却给自己招来许多忌恨。不幸的是,年纪轻轻就因为遭受他人的毁谤而死去,只能让多情的宝玉白费心力地牵挂了。

4.歇后语

猴子穿花衣——**光显自己漂亮**。
草原上的百灵鸟——**嘴巧**。

1. （　　）是宝玉房里的四大丫鬟之一，虽是丫鬟，却过着千金小姐的生活。

　　A. 紫鹃　　　　B. 晴雯　　　　C. 袭人　　　　D. 麝月

2. 红楼梦中，有"小宝钗""小黛玉"之称的两个人分别是（　　）。

　　A. 袭人 妙玉　　　B. 晴雯 紫鹃　　　C. 袭人 晴雯　　　D. 妙玉 紫鹃

3. 晴雯病重，宝玉前来看望她，晴雯交给了他什么（　　）。

　　A. 头发　　　　B. 香囊　　　　C. 指甲　　　　D. 小红袄

4.《红楼梦》中最早说"乌眼鸡"一词的是谁？（　　）

　　A. 晴雯　　　　B. 凤姐　　　　C. 小红　　　　D. 探春

5.《红楼梦》中，"心比天高，身为下贱"是关于＿＿＿＿的判词（　　）。

　　A. 紫鹃　　　　B. 晴雯　　　　C. 袭人　　　　D. 麝月

6. 晴雯是一个个性鲜明的丫鬟，下面这些情节与她相关的有（　　）

　　A. 卧病在床，补雀金裘。

　　B. 贾宝玉为了博千金一笑，晴雯手撕宝扇。

　　C. 重病之时，被撵出大观园。

　　D. 晴雯被逐出大观园后，宝玉偷偷地去看望她。

7. 根据书中描写，'在模样和性格上与林黛玉相似的人还有＿＿＿＿和＿＿＿＿。

8. 晴雯悲惨地死去后，小丫头说晴雯死后做了芙蓉花神，宝玉便作了篇长长的＿＿＿＿＿＿寄托哀思。

翻版的袭人

晴雯

麝月，园子里就你能和我玩得来。

麝月

谁叫咱俩都是二爷身边的丫鬟呢，理应多照顾一些。

晴雯

吵架，你替我上阵；生病，你替我煎药。你就是我亲姐呀！

麝月

呵呵，我就是翻版的袭人，只不过没她会照顾人罢了。

晴雯

你的格局就是比我高，连骂架都那么有气势。

麝月

我这个人就是笨笨的，对就是对，好即是好。

晴雯

我就喜欢你这个笨劲儿，嘻嘻！

《红楼梦》悬疑

※在《红楼梦》中，任何一个渺小的人物都有自己隐藏的命运，而作者曹雪芹又会在恰当的时机给他们着以重笔。麝月，这个唯一一个见证了贾府如何一步步走向衰败，又目睹众女儿们薄命命运的人，又会有怎样的人生经历呢？

麝（shè）月是贾宝玉身边的一等丫鬟，怡红院里的四大丫鬟之一。然而，按照《红楼梦》怡红院众丫鬟的排序——袭人、晴雯、麝月、秋纹，麝月的表现却并不突出。比起袭人的贤名，晴雯的暴脾气，秋纹的奴性，麝月其实并不引人注目，可以说她在书中的存在感极低。不过，她的人缘却很好，是一个既能和袭人好，又能和晴雯好的人。

贾宝玉曾评价麝月说，"公然又是一个袭人"，可见，她的脾气秉性与袭人相似。不过麝月却也不完全是袭人的影子。袭人和别人吵架，吵不过对方时，就来找麝月寻求帮助；袭人出嫁前，还向薛宝钗嘱咐"千万留着麝月"，说明麝月和袭人的关系一定是不错的。

麝月不光和袭人关系好，和晴雯也能玩得来。晴雯生病，她照顾；晴雯着急，她劝解；晴雯吵架，她替她出头。麝月平时对晴雯的挑衅（xìn）比较忍让，对待晴雯经常语笑不断，不计前嫌。麝月不像晴雯那般爱出风头，反倒跟在晴雯背后，晴雯犯下的错，她一样也不犯，将晴雯的问题全看在了眼里。这也是麝月的闪光点之一。

1.刨根问底

奴性：卑鄙的或下贱的奴隶根性或驯从。面对主子的欺凌侮辱不知道反抗，忍气吞声；和主子狼狈为奸，帮着主子为非作歹，狗仗人势。

2.引申词释义

公然：公开地，直率地，当众。
秉性：指的是性格、本性。
挑衅：故意制造事端，企图引起冲突或战争等。

千金一笑

周幽王是西周最后一位君主,是历史上有名的昏君。他有一个爱妃,名叫褒（bāo）姒（sì）,却唯独不爱笑。为了博爱妃一笑,周幽王下令点燃报警的烽火,各诸侯看到烽火台狼烟四起,马上兴兵来救,结果并没有看到敌军。周幽王这时正在山顶与褒姒饮酒作乐,褒姒看到各诸侯乘兴而来,败兴而返,不禁开颜一笑。周幽王见爱妃终于笑了,更是被其倾国倾城之貌所倾倒。

这边! 这边! 错了! 这边!

4.细挖《红楼梦》

麝月还是一个有原则的人,知道做人不能忘本。当她看到宝玉为了哄晴雯开心,纵容她撕扇子,只是为了博千金一笑时,全然不顾宝玉是自己的主人,冲上去就说"少造些孽吧",对他们糟蹋东西、随意浪费的行为表示自己的不满。当芳官（贾府买来的戏班成员,原姓花）受到宝玉的宠信,连晴雯、袭人二位姐姐都抬举她,不是教她吹烫,就是帮她梳头时,麝月义正辞严地指出了芳官弄坏挂钟一事。

在这两件事上,麝月没有像老妈子那样说晴雯张狂,也没有晴雯骂芳官那样说芳官"可恶",而是就事论事,对事不对人。当然,这也体现了她劳动人民的本色——爱惜东西不浪费,懂得知福、惜福。也许只有这样的人才可以陪伴照顾宝玉于贫寒之中。相比晴雯,好日子过久了,就以为富丽繁华的生活是可以长久的。哪想有朝一日,自己被撵出贾府,一无所有。芳官就更不像话,饱饭还没吃上几天,就嫌鸭子油腻,全然忘了自己之前还像商品一样被卖来卖去。

吵架王培训

麝月，为啥每次吵架，我都输呢？论气势，不应该呀。

麝月

吵架不是看谁嗓门亮，看谁性子火爆。

晴雯

拌嘴不就是看谁能震慑得住对方吗？

麝月

为吵架而吵架，使力不使心，解决不了问题。

晴雯

你倒是别卖关子了，说出个道道来啊。

麝月

要想提升战斗力，先要提升格局……

晴雯

你还别说，有点吵架高手的意思了，继续继续……

《红楼梦》另类研究

※麝月虽然是那种让人觉得安分的人，但她一点也不呆板，她还有一个绝技就是吵架的功夫绝对一流，大观园里几乎没有人能比得上。每每这种时候，麝月就别提有多带劲了，说话干净利落不说，还条分缕析，讲得头头是道，完全不像是平时那个让人一看就有点笨笨的麝月，这真是她的一大特点呢。

第九章 • 命归何处——命比纸薄的小人物们

1. 人物鉴赏

麝月：纵观整个怡红院，虽然麝月与宝玉的关系不是最亲的，她的篇幅也不是最多的，但是麝月的地位却很重要。曹雪芹将她塑造得比其他丫鬟更招人喜欢，优点突出却不锋芒毕露；心思纯正，却不会吃亏上当。按照王夫人的说法，麝月跟袭人一样，都是那种笨笨的丫鬟。然而，正是她身上的闪亮点，使其成为陪伴宝玉到最后的丫鬟。

2.《红楼梦》冷知识链接

在高鹗所续的《红楼梦》后 40 回中，有这样一段故事：宝玉、宝钗落魄后，身边依然有麝月在服侍。对此，脂砚斋的一句批语最能说明这个问题。"闲上一段女儿口舌，却写麝月一人，袭人出嫁之后，宝玉宝钗身边还有一人，虽不及袭人周到，亦可免微嫌小弊之患，方不负宝钗之为人也。故袭人出嫁后云：'好留着麝月'一语，宝玉便依从此话。"说明麝月就是那个陪伴宝玉到红楼梦尽的女子。

3. 冷知识探真

麝月在书中戏份虽然远远不及袭人、晴雯，但也算是一个关键人物。在"寿怡红群芳开夜宴，死金丹独艳理亲丧"一回里，麝月抽到了"荼蘼"花的花签。因为荼蘼花开花最晚，古代文人墨客经常用它来惋惜时光流逝，比如在花签中就引用宋代王淇的诗句"开到荼蘼花事了"，表明良辰美景就要结束。宝玉觉得麝月抽到这个花不吉利，还特意藏起花签不给其他人看。苏轼也曾以荼蘼花为题作诗："酴醾不争春，寂寞开最晚"。荼蘼花开花最晚，预示着麝月是陪伴在宝玉身边到最后的丫鬟。

4. 歇后语

老寿星拍门——关心到家了。
小鸡交给黄鼠狼——不可托付。

1. _____是宝玉、宝钗落魄后，依然还在身边服侍他们的重要人物。

    A. 晴雯   B. 袭人   C. 麝月   D. 秋纹

2. _____是陪伴宝玉走完红楼一梦的最后一个人物。

    A. 晴雯   B. 秋纹   C. 麝月   D. 袭人

3. 在晴雯、袭人、麝月、秋纹当中，_____是真正的吵架高手。

    A. 麝月   B. 袭人   C. 晴雯   D. 秋纹

4. 关于麝月的性格特征，下面哪两项描述不正确。（   ）

    A. 性格刻薄狡诈，喜欢挑拨离间，告密陷害。

    B. 安分守己，善解人意，总能体谅他人。

    C. 在她的身上，有着劳动人民的本色——爱惜东西不浪费。

    D. 做事非常轻狂，不仅出言不逊，还经常口出狂言。

5. 在《红楼梦》中，麝月所掣花签为"荼蘼花"，题为"韶华胜极"。对此情节的理解，下面有误的一项是（   ）。

    A. 曹雪芹喜欢以花喻女子，荼蘼花是最晚才开的花，言外之意是，麝月是陪伴在宝玉身边最后的女子。

    B. 韶华指人的青春年华，胜极必落突出美好的时光马上过去。

    C. 麝月的存在对宝玉是极为关键的。

    D. 说明麝月是一个很有个性的女孩，率真自然，敢怒敢言。

跟亲姐姐一样

黛玉
> 紫鹃，你真是我的及时雨啊，昨日派人送来的手炉管大用了。

紫鹃
> 我就是姑娘最稳固的大后方，呵呵！

黛玉
> 第一眼看到你，就觉得跟亲人一样。

紫鹃
> 能照顾姑娘也是我的福气呀。

黛玉
> 你虽然是我的丫鬟，但跟亲姐姐一样。

紫鹃
> 那姑娘以后少些小性子，让我也省省心呗，哈哈！

黛玉
> 好的好的，遵命！

《红楼梦》悬疑

※在《红楼梦》的众多丫鬟中，紫鹃是一个备受关注的角色，她的形象非常鲜明，无私果敢，聪慧率真，她的出现为整个故事增添了很多色彩和趣味性，也让她成为一个备受读者喜爱的角色。作为黛玉身边最亲近的人，她与黛玉又会展现出哪些跌宕起伏的人生经历呢？

林黛玉辞父来到贾府，身边只带了一个乳母王嬷（mó）嬷和一个丫鬟**雪雁**。贾母见王嬷嬷年纪已大，雪雁尚幼，于是将自己身边的丫鬟**鹦哥**给了黛玉，鹦哥便是后来的**紫鹃**。随着黛玉与紫鹃相处的时间越来越长，紫鹃成为与鸳鸯、平儿等人地位相当的"**首席大丫鬟**"。

紫鹃虽然是黛玉的丫鬟，但是她从来没有把自己看成是一个奴婢，而是把黛玉看作自己的好闺蜜。照顾黛玉，她最是善于以情动人。黛玉身体娇弱，就给她熬汤煎药；黛玉自觉**孤苦伶（líng）仃（dīng）**，就给她谈天解闷。那日，黛玉到梨香院看望宝钗，见外面下雪了，考虑到黛玉自小体弱单薄，便立即让雪雁给黛玉送**手炉**，紫鹃对黛玉的细心体贴**跃然纸上**。而且紫鹃总是在**潇湘馆**内做好自己分内的事情，很少像别的丫鬟一样经常到园中玩闹。

1.刨根问底

嬷嬷：是《红楼梦》里特殊的群体。贾府的嬷嬷分为这两类，一类是乳母，专为别人哺乳、带育婴儿；一类是主子身边负责教引或贴身服务的老年妇女。嬷嬷大多懂得礼数，深谙世事，比婆子的地位高。

手炉：是一种取暖工具，是在火炉的启示下演化而来，因可以捧在手上，笼进袖内，所以又名捧炉、袖炉、炉内装有炭火，又称火笼。

2.引申词释义

跃然纸上：指文学作品生动地呈现在纸上。形容描写、刻画得非常逼真、生动。

孤苦伶仃：意思是孤单困苦，无依无靠。

3.说文解字

两小无猜

意思是指男女小时候在一起玩耍，天真烂漫，没有猜疑；也形容男女从小感情好，非常纯真。

喜结连理

意思是不同根的草木、枝干连生在一起。比喻夫妻恩爱，也指男女结婚。

顺理成章

写文章或做事顺着条理就能做好。比喻某种情况自然产生某种结果。

未置可否

可否：同意或反对；对与错。指不表示同意，也不表示反对。

失魂落魄

形容惊恐不安或心烦意乱，精神恍惚的样子。

轩然大波

高高涌来的巨大波涛。比喻大的纠纷或风潮。

4.细抠《红楼梦》

和丫鬟身份形成鲜明对比的是，紫鹃还是黛玉的**保护神**。在紫鹃心中，黛玉和宝玉两小无猜，**喜结连理**是顺理成章的事情。可谁知半路杀出一个似乎和宝玉有着金玉良缘的薛宝钗，宝玉的态度未置可否。

为了确定宝玉对黛玉的情意，紫鹃骗宝玉说，黛玉要回苏州老家去。宝玉听闻此言，"眼也直了，手脚也冷了，话也不说了"，顿时**失魂落魄**。紫鹃这才相信宝玉对黛玉是真心的。然而，紫鹃"试玉"却在荣国府掀起了轩然大波，为此紫鹃受到了贾母的责骂，但是她并无怨言。后来，在高鹗的续书中，宝玉被骗，娶了宝钗，紫鹃怨恨宝玉薄情。黛玉一病不起，临死前，紫鹃一直陪伴在她的身旁。之后紫鹃看破世事，随惜春出家去了。

> 林姑娘，过几天就要回苏州了。

是主仆，也是好闺蜜

紫鹃
小姐，宝二爷来了，上门给你赔不是，你就饶了他吧。

黛玉
凭什么，我才不会给他开门！

紫鹃
小姐，你要是还这样，倒有七分不是了。

黛玉
哼，谁让他先惹我生气了，你们都不许给他开门。

紫鹃
姑娘又浮躁了，这么热的天，毒日头底下，晒坏了可了得！

黛玉
我才懒得管他呢，晒成腊肉不更好。

紫鹃
姑娘，说啥胡话呢，我这就去给宝二爷开门了呀。

《红楼梦》另类研究

※紫鹃与黛玉的关系超越了一般的主仆关系，她敢于为黛玉发声。当黛玉与宝玉发生矛盾时，紫鹃不仅不卑不亢，还能发挥聪明才智，巧妙地化解冲突。有一回，宝玉与黛玉发生了口角，紫鹃不但敢于当面批评黛玉，还敢于在宝玉前来给黛玉赔不是时，苦口婆心地劝说黛玉。在紫鹃身上，没有做丫鬟的奴性，对自己的主子一腔赤诚。

大语文拓展

1.人物鉴赏

紫鹃：紫鹃是林黛玉身边的大丫鬟，聪明伶俐、口才极佳，还善于化解矛盾、调解纷争。紫鹃有着强烈的自尊心，对林黛玉的命运深感忧虑和无奈。在贾府中，紫鹃是除贾母之外，唯一一个真心支持宝黛爱情的人，也是极少数真正关爱黛玉的人之一。因此，她与黛玉结下了大观园中最真挚的**姐妹深情**。

2.《红楼梦》冷知识链接

《红楼梦》里，丫鬟所占的篇幅并不少。紫鹃作为一个**家生的丫鬟**，可以说是世代为奴。家生的丫鬟，是指由于父母为奴为婢，自己也终生为奴为婢，而且自己的子女也得终生为奴为婢。《红楼梦》里这种类型的丫鬟，除了紫鹃，还有鸳鸯。还有一类是**死契**（qì）**丫鬟**，就是买断终身的丫鬟，典型例子是袭人。书中写道，袭人要回家探母，必须得到主子的批准；袭人要想嫁人，也得先问问王夫人。不过，死契丫鬟若是嫁了个好人家，就不用为婢，而且她们的子女不会一出生就背上奴婢的身份。

3.冷知识探真

中国古代有"**望帝啼鹃**"的神话传说。望帝是周朝末年蜀地的君主。后来禅位退隐，不料国亡身死，死后魂化为鸟。每到暮春时分，此鸟就会悲啼不止，以致口中流血，哀怨动人肺腑，人们叫它**子鹃**。紫鹃即子鹃，她的形象蕴含了黛玉悲惨的结局。黛玉之哭有如子鹃啼血，体现了黛玉的怨恨哀愁。另外，子鹃泣血啼哭有如黛玉泪尽而终。

4.歇后语

被窝里抹眼泪——**独自悲伤**。

孙悟空保唐僧——**忠心耿耿**。

隐藏在**红楼梦**里的大语文

1. 紫鹃原名_____，是贾母房里的二等小丫头。贾母把她给了黛玉后，改名为紫鹃，为人心思缜密，重情重义。

2. 紫鹃之名的谐音正是"子鹃"，乃一种鸟类，又名杜鹃，这种鸟最大的特点就是哀鸣，时常会在初夏时期日夜哀叫，其叫声似_____之音，恰恰暗喻了黛玉最终_____的结局。

3. 下列对作品故事情节的表述，不正确的两项是（　　）。

　　A. 紫鹃是众丫鬟中没有奴性的一个，她能够真正关心并理解黛玉。

　　B. 作为贾宝玉的大丫鬟，紫鹃事事都替贾宝玉操心。

　　C. 紫鹃最初是老祖宗的丫鬟，后来成了宝玉的丫鬟。

　　D. 黛玉为爱情哀叹时，是紫鹃帮她试探出了宝玉对黛玉的真心。

4. 对下面这一情节的理解，以下选项中最正确的一项是（　　）。

　　黛玉的小丫鬟雪雁走来与黛玉送小手炉，黛玉因含笑问他："谁叫你送来的？难为他费心，那里就冷死了我！"雪雁道："紫鹃姐姐怕姑娘冷，使我送来的。"黛玉一面接了，抱在怀中，笑道："也亏你倒听他的话。我平日和你说的，全当耳旁风；怎么他说了你就依，比圣旨还快些！"

　　A. 林黛玉认为紫鹃多此一举。　　B. 林黛玉感激紫鹃费心想到。

　　C. 林黛玉害怕被薛姨妈误解。　　D. 林黛玉借此奚落宝玉。

5. 请你简述一下"紫鹃试玉"的故事。

_____

_____

顶厉害的丫鬟

李纨
平姑娘，你身上的这把钥匙，可是大有文章啊。

平儿
奶奶又拿我开玩笑不是。

李纨
凤姐把府上管得如此周全，少不了你这把"钥匙"的助力呀。

平儿
那都是奶奶的功劳，一个人干十个人的活呐。

李纨
论能力，你也算得上是咱园子里顶厉害的丫鬟了。

平儿
跟奶奶们、小姐们比，我还差得远呢。

李纨
你这丫头，人长得漂亮不说，小嘴还这么会说话。

《红楼梦》悬疑

※《红楼梦》中，平儿是王熙凤的陪嫁丫头，贾琏的通房大丫头，是个聪明、清俊的姑娘。虽说是凤姐的心腹，大事小事都帮忙处理，但是与凤姐却有着截然相反的性格，她心地善良，不仗势欺人。在人际关系复杂的贾府，平儿是如何一步步赢得一席之地呢？

平儿是王熙凤的(陪)(嫁)(丫)(头),贾琏的(通)(房)(丫)(头)(妾),聪明清俊。作为二奶奶王熙凤的左膀右臂,平儿管事的机会多,权力也更大。

有一回,李纨问平儿身上硬邦邦的东西是什么,平儿回说是钥匙。李纨就说:"什么钥匙?要紧体己东西怕人偷了去,却带在身上。我成日家和人说笑,有个唐僧取经,就有个白马来驮他;刘智远打天下,就有个瓜精来送盔甲;有个凤丫头,就有个你。你就是你奶奶的一把(总)(钥)(匙),还要这钥匙作什么。"

凤姐之所以能成为荣国府的管家,把偌(ruò)大的一个家族管得如此周全,除了她自身的能力,一个重要的因素就是有平儿这把"总钥匙",李纨的这番话形象地点出了平儿作为凤姐最得力心腹的特殊地位,说明平儿在协助凤姐处理家事上很有能力。

1.刨根问底

(陪)(嫁)(丫)(头):古代社会等级分明,哪怕是贾府中的丫头,也有着不同的等级。陪嫁丫头,是跟着主子、小姐一起嫁到婆家去的,都是未出阁的女子。作为陪嫁丫头,可能有两种结局,一种是得不到小姐的信任或认可,成为奴仆中普通的一员;一种是因为聪明能干,成为小姐的左膀右臂。平儿就是王熙凤的一个陪嫁丫头,成了王熙凤的心腹。

为了拢住丈夫的心,主子也会把最信任的丫头,给丈夫做通房丫头。通房丫头和陪嫁丫头最重要的区别就是,主子的心腹成了男主人的枕边人。平儿成了王熙凤的左膀右臂后,身份也有了一个实质性的转变,那就是做了贾琏的通房丫头。

2.引申词释义

(左)(膀)(右)(臂):意思是指得力的助手。

(体)(己):意思是家庭成员个人的积蓄;泛指私人的积蓄。

3. 说文解字

小厮

多指男性,指的是未成年的男性仆从。

项羽举鼎

项羽是中国历史上最强的武将之一,号称西楚霸王,身材高大,而且力气过人。项羽从小跟叔父项梁练武,十八般武艺样样皆通。由于他勤于练习,再加上天生就比一般人的力气大一些,最终练就了一种特殊的本领——举鼎,甚至能举起千斤以上的大鼎。

4. 细挖《红楼梦》

由于平儿和凤姐的特殊关系,导致她在荣府具有一定的地位和权威,就连小厮(sī)和媳妇婆子们见了她,也会毕恭毕敬地打招呼。但是平儿从不仗势欺人,而是经常背着奶奶做些好事。这一方面是因为平儿本就心地善良,另一方面是平儿能凭自己的**聪明过人之处**平主子之怒,解奴仆之危,毕竟凤姐可是极难对付的主子。

例如,贾琏在外面偷娶了尤二姐,王熙凤知道后,活活地把尤二姐给逼死了。尤二姐死后,凤姐把贾琏的私房钱席卷一空,贾琏没钱发丧,王熙凤又不给钱,平儿就背着凤姐,偷拿出二百两银子给贾琏,替尤二姐操办了丧事。

由于平儿的忠心服侍,凤姐才少做了多少次恶人,也攒下了一些好口碑,为此李纨曾公允地评判道:"凤丫头就是**楚霸王**,也得这两只膀子好举千斤鼎。他不是这丫头,就得这么周到了?"这大概正是平儿名字的由来,平即平息、平和之意,意寓得力的助手。

管理技巧交流

探春
姑娘们每月的月钱和妆粉钱有重复哇。

平儿
姑娘看得还真细心呢。

探春
你奶奶怎么就没想到这个呢?

平儿
还不是奶奶怕姑娘们受委屈了。

探春
明明可以将妆粉钱革除,改由各房用月钱自行购买。

探春
还有园子得承包给众婆子们,既省钱,又有专人打扫。

平儿
这倒是个兴利除弊的好主意,早先奶奶也想到了。

《红楼梦》另类研究

　　※平儿之所以是凤姐的得力助手,是因为她和凤姐之间达成了一种非常默契的关系。比如,凤姐管家,平儿总能替她作出圆满的解释。探春理家一回,平儿就出色地做到了这一点,她支持探春改革的同时,还委婉地解释凤姐的苦衷,使双方上下都有台阶下,深得凤姐赞许。

大语文拓展

1.人物鉴赏

平儿：在《红楼梦》万紫千红的丫鬟中,受主子信任的丫鬟不在少数,凤姐的"**首席大丫鬟**"平儿就是其中之一。凤姐作为荣国府的当家奶奶,大权独揽;平儿作为凤姐的"心腹通房大丫头",犹如近侍重臣。平儿之于凤姐,不仅可靠,而且得力。相比凤姐的"辣",平儿不仅为人善良、富于同情心,还是一个头脑清醒、聪敏灵巧的姑娘。

2.《红楼梦》冷知识链接

在《红楼梦》里,平儿的模样好是公认的,刘姥姥第一次看到平儿,道是"遍身绫罗,插金戴银,花容月貌",可见,平儿的姿容衣着是借着刘姥姥的眼睛表现出来的,以至于刘姥姥差点把她误认为是王熙凤。这也说明平儿的穿戴和气质跟一般丫鬟是大不相同的。

3.冷知识探真

平儿纵然在荣府具有一定地位,又是一个善良机智的姑娘,但其丫鬟的身份并不能从根本上改变。有一回,凤姐过生日,贾琏背着凤姐与鲍二家的媳妇幽会,凤姐发现后,却先打了平儿两下,只因鲍二家的媳妇背地里赞了平儿两句,平儿被打得有冤无处诉,只气得干哭。男女主子之间发生了冲突,却拿平儿撒气,可见其**薄命**不比其他女儿强,这也是平儿地位的可悲之处。为此,宝玉感叹道,"平儿并无父母兄弟姊妹,独自一人,供应贾琏夫妇二人。贾琏之俗,凤姐之威,她竟能周全妥帖,今儿还遭荼毒,想来此人薄命,比黛玉尤甚。"

4.歇后语

蛤蟆生气——干鼓肚。

哑巴申冤——有口难辩。

1. 平儿本是_____随嫁的贴身丫鬟之一，后为_____之妾，心地善良，宽厚待人，从贾母到仆人都给予她一致的好评。

2.《红楼梦》第三十九回，李纨道："凤丫头就是楚霸王，也得这两只膀子好举千斤鼎。她不是这丫头，就得这么周到了？"这里的丫头指的是谁？（　　）

    A. 平儿   B. 司棋   C. 紫鹃   D. 袭人

3. 宝玉深深同情的夹在"贾琏之俗，凤姐之威"当中的人物是（　　）。

    A. 平儿   B. 尤二姐   C. 秋桐   D. 迎春

4. 下列对平儿这个人物的性格描述，不正确的两项是（　　）。

    A. 嘴硬心软，爱憎分明。

    B. 能够体谅他人，有宽容之心。

    C. 性子急，眼睛里容不得沙子。

    D. 聪慧干练、心地善良。

5. 下列对故事情节的表述，不正确的两项是（　　）。

    A. 尤二姐去世后，平儿偷出二百两银子给贾琏，贾琏才得以办理丧事。

    B. 平儿借着凤姐的权利，在大观园里总是欺压地位不如她的人。

    C. 作为王熙凤的心腹，平儿事事都能为奶奶着想，分担许多家事。

    D. 探春代理管家，平儿没有表示支持，反而说探春办事没有经验。

6. 在尤二姐的事情上，平儿替贾琏遮丑，反映她什么性格？又是为什么要替贾琏遮丑呢？

第十章

如日中天

——红红火火的大观园

天上人间

宝玉

林妹妹，省亲别墅建好了，改天我带你去转转。

黛玉

一定是个美妙的地方吧。

宝玉

衔山抱水建来精，这里山山起伏相接，水水曲折环绕。

宝玉

人间的各种奇观胜景这里应有尽有啊。

黛玉

那岂不是天上人间哪。

宝玉

反正处处都是精工细作，美不胜收啊。

《红楼梦》悬疑

※《红楼梦》讲述了宁国府和荣国府的兴旺与衰败，而贾敬和贾赦分别是两大家族的第三代传人。作为家族的第三代掌门人，他们能否继续振兴家族，光宗耀祖？在他们的执掌下，两大家族又会有怎样的命运？

释义故事

《红楼梦》主要写了贾府的故事,而大观园是为元春省亲而建造的省亲别墅。这座绚丽多彩的古典园林艺术到底什么样呢? 大观园的设计不是那种金灿灿的金碧辉煌,而是不落俗套的高级。站在大观园外,你会看到院墙是一色雪白粉墙,下面还砌着虎皮石,院门被精细雕刻,上面透着精致优雅的格调。进入大门,映入眼帘的是一座假山,将园中景致遮挡起来。要想看清楚里面的风貌,需要沿着迂(yū)回的羊肠小道,一步步绕过去,真可谓是曲径通幽。大观园就像世外桃源一样,让宝玉及众姐妹们度过了一段美好的时光。

1.刨根问底

羊肠小道原指太行山一条曲折盘旋的道路,后形容狭窄弯曲的小路。之所以用"羊肠"而不是用其他动物的肠子作比喻,是因为鸟类为了飞翔,需要身体轻便,故肠子又细又短;鱼类的肠子并不长,如鲫鱼的肠子是其体长的三分之一;家畜的肠子则比较长,如家兔的肠子是其体长的 14 倍。羊的肠子是其体长的 40 倍,而且还比较细。因此,用羊肠形容细而长的小路不仅形象生动,还真实贴切。

2.引申词释义

迂回:指在思想或表达方式上绕圈子的性质或状态。也可指道路十分曲折或一种自然景象。

曲径通幽:弯曲的小路通向幽深僻静的地方。形容景致僻静、幽雅。

世外桃源:原指与现实社会隔绝、生活安乐的理想境界。后也指环境幽静、生活安逸的地方。

3.说文解字

对联

是写在纸、布上,或是刻在竹子、木头、柱子上的对偶语句。又称对偶、春贴、春联、对子、桃符、楹联（因古时多悬挂于楼堂宅殿的楹柱而得名）等。对联言简意深,对仗工整,平仄协调,字数相同,结构相同,是一种独特的语言艺术形式。

4.细抠《红楼梦》

大观园建成后,需要给各个地方题写**匾额**、**对联**。一日,贾政领着众清客游览大观园,恰巧碰到宝玉正在园中戏耍。于是,贾政就让宝玉一同前往,以考考他的才学。进入正门,只见迎面一带翠嶂挡在前面……往前一望,见白石纵横,其中微露羊肠小径……于是宝玉题"曲径通幽处"。穿过石洞,走过沁芳桥,进入**潇湘馆**,宝玉起名"**有凤来仪**",这是黛玉的住所。大观园只有这一处,院子里有水流经过。

穿"潇湘馆"而出,过沁（qìn）芳溪,向北,露出一带黄泥筑就的矮墙,墙头皆用稻茎掩护,走进见一片佳蔬菜花,这是**稻香村**,宝玉给它起名"杏帘在望",这是李纨的住所。过稻香村,再往北,便见一所清凉瓦舍,一色水磨砖墙,步入门时,见院里没有一株花木,只有许多异草,这是"**蘅**（héng）**芜苑**",是后来宝钗的住所,宝玉给它起名"蘅芷（zhǐ）清芬"。后来,贾政一行来到宝玉的怡红院,一入门,两边俱是游廊相接,院中点衬几块山石,院子里有芭蕉、海棠,有绿有红,宝玉题为"红香绿玉",元春后来改为"**怡红快绿**"。

爸爸再夸我一次

宝玉
爹，我的用词是不是特别清新脱俗，让人眼前一亮？

贾政
没想到你这个孽障，虽不喜读书，倒有些歪才。

宝玉
我只是不喜欢落入俗套罢了。

贾政
有趣，有味，实乃妙不可言！

宝玉
太阳打西边出来了，爹，您可从不表扬我呀。

贾政
这次应用文考试，算你运气好。

宝玉
啥？刚才还夸我有着非同一般的文学才华，这么快就泼凉水了？

《红楼梦》另类研究

※对宝玉来说，为大观园的亭台楼阁草拟匾额对联，还是有一定难度的。面对每一处景致，不仅要当场拟出匾额，还要接受严父的检验和众多清客的点评，不仅如此，还要贴出来供贵妃审阅、定夺。最有挑战的是，宝玉事先并不知道游园肩负着多么重大的使命，而且他是临时被叫去的，根本没有时间准备，好在他的答卷很完美。

大语文拓展

1.名胜鉴赏

(大)(观)(园)：大观园是《红楼梦》中贾府为元春省亲而修建的别墅，园中除了堆叠的假山、精致的亭台楼阁，还修筑了多条小溪、湖泊，散养了小鹿、仙鹤、鸳鸯，简直就是一个(世)(外)(桃)(源)。元春省亲后，命宝玉和诸钗入园居住。大观园正殿匾额云"顾恩思义"，是太虚幻境在人间的映射，是宝玉及姐妹们的精神家园。大观园也是《红楼梦》这部小说的重要象征，代表了封建社会的荣华富贵和虚荣浮华。

2.《红楼梦》冷知识链接

修建省亲别墅，皇妃回家，贾家上上下下都很激动。为了建造这个大别墅，银子像淌水一样花出去。一时间，不论亲戚还是仆人都来贾府找差事，希望能从这个大工程中赚到好处。比如，贾琏把自己奶妈的两个儿子安排进来；贾蔷负责置办乐器，聘请教习、采买唱戏的女子的工作，这些人都有了可观的收入。

3.冷知识探真

《红楼梦》里提到过，皇帝曾经驾临过王家、贾家、江南甄家。俗话说，"(幸)，(天)(子)(所)(至)(也)"，对这些家族来说，皇帝亲自驾临，叫"幸"；得到皇帝的宠幸，也叫"幸"。元春省亲与皇帝临幸类似，是平凡人家连做梦都不曾有过的事情。历史上，很多皇王都热衷于(外)(出)(巡)(游)。比如，秦始皇在位期间曾5次出游；隋炀帝修建大运河，一部分原因也是为了出游方便；康熙、乾隆，也都喜欢巡游天下。

4.歇后语

天仙河泛舟——(直)(达)(仙)(境)。
大佛殿里的罗汉——(一)(肚)(子)(泥)。

1. _____是《红楼梦》中贾府为_____修建的别墅，园中除了假山、亭台楼阁，还修筑了多条小溪、湖泊，简直就是一个世外桃源。

2. 众人来到怡红院（后来名），有人题名"蕉鹤"，有人题名"崇光泛彩"，最后宝玉起名为"红香绿玉"，红指_____，绿指_____。元妃后来改为_____。后来，元妃命众人搬进大观园时，宝玉主动选择这里作为自己的居所，可见他对此处建筑的喜爱。

3. 大观园的正殿匾额是_____，是太虚幻境在人间的映射，是宝玉及姐妹们的精神家园。

4. 以下_____个匾额是贾宝玉跟随贾政游览大观园时题写的。

  A. 曲径通幽处　　　　　　B. 有凤来仪

  C. 杏帘在望　　　　　　　D. 蘅芷清芬

5. "大观园试才题对额"的主题是什么？主考官是谁？被测试人是谁？

_____

6. 为什么说"大观园试才题对额"，是贾宝玉的"霸主戏"？

_____

7. 贾政带领宝玉和清客们游园时，在园中桥上一亭子，清客们借用《醉翁亭记》，题名"翼然""泻玉"。请问宝玉的题名是什么，有何寓意？结果又是如何呢？

_____

_____

创建诗社

探春

大观园里，才女云集，我们何不创建一个诗社？

李纨

这个主意不错，我支持！

黛玉

我倒有个想法，咱们每个人先给自己起个雅号，如何？

宝玉

只可惜不走科举入仕这条路，保不齐会被他人数落身无一技。

薛宝钗

我给自己起名蘅芜君，因我住的地方而得名。

史湘云

咱园子里，可与宝钗、黛玉一拼的，唯有我湘云一人，可别落下我。

宝玉

你还真是一个性情直爽的妹妹，来来，欢迎欢迎！

《红楼梦》悬疑

※结社、作诗、吟唱是古代文人最喜欢做的事情，大观园作为一个文化的集聚地，诞生了第一个女孩子们主导的诗社。这一次，大观园的众姊妹们不仅尽情地展现了她们巾帼不让须眉的飒爽一面，还充分发挥了她们的聪明才智。在诗社上，众人的表现又是怎样的呢？

释义故事

"秋爽斋偶结海棠社"，是《红楼梦》中非常有嚼头的一个章回。起因是初秋的某个夜晚，探春独自赏月，结果患了风寒。养病期间，探春突发奇想，想在大观园内创建一个诗社，将众姊妹聚集在一起，吟诗作赋。于是，探春到处发通知，众姊妹闻风而来。

接下来，黛玉提议每个人起一个雅号。李纨起名"稻香老农"、黛玉起名"潇湘妃子"、宝钗起名"蘅芜君"、贾宝玉起名"怡红公子"、探春起名"蕉下客"、迎春和惜春分别起名"菱洲""藕榭"。后来，史湘云来到贾府，迫不及待地要入社，起名"枕霞旧友"。

曹雪芹的这个安排自然是为了显示黛玉的清新脱俗。诗社成立当日，黛玉就在秋爽斋做海棠诗，众人都推她的诗为上。李纨力排众议，评林黛玉诗"风流别致"。

> 咱们建个诗社吧？
>
> 好耶~好耶~

1.刨根问底

秋爽斋：即贾探春的住所，元迎探惜是贾家"四春"，谐音"原应叹息"，对应春夏秋冬。元春是春天，迎春是夏天，探春是秋天，惜春是冬天。"秋"注定探春是《红楼梦》极为重要之人。秋天过去就是冬天，而冬意味着绝。秋去冬来，惜春出家为尼，代表贾家的"绝"。

2.引申词释义

雅号：意思是高雅的名号，多用于尊称他人的名字。

力排众议：竭力反驳、排除各种意见，使自己的主张占上风。

拔得头筹：意思是在竞争、比赛中夺得第一。

3.说文解字

限韵

诗学名词,指的是唐代之后,科举考试中为了考核应考者作诗的能力,考官常规定用某一个韵部或某一个韵部中的某几个字作诗。古诗词部分句子最后一字韵母相同或相近,形成韵律美,这就是押韵。如果需按限定韵母创作诗词,就是限韵。

4.细挖《红楼梦》

海棠诗社成立后,由"稻香老农"李纨担任社长,张罗诗社事务;还有两位副社长,迎春和惜春,"菱洲"负责限韵,"藕榭"负责监场。社长和副社长作诗随意,可参加也可不参加,其他成员则必须作诗。后来,"稻香老农"规定每月初二、十六这两日开社,出题限韵都要依她。

海棠诗社最初有四名成员,即宝钗、黛玉、探春、宝玉。不久,又来了湘云、香菱、宝琴、岫烟、李绮、李纹。探春见状,很是兴奋,逢人便说"咱们的诗社可兴旺了"。

王熙凤作为贾府的核心人物之一,虽然大字不识,不可能成为海棠诗社的成员,但是作者并没有让她排除在贾府最热闹的诗社活动之外,而是以"资金不足"为由,让姑娘们找她拉赞助。王熙凤当然明白她们的来意,于情于理都不容拒绝,不由得说道,"我若不入社花几个钱,不成了大观园的反叛了,还想在这里吃饭不成?"于是王熙凤入了股,缴纳了五十两"社费"。

公平竞争，机会均等

探春
现在雅号已经定了，接下来，我们再商量一下谁来当社长。

李纨
姐妹们里面，属我最大，依我看，你们不妨都依我的主意。

探春
我认为既然大家都有了雅号，以后就不用再姐妹叔嫂地称呼了。

宝玉
三姑娘的意思是大家应该凭实力说话，谁的诗厉害，谁就当社长。

探春
所有人都应该参与其中，而不是当个边缘人。

宝玉
三姑娘，你就明说好了，大家不要拿资历和身份说事儿。

探春
这可是你说的，不是我说的呀。

《红楼梦》另类研究

※在创建诗社的过程中，虽然众姊妹们一片欢声笑语，却有一个不和谐的地方，隐藏着一些心理角斗。当时虽然众姊妹还没有商量由谁来担任社长，可是李纨身为大嫂，最先站出来，直接毛遂自荐，定下了自己社长的职位。不过，有一位女子却站出来阻止，她就是探春。

大语文拓展

1.名词鉴赏

(海)(棠)(诗)(社)：海棠诗社，是《红楼梦》中组成的诗社。初秋季节，探春突发奇想，提议有文采的姐妹们积极报名，参加诗社。之所以创建这个诗社，目的在于"宴集诗人于风庭月榭，醉飞吟盏于帘杏溪桃"。通过作诗吟赋，彰显大观园众姊妹的文采，体现姑娘们不让须眉的精神。

2.《红楼梦》冷知识链接

为什么(探)(春)(组)(建)"(海)(棠)(诗)(社)"？迎春是宁国府贾政之妹，黛玉是外嫁女儿之女，宝钗是王夫人外戚；惜春虽是荣国府之女，却是贾赦之女，而且大观园甚至整个荣国府，皆由贾政掌管，何况大观园还是贾政之女元妃所赐；李纨虽是贾政长媳，可惜贾珠已逝，而且李纨给人的印象一直是"深闺妇德"，生活上深居简出。这么来看，组建"海棠诗社"的人选唯有宝玉与探春。其实，探春组建"海棠社"，展露组织才能，也是为其日后管理贾家做(伏)(笔)，这从探春的第一句判词"才自精明志自高"即可看出端倪（ní），奈何探春是个女儿身。

3.冷知识探真

古人不但有姓名，还有"(字)"和"(号)"。古人社交时，一般用"字"来称呼对方以示尊重。有的古人还有"号"，"号"也叫别称、别字、别号，称别人之号是为了表示尊敬，称自己的号一般用于自己的作品中。比如，陶渊明号五柳先生、李白号青莲居士、杜甫号少陵野老、白居易号香山居士、欧阳修号六一居士、王安石号半山、苏轼号东坡居士、李清照号易安居士、陆游号放翁、辛弃疾号稼轩等。

4.歇后语

> 飞机上挂茶壶——(水)(瓶)（(平)）(高)。
>
> 泰山顶上立暖壶——(高)(水)(平)。

会不会过关题典

1. 海棠诗社的发起人是_____，_____是社长，_____和_____是副社长。

2. 大观园结海棠诗社时，"蘅芜君"是_____，"潇湘妃子"是_____，"怡红公子"是_____，李纨起名_____，探春起名_____，史湘云起名_____，迎春和惜春分别起名_____和_____。

3.《红楼梦》里有句话说："一个是阆苑仙葩，一个是美玉无瑕"，其中"阆苑仙葩"指的是_____，"美玉无瑕"指的是_____。

4.《红楼梦》第一次由探春发起建立了海棠诗社，只做了几次诗。后因大观园内事务繁杂，诗社搁置一年。后来林黛玉重建诗社，取名_____。

5. 结海棠诗社，贾宝玉的别号最多，宝钗封他的有（　　　　）。

　　A.无事忙　　　　B.怡红公子　　　　C.绛洞花主　　　　D.富贵闲人

6.《红楼梦》中，海棠诗社作菊花诗，最终_____夺魁。因为她的性格、遭遇、傲气都与菊花相配合。

　　A.史湘云　　　　B.林黛玉　　　　C.贾迎春　　　　D.薛宝钗

7.《红楼梦》大观园"海棠诗社"开社之日，众人以"咏白海棠"为题即兴吟诗，请写出下列诗句的作者。①出浴太真冰作影，捧心西子玉为魂。②偷来梨蕊三分白，借得梅花一缕魂。③胭脂洗出秋阶影，冰雪招来露砌魂。④自是霜娥偏爱冷，非关情女亦离魂。

_____

在世的活菩萨

刘姥姥
今儿初次见姑奶奶，本不该说，只是大老远来了，少不得说了。

凤姐
姥姥不必说了，我都知道了。

刘姥姥
唉，日子顾头顾不得尾，一家人简直就是热锅上的蚂蚁呀。

凤姐
这是20两银子，拿回去做些小生意吧。

刘姥姥
奶奶，您真是在世的活菩萨呀！

凤姐
别乱说，要谢就谢王夫人吧。这是一吊钱，留着路上坐车用。

刘姥姥
奶奶简直太贴心了，来，板儿快给奶奶磕头！

《红楼梦》悬疑

※刘姥姥本是一个和《红楼梦》里众多穿金戴银的人物毫不相干的角色，但是她却是这部小说中非常闪亮的一个角色。然而，想要踏入深似海的贾府豪门，又岂是那么容易。刘姥姥到底如何进的大观园？在大观园里，她又发生了哪些故事呢？

刘姥姥有个姑爷姓王,叫狗儿。祖上做过京官,和王夫人的哥哥认的干亲。这一年收成不好,狗儿一家连过冬的东西都没钱买,**无以为计**之下,刘姥姥想起这门亲戚,虽然八竿子打不着,但毕竟祖上与贾府**连过宗**,于是刘姥姥带着外孙板儿去贾府寻求救济。

可是,贾府是深宅大院,没人通报,门房都不拿正眼看你。为了进贾府,刘姥姥费了**九牛二虎之力**。她找到荣府管家周瑞,让他来引荐,因为狗儿和周瑞交情不错,而且刘姥姥和周瑞家的(**王夫人陪房**)还见过面。周瑞家的知道情况后,告诉刘姥姥现在是王熙凤管理贾府,就把她带到凤姐屋里,刘姥姥被屋里金光闪闪的摆设晃得晕晕乎乎。

凤姐虽然不认识刘姥姥,对她也周到,同时派人到王夫人那里问明情况,得到"适当帮助"的指示后,取了 20 两银子递给刘姥姥。虽然这点钱对贾家不算什么,但对刘姥姥一家却是救命的稻草。

1.刨根问底

连宗:封建社会里,同姓但是没有宗族关系的人认成一家。

陪房:古代有钱人家的小姐出嫁时从娘家带过去的奴才。如果是单身的丫头叫陪房丫头,如果全家跟着小姐到夫家的奴才叫陪房,如王夫人从娘家带过去的奴才周瑞一家子就叫陪房。

2.引申词释义

无以为计:没有什么办法,无计可施。

九牛二虎之力:意为九头牛与两只虎的力气相加。比喻其力大不可挡。常用于很费力才做成一件事的场合。

3.说文解字

簪

古时男子和女子的一种发饰,用来绾(wǎn)定发髻或冠的长针。

鬓

本意是指脸旁靠近耳朵的头发,耳际之发。

绣房

意思是华丽的房舍。旧多指青年女子居室。

蘅芜苑

是大观园中薛宝钗的居所,匾额题为"蘅芷清芬",宝钗因此得雅号"蘅芜君"。所谓蘅芜,是一种耐寒耐旱怕高温的菊科植物,其生存环境和薛宝钗的生理相契合,因其天生体内有一种热毒。

4.细挖《红楼梦》

第二年秋天,刘姥姥带着板儿,用骡子驮了一大袋农家特产来答谢贾府。贾母知道刘姥姥来了,便留她在贾府住了好几天,还张罗第二天在大观园里**摆宴游园**,大家一同乐一乐。

一大早,贾母、刘姥姥等人就聚在院子里。李纨已经叫人给老太太们安排了各色折枝菊花,用来戴在头上。贾母拣了一朵大红的**簪**(zān)在**鬓**(bìn)上,叫刘姥姥也来戴花。王熙凤把剩下的花横三竖四地插在了刘姥姥的头上,说是给她"打扮",其实是想逗老太太开心。结果,刘姥姥满头插满菊花,憨厚的丑样把众人逗得前仰后合。

说笑间,刘姥姥随贾母等人游览了大观园。当贾母问刘姥姥园子好不好时,刘姥姥的回答也非常讲究,"这园子比那画儿上画的还要好十倍。"来到黛玉居住的潇湘馆,刘姥姥笑着说,"这哪里像个小姐的**绣房**,竟比那上等的书房还好。"刘姥姥这么说的时候,心里更是惊讶于黛玉超俗出尘的美丽。除了潇湘馆,刘姥姥还欣赏了秋爽斋、蘅芜苑、栊翠庵(ān)等地,将贾府的奢华生活看了个遍。

两个可爱的老太太

刘姥姥

一辈子面朝黄土背朝天，没承想老了还能看看画里的世界。

贾母

老太太，咱俩这就是缘分哪。

刘姥姥

还得谢谢老太太给我的机会，来了一趟贵族豪华三日游。

贾母

你也不枉这一生啊，多留下来住几天哪。

刘姥姥

我就是一个庄稼人，乡野村妇，开开眼就够了。

贾母

明儿个尝尝家里的海味，也不白来一遭。

刘姥姥

这次回去，我跟那些乡邻们可有得夸了，哈哈！

《红楼梦》另类研究

※俗话说，福往者福至。刘姥姥心存善良，二进贾府本是为了感谢贾府的昔日救济，而她的知恩图报也换来了贾府更大的馈赠。临走时，刘姥姥可以说是满载而归，不仅得到了满车的衣物、药品、点心、米粮等货物，还得了王夫人、凤姐等人给的银子。当然，刘姥姥的收获远不止这些，还有令人想不到的收获，那就是开了眼界。

大语文拓展

1.人物鉴赏

刘姥姥：刘姥姥进大观园是《红楼梦》中颇为精彩的章节，刘姥姥在过程中经过了不少波折，采取了精心策划的迂回战术，不仅本人看花了眼、洋相百出、长了见识，还让我们看到了名门望族的**大家风范**，更让我们看到了贾府日后**败亡的真相**。

2.《红楼梦》冷知识链接

刘姥姥二进贾府，收获了比第一次更多的钱财和物品。仅王夫人就给了她 100 两银子，贾母虽然没有给钱，但是给了很多价格不菲的东西。要知道，贾母的很多珠宝和古董可以说是价值连城，王熙凤就曾让鸳鸯偷运出来换钱。另外，从贾府举办的**螃蟹宴**也能看出贾府的奢华。刘姥姥拿螃蟹和钱财做过一次对比。在她眼里，贾府的一顿螃蟹宴够他们家一年的花销，而这顿螃蟹宴值 20 两银子，这和王熙凤第一次给刘姥姥的钱一样。言外之意就是刘姥姥家一年的花销是 20 两银子。

3.冷知识探真

《红楼梦》里有许多美食，刘姥姥进大观园可谓看得目瞪口呆。**鸽子蛋**是大观园宴的一道美食，鸽子蛋一两银子一个，堪称昂贵的美食。刘姥姥逗大家说："这里的鸡儿也俊，下的这蛋也小巧。"

茄鲞（xiǎng）也是一道知名菜品。鲞是剖开晾干的鱼干，茄鲞就是切成片状腌腊的茄子。单看菜名，以为是普通的食材，然而制作方法十分繁杂，要用十多只鸡来配，用刘姥姥的话说，"别哄我了，茄子跑出这样的味儿来了。"说明这道菜品非寻常人家见过吃过。

4.歇后语

口水流到肚脐上——**垂涎**（xián）**三尺**。

馋鬼做梦——**尽是好吃的**。

1. 关于《红楼梦》中刘姥姥这一形象的分析，正确的选项是（   ）。

    A. 刘姥姥虽然是个乡野村妇，却深谙人情世故。

    B. 底层生活孕育了刘姥姥精于世故又朴实善良的复杂性格。

    C. 刘姥姥表面上看装疯卖傻，但不乏诙谐、幽默的一面。

    D. 刘姥姥具备优秀的口才能力，对不同的人群有不同的说话风格。

2. 对于曹雪芹安排刘姥姥进荣国府这一情节，理解不正确的一项是（   ）。

    A 曹雪芹想通过刘姥姥来揭示贫富贵贱的差距。

    B. 写出曹雪芹对贵族骄奢淫逸生活的理性批判。

    C. 写出曹雪芹对普通劳动人民生存状态的深切同情。

    D. 写出曹雪芹对曾经安逸富裕日子的向往。

3. 曹雪芹想通过刘姥姥揭示荣府贵族生活，哪一项最能论证这一点？（   ）

    A. 刘姥姥见窗下案上设着笔砚，又见书架上垒着满满的书，说道："这必定是那位哥儿的书房了。"

    B. 屋里乌压压地堆着些围屏，桌椅，大小花灯之类，虽不大认得，却五彩炫耀，各有奇妙。

    C. 刘姥姥笑道："我虽老了，年轻时也风流，爱个花儿粉儿的，今儿老风流才好。

    D. 刘姥姥道："这个正好，就叫她是巧哥儿。这叫作"'以毒攻毒，以火攻火'的法子。姑奶奶定要依我这名字，她必长命百岁。"

我要拔得头筹

宝玉
云妹妹做东，大家可别跟她客气呀，该吃吃，该喝喝。

史湘云
宝哥哥，你就爱跟我开玩笑，倒是帮我照顾一下大家啊。

宝玉
我还得冥思苦想作诗呢，怎么也得拔得头筹啊。

史湘云
哼，白瞎我叫你哥哥了，关键时候掉链子。

宝钗
别急，有我帮你招呼着呢。

史湘云
得亏宝姐姐帮我扛在前头，要不然，我非得四脚朝天了。

宝玉
哇，我的灵感来啦，你们帮我评评我的诗做得怎么样？

《红楼梦》悬疑

※大观园姐妹们自从海棠诗社成立后，大家意犹未尽。这一次，众人借菊花、螃蟹起兴，一边热闹宴饮，一边掀起菊花诗、螃蟹咏。每个人都在跃跃欲试、大展身手，众人有说有笑，很是美妙、欢乐。那么，是谁拔得头筹？又是谁深藏不露呢？

前文提到，史湘云来到贾府，正赶上姊妹们举办诗社，于是她大展诗才，获得了入社的资格。史湘云一时激动，想要单独举办一场诗社活动，众人纷纷称好。但是宝钗却提醒她自己还囊中羞涩，又用何做东。于是，薛宝钗帮经济拮（jié）据的史湘云从家里拿来几大篓螃蟹，搬来几坛好酒。这次螃蟹宴为贾府女眷（juàn）带来一番天伦之乐，还成就了两组题诗，"菊花诗"与"螃蟹咏"。

对于菊花诗，史湘云和宝钗定了一套新玩法：将一个虚字和菊花的"菊"这个实字组在一起，既咏菊又赋诗，依次是《忆菊》《访菊》《种菊》《对菊》《供菊》《咏菊》《画菊》《问菊》《簪菊》《菊影》《菊梦》《残菊》，写尽三秋景致。又商定所作之诗是不限韵的七律，一顿饭的工夫，十二篇诗作便已作成。于是，我们读到："空篱旧圃秋无迹，瘦月清霜梦有知"（蘅芜君《忆菊》）、"霜前月下谁家种，槛外篱边何处秋"（怡红公子《访菊》）……这其中，尤以"潇湘妃子"的《咏菊》《问菊》《菊梦》最佳，因此夺魁非黛玉莫属。

1.刨根问底

女眷：指女性眷属，泛指男子的母亲、老婆、姐妹和女儿等女性家庭成员。

2.引申词释义

囊中羞涩：指口袋里没有钱而不好意思，是经济困难的委婉说法。
拮据：缺少钱，境况窘迫。
夺魁（kuí）：意思是指夺冠，取得第一。

3.说文解字

须臾（yú）

衡量时间的词语，表示一段很短的时间，片刻之间。

落第

科举考试（乡试以上）没考中。

饕（tāo）**餮**（tiè）

传说中的一种凶恶贪食的野兽。常用来形容贪食或贪婪的人。

经纬

在我国古代是指织物的直线与横线，引申为规划、治理，后来在地理概念中也借用经纬来命名经线和纬线。

4.细挖《红楼梦》

谁来挑战我呀？

十二首菊花诗，须臾间作出，众人还意犹未尽，又掀起螃蟹咏。有宴有诗，才尽兴风雅。此螃蟹宴还择了一处诗情画意之地——**藕香榭**。此乃园中独一无二的景致，坐落于水中，仿似园中少女，婷（tíng）婷袅（niǎo）袅。王熙凤说人在此间，眼界敞亮，心也敞亮。

宝玉赋诗虽两次**落第**，雅兴却胜过旁人，笑道："今日持螯（áo）赏桂，亦不可无诗，我已吟成，谁还敢作？"说罢，提笔写道："持螯更喜桂阴凉，泼醋擂姜兴欲狂。饕餮王孙应有酒，横行公子竟无肠。脐间积冷馋忘忌，指上沾腥洗尚香。原为世人美口腹，坡仙曾笑一生忙。"宝钗见状，也笑言自己"勉强"作了一首："桂霭（ǎi）桐阴坐举觞（shāng），长安涎口盼重阳。眼前道路无经纬，皮里春秋空黑黄……"众人听了，都赞不绝口，称这是**食螃蟹绝唱**。

宝钗的这首诗《螃蟹咏》讽刺世人没有规矩，没有品德，还用"皮里春秋"的典故说世人心机很深，不如用菊花消除欲望，用热姜驱走寒气。最后写到算计来算计去，还不是被烹熟，白忙乎一场。这首诗以小物寓大意，显露了宝钗出众的才华和独到的见解。

作好诗，品美食

宝玉
秋季品蟹最合时令，就让我即兴发挥一首。

黛玉
看你平时像猴子一样闹腾，还能作出什么上乘之作？

宝玉
饱尝美蟹，有感而发，就是上乘之作。

黛玉
用词虽然传神，只是看起来太急不可待了。

宝玉
恰恰写出了食蟹人的欣喜若狂啊。

黛玉
这样的诗，一时要一百首也有。

宝玉
好妹妹，我心欢愉，吃得狂放，你就给我些鼓励嘛。

《红楼梦》另类研究

※大观园里，因湘云起社而成的螃蟹宴，不仅是一场饕餮盛宴，更是灵秀女儿们展示才华的大好机会。藕香榭中，众人赏菊、食蟹、作诗，好不热闹。在吃蟹赏桂之际，宝玉先吟成一首，问谁还敢作。黛玉笑他哪里是什么大作，于是随手写了一首，但转而又撕了。宝钗也写了一首，受到众人称赞。

隐藏在**红楼梦**里的大语文

1.名作鉴赏

《红楼梦》不仅描写了一部家族兴衰史,更展现了一个玉肴佳酿的世界。女眷们即兴创作菊花诗与螃蟹咏,菊花诗自不必说,乃灵性女儿们精心筹划的闺阁雅事,螃蟹咏则是宝玉、黛玉、宝钗三位主角的神来之笔。回看螃蟹咏,二玉之作心意相通,宝钗独树一帜。

2.《红楼梦》冷知识链接

皮里春秋指表面上不作评论,但内心有所褒贬。后人用来形容人心机深重。历史上,**诸褒**(póu)是东晋时期有名的人物,年轻时就显露出非凡的气度,为人正派耿(gěng)直,办事谨慎小心,很受朝廷官员们的赏识,就连当时的名人谢安都在众人面前夸奖他风度不凡。

有一天,功名显赫的尚书吏部郎桓(huán)彝(yí)盯着诸褒看了半晌,笑着说:"果然名不虚传,我看诸褒是有皮里《春秋》,虽然口头上不表示什么,但心里却是非分明,很有主见。"诸褒为官清廉,生活俭朴,虽然做了大官,但他从不假公济私、仗势欺人。

3.冷知识探真

"秋风起,蟹脚痒;菊花开,闻蟹来。"食蟹文化古自有之。古人食蟹可上溯到周朝,那时人们吃的是"青州之蟹胥(xū)","胥",就是蟹酱。此后出现了"鹿尾蟹黄""镂金龙凤蟹"等宫中珍馐(xiū)。按照陶弘景《本草拾遗》的说法,蟹壳硬,才是吃蟹的最好时节。但是文人讲究的是食之情调,所谓螃蟹宴,吃的就是一个风雅。

4.歇后语

蚂蚁搬磨盘——**枉费心机**。
筛子做锅盖——**心眼多**。

1. 关于菊花诗，《忆菊》《画菊》是_____写的？《访菊》是_____写的？林黛玉又写了哪三首？_____

2. _____带头作咏_____，被林黛玉嘲笑说："这样的诗，一时要一百首也有。"林黛玉和薛宝钗也各作了一首咏螃蟹诗。其中薛宝钗的诗歌被众人认为是食螃蟹的绝唱。

3. 《螃蟹咏》是贾宝玉、林黛玉和薛宝钗借咏螃蟹餐而进行的一场诗战。其中，谁写的《螃蟹咏》最弱一些？（　　　）

　　A. 宝玉　　　　　B. 黛玉　　　　　C. 宝钗　　　　　D. 湘云　　　　　E. 探春

4. 在宝钗的菊花诗《忆菊》《画菊》中，都提到了哪个传统节日？（　　　）

　　A. 重阳节　　　　B. 七夕节　　　　C. 端午节　　　　D. 春节

5. 下面这首《菊梦》是林黛玉创作的一首咏菊诗，描述正确的是（　　　　　）。

　　　篱畔秋酣一觉清，和云伴月不分明。登仙非慕庄生蝶，忆旧还寻陶令盟。
　　　睡去依依随雁断，惊回故故恼蛩鸣。醒时幽怨同谁诉？衰草寒烟无限情。
　　　A. 全诗以拟人的手法写菊花的梦境，实际上是写黛玉自己的情思和志趣。
　　　B. 颔联表现出了对陶令的倾慕。
　　　C. 《菊梦》抒梦中情，写醒时怨，虚实结合，写出了梦境与现实的距离。
　　　D. 全诗读后令人产生无限悲凉之情。

宝玉题匾额

贾政
宝玉，依你看，这里起什么名字好？

一边是数叶芭蕉，一边是西府海棠，就叫它"红香绿玉"吧。
宝玉

贾政
无知的蠢物！成天只知道朱楼画栋、恶赖富丽。

我的审美没有问题呀。
宝玉

贾政
唉，平日不读书，很难将匾额的风格拉上一个层次呀。

芭蕉为"绿"，海棠为"红"，一"绿"一"红"相得益彰啊。
宝玉

贾政
只能暂且这样吧。

《红楼梦》悬疑

　　※《红楼梦》里的大观园，原为元春的省亲别墅，后为贾府公子姑娘们读书、活动、生活的园子，这里不仅花木茂盛、春色满园，而且到处都是亭台水榭、楼阁轩馆，可谓独具匠心，美不胜收。这些景致到底有多美？又藏着哪些悲欢离合的故事呢？

隐藏在**红楼梦**里的大语文

怡红院是《红楼梦》大观园的一景,也是宝玉在大观园的住所。宝玉试才题匾额时,题名"红香绿玉";元春省亲时,改成"怡红快绿",又名"怡红院"。因"怡红"二字,所以贾宝玉号称"怡红公子"。元妃省亲时,宝玉为"怡红快绿"匾额题诗:"深庭长日静,两两出婵娟。绿蜡春犹卷,红妆夜未眠。凭栏垂绛袖,倚石护青烟。对立东风里,主人应解怜。"整个院落雍(yōng)容华贵,富丽堂皇,院外粉墙环护,绿柳周垂,三间垂花门楼,四面抄手游廊;院中山石点缀。与黛玉的"有凤来仪"潇湘馆距离不远。

宝玉之所以起名"怡红快绿",是因为"红"指门前西侧种着的西府海棠,"绿"指东侧种着的数棵芭蕉。绿叶和红花相映成趣,所以题额"怡红快绿"。怡红院的最大特点是院内像迷宫一样,设计得极为巧妙。室内陈设无不透着主人的脂粉气,这是园中最为华丽的院落,也是　　　园中姐妹们经常聚会、活动的场所。

1.刨根问底

抄手游廊:在传统四合院中,进入院子的垂花门后,沿着左右两边的走廊,都可以到达两侧的厢房,最后再到达正房。连接垂花门、厢房、正房的走廊,非常像人抄手的样子,所以叫作抄手游廊。

2.引申词释义

雍容华贵:雍容:形容文雅大方。形容人举止文雅,衣着华丽。

脂粉气:指娇揉造作的风格。形容女性美艳娇柔的习性。

3.说文解字

清客

旧社会在显贵人家或官僚地主家里帮闲凑趣的文人。

淇水遗风、睢园雅迹

形容大观园中茂盛的竹子,犹如淇园、睢园的竹子那样。淇园是西周时卫国的竹园,是我国古代著名的三大产竹基地之一,其他两处是渭川、南山。睢园是历史上有名的一座皇家园林,由西汉梁孝王刘武(刘邦的孙子)所建。

有凤来仪

凤:凤凰,传说中的百鸟之王;仪:礼节、仪式。指古时吉祥的征兆。

4.细挖《红楼梦》

潇湘馆是《红楼梦》里的大观园入园后的第一个正式的景致,因其带有江南情调,而且院落清幽,所以是**林黛玉**寄居荣国府的住所。整个院落翠竹掩映,小小三间房舍,十分别致。此外,最显著的特征就是竹子多。于是,众**清客**相公才有了"一个道是'淇(qí)水遗风',又一个道是'睢(suī)园遗迹'"的题额。

潇湘馆处于最靠近大门的地方。刘姥姥二进荣国府,贾母带她参观大观园时,刘姥姥见识的第一处院落就是潇湘馆。由于位置特殊,所以题额"**有凤来仪**",这也符合元春省亲的主题。而且这一题额还突出了潇湘馆"出众"的地位,暗示了林黛玉与众不同的特质。曲折游廊后面为黛玉的书房,建筑外观均为斑竹座,"斑竹一枝千滴泪",与"**潇湘妃子**"以泪洗面、多愁善感的性格相吻合。

万红从中一点绿

宝玉

爹，怎么这里到处都是泥墙茅屋、土井菜地呀？

贾政

正所谓一畦 (qí) 春韭绿，十里稻花香啊。

宝玉

我看倒像是刘姥姥这类乡野之人的住所。

贾政

你懂什么，分明是一片世外桃源嘛。

宝玉

屋内的陈设看着也好简陋、好素雅，没有一丝富贵气象。

贾政

我觉得这里反倒勾起了我的归隐之心。

《红楼梦》另类研究

※大观园是贾府耗巨资而建的建筑群，无论是怡红院，还是潇湘馆，又或者是蘅芜苑等处，都是雕梁画栋、富丽堂皇，唯独有一处例外，便是后来李纨入住的稻香村。稻香村，又名浣 (huàn) 葛 (gě) 山庄，相比前面几个美轮美奂 (huàn) 的景致，这里可以说是一派田园风光，而且这里处处透着女主人清苦与寂寥 (liáo) 的一生。

大语文拓展

1. 名词鉴赏

㊎㊏㊐㊑是独树一帜、有重大成就的建筑,通过改造地形、种植草木、营造建筑等途径创作而成。园林讲求以地势造景,让建筑融于景物之中,而且园林中要更多地保留自然景观,尽量不要有斧凿的痕迹。

2.《红楼梦》冷知识链接

林黛玉叫潇湘妃子,也是她一生命运的暗示。传说,娥(é)皇、女英是尧的女儿,一同嫁给舜作妻子。舜到南方巡视,不幸遇难。二妃抱头痛哭,泪染青竹,化成点点斑痕,这就是斑竹的传说。联系到林黛玉,她本是天上的绛珠仙子,为了还神瑛侍者灌溉之恩而下凡人间,又因自己没有甘露,于是发誓要用她一生所有的眼泪来报答。而绛本身就是红色,潇湘竹就是斑竹,上面也有红色的斑痕,所以林黛玉一生的命运在这里做出了暗示,就是她要为了宝玉泪尽而亡。

3. 冷知识探真

大观园是贾府为元春省亲而建的一座豪宅,正殿是顾恩思义,是省亲活动的主要场所,匾额上写着元妃题的"顾恩思义",对联是"天地启宏慈,赤子苍头同感戴;古今垂旷典,九州万国被恩荣",歌颂皇恩浩荡,称功颂德。正殿前有一座牌坊,原本题着"天仙宝境"四个字,元春看到后命人换成低调的"省亲别墅"。围绕着正殿还有阶梯、月台,以及缀锦阁、含芳阁、廖(liào)风轩等建筑,形成一组严肃的礼仪建筑群。因为是礼仪建筑,所以正殿不会有人住。

4. 歇后语

引风吹风——费力不多。

百里千里尽在眼里——尽收眼底。

1. 大观园中，宝玉住在＿＿＿＿＿，林黛玉住在＿＿＿＿＿，宝钗住在＿＿＿＿＿，李纨住在＿＿＿＿＿，迎春住在紫菱洲的＿＿＿＿＿，探春住在＿＿＿＿＿，惜春住在＿＿＿＿＿。

2.《大观园》中，哪座院落里只植草不栽花儿？（　　　）

    A. 稻香村　　　　　B. 蘅芜苑　　　　　C. 潇湘馆　　　　　D. 怡红院

3.《红楼梦》中，"大观园"的原型是什么景点？（　　　）

    A. 江宁织造府　　　　　　B. 金陵织造府

4.《红楼梦》中的"大观园"的建造原因是什么？（　　　）

    A. 元春省亲　　　　　　　　B. 贾母大寿

5. 下列关于大观园的各项描述，正确的选项有（　　　　　）。

    A. 大观园是《红楼梦》中最集中的园林建筑。

    B. 大观园是自然景观与人文景观的和谐统一。

    C. 大观园的原型在今天的南京。

    D. "大观园"是贾元春命名的。

6. 请将大观园中众姊妹的住所连一连。

    薛宝钗　　　　　宝玉　　　　　林黛玉　　　　　李纨　　　　　贾探春

    潇湘馆　　　　　蘅芜苑　　　　　秋爽斋　　　　　稻香村　　　　　怡红院

第十一章

摇摇欲坠

——大观园的腐朽与衰败

大观园抄检运动

王夫人

这种事千万不能打草惊蛇。

王善保家的

太太，暗中抄检，是不是效果不佳啊。

王夫人

此话怎讲？

王善保家的

若是暗中调查，闹出点动静，再被贾母知晓，都解释不清了。

王夫人

这话倒是，只怕到时候清不清、白不白。

王善保家的

太太只管养好身体，这些小事交给奴才好了。

王夫人

看来也只能明面抄检了。

《红楼梦》悬疑

　　※王夫人本想采取王熙凤的建议，暗中抄检，可随着邢夫人的陪房王善保家的出现，王夫人决定明面抄检。于是，由她下令，王熙凤当"队长"，众多心腹婆子们组成"搜查小队"。然后，对小姐及下人们的个人物品进行搜查，对违禁物品进行查处。这件事导致大观园人心涣散，加速了贾府的衰败。那么，到底发生了什么呢？

释义故事

一日，贾母房内丫头傻大姐捡到了一个有伤风化的绣春囊（náng），不巧被邢夫人给撞见。邢夫人包藏祸心，决定把这个烫手的山芋（yù）交给王夫人。王夫人十分气愤，这样的东西岂能在大观园里出现，担心府上的"狐狸精"带坏宝玉，而且被外人知道，也会有损声誉。

王夫人第一时间想到可能与贾宝玉有关，却不敢相信，而是抱着侥（jiǎo）幸的心理咬定是王熙凤的。她倒不是怀疑王熙凤，而是觉得贾琏这个人不靠谱。王夫人也不想一想，王熙凤和贾琏的感情早就破裂，而且王熙凤出身大户人家，怎么可能看得上绣春囊这样的物件？后来，王夫人听了王熙凤的解释，才打消了这个怀疑。

马上全面检查！

王熙凤建议这种事不能大张旗鼓，一定要暗中查访，还说自己平时管家，太了解下人们各怀鬼胎，行为不端的言行，而平时不大管事的王夫人哪知道其中的利害。不过，在这个节骨眼上，王夫人却轻信了邢夫人的陪房王善保家的谗（chán）言。这一次，她抱着宁肯错杀、不肯放过的心态，决定好好肃清一下大观园的环境，抄检大观园。

1.刨根问底

烫手的山芋：本意是指山芋烧熟时很烫手，如果用手拿就会烫着手。比喻要解决的事情很棘手，但是解决之后又能得到好处。

2.引申词释义

包藏祸心：祸心，害人之心。心里怀着害人的主意。

大张旗鼓：形容进攻的声势和规模很大，也形容群众活动的声势和规模很大。

各怀鬼胎：比喻各有各的想法、打算，不与别人相谋。

肃清：意思是指清除，消灭干净。

3.说文解字

妯（zhóu）**娌**（li）

是指兄弟的妻子的合称，已婚妇女称呼丈夫兄弟的妻子为妯娌。妯娌之间的关系其实是弟兄关系的一个延伸。

心存芥蒂

蒂：本指细小的梗塞物，后比喻心里的不满或不快。指心里对人对事有怨恨或不愉快的情绪。

愚犟（jiàng）

指固执，强硬不屈；倔犟固执的样子。

一石二鸟

意思是指用一块石头砸中两只鸟，比喻一个举动达到两个目的。

4.细挖《红楼梦》

在这次事件中，邢夫人虽然未出场，却扮演了一个可耻的角色。王夫人怀疑绣春囊是凤姐所遗，显然是受邢夫人的暗示。邢夫人与王夫人本来就面和心不和，**妯娌**之间明里暗里藏着矛盾。

另外，邢夫人与凤姐也是常常互相拆台。邢夫人虽然是王熙凤的婆婆，可是因为王熙凤出色的能力和良好的家世，邢夫人对她一直**心存芥蒂**（dì）。婆媳就像天敌一样，不是不得势的婆婆用身份压制风头太盛的儿媳，就是精明的媳妇算计愚犟的婆婆，一见面，准没好事。

这次，邢夫人借机**一石二鸟**，就是想让王夫人与凤姐姑侄俩难堪。不仅如此，她还派王善保家的在中间推波助澜，唯恐天下不乱，结果最终导致了抄检。可以说，这个事件反映了妯娌、婆媳间的矛盾。

嘿嘿！就这样办！

小人得志的嘴脸

王善保家的
二奶奶，不得了了，您看这都是些什么？

王熙凤
这些东西是从哪里来的？

王善保家的
是我从潇湘馆里搜出来的。

王熙凤
哦，我还以为什么呢，到别家看看去。

王善保家的
二奶奶，您可看好了，这可都是违禁物品哪！

王熙凤
什么违禁不违禁，这些东西都不足为虑。

王善保家的
二奶奶，宁可错杀一千，不可放过一个呀。

王熙凤
要造反不是？是你当家，还是我当家！

《红楼梦》另类研究

※王夫人发动抄检大观园后，林黛玉的潇湘馆也查出了一些小问题，抄检的王善保家的发现了一些男性物品，像寄名符、帔带、荷包、扇套之类，一时自为得意，赶紧向王熙凤报告，结果，王熙凤想到宝玉、黛玉幼时经常在一起，认为这些东西都是宝玉的，于是放过了潇湘馆。

大语文拓展

1. 名胜鉴赏

　　大观园是曹雪芹精心虚构的人间仙境,是宝玉和姐妹们的精神乐园。但是,大观园毕竟只是理想的存在,这座世外桃源终究不能避免世俗的袭扰。当大观园经历了如日中天,终究会归于衰落,这是《红楼梦》悲剧精神的核心所在。抄检大观园,是毁灭的开始。对于抄检事件本身,作者主要写了探春、惜春两姐妹的反应,以及晴雯、入画、司棋等丫鬟的反应,最终揪出了⑤⑤(司棋)这个罪魁祸首。

2.《红楼梦》冷知识链接

　　抄检大观园,没有人是受益者,贾府上上下下的名誉都受到了损害。王夫人本想打击晴雯,让她离宝玉远一点,但是没有抓到晴雯的把柄不说,还导致宝玉患病卧床不起;王熙凤由于加班熬夜,导致旧疾发作,很快就病倒了;探春与王夫人好不容易建立起来的关系也走向了破裂;还逼走了薛宝钗。不仅如此,这一丑闻的公开,使住在大观园里的姑娘们的尊严和清白都受到了挑战。这一事件是贾府⑤⑤⑤(由盛转衰)的巨大转折点,暗示后来贾府被抄家,最终⑤⑤⑤(走向败落)的局面。

3. 冷知识探真

　　抄检大观园时,唯一没有被抄检的是⑤⑤⑤(蘅芜苑),也就是贾府客人薛宝钗的住所。王夫人派王熙凤对大观园内的住所进行抄检,而王熙凤却因种种原因避开了对蘅芜苑的检查,说这是客人的住所。

4. 歇后语

　　纸糊的灯笼——一⑤⑤⑤(戳就破)。

　　残灯碰上羊角风——一⑤⑤⑤(吹就灭)。

1. 抄检大观园时，唯一没有被抄检的住房是 _____。

    A. 潇湘馆   B. 蘅芜苑   C. 怡红院   D. 稻香村

2. 抄检大观园暗藏了很多深层问题，下列说法中正确的是（   ）。

    A. 抄检大观园的导火索是傻大姐在大观园中拾到"绣春囊"，王夫人为此同意对园中丫鬟们进行大搜查。

    B. 抄检大观园的深层原因是邢夫人想借抄检这件事找到把柄，打击王夫人等人的势力。

    C. 抄检大观园是"人散""家败"的重要事件之一。

    D. 大观园是作者极力刻画的诗意乐园，抄检大观园意味着世俗势力对这一理想世界的彻底破坏。

3. 在抄检大观园过程中，不同的人有不同的反应：在宝玉的怡红院，有位姑娘"挽着头发闯进来，豁一声将箱子掀开，两手捉着，底子朝天往地下尽情一倒"，她是 _____。有位姑娘的屋子，王熙凤特地叮嘱"断乎检抄不得"，她是 _____。到了迎春的院子，有位姑娘被查出藏有男女私情之物，却"低头不语，也并无畏惧惭愧之意"，她是 _____。

    A. 袭人 宝钗 鸳鸯   B. 晴雯 史湘云 鸳鸯

    C. 晴雯 宝钗 司棋   D. 袭人 史湘云 司棋

4.《红楼梦》中，抄检大观园这一事件的具体策划者是谁？探春和惜春各有什么反应？

_____

_____

调包计

王夫人

老太太，宝玉最近越来越浑浑噩噩了，如何是好哇？

贾母

唉，要不给他冲冲喜，尽快成婚吧。

王夫人

好像眼下也只能这样了，只是可怜了我那苦命的儿啊。

王熙凤

依我看，我们得来个调包计。

王夫人

趁宝玉糊涂，把他和宝钗的婚事给定了？

王熙凤

拜了堂，就天下太平了。

贾母

凤丫头，这事务必不能打草惊蛇了。

《红楼梦》悬疑

※以抄检大观园为转折点，此后贾府越来越衰败。《红楼梦》八十回后，通行的版本是高鹗所续，本书即以这个版本来讲述大结局。二宝成亲可以说是这一阶段浓墨重彩的一笔，二宝究竟是如何成婚的？其间又发生了哪些事情呢？

宝玉是贾府的嫡子,贾母更是视他为掌上明珠。因此,宝玉成亲意味着他要继承荣国府的家业,过门的宝二奶奶还要承担起当家的责任。

在宝玉心中,他和黛玉从小一起**青梅竹马**地长大,最想娶的新娘就是黛玉。可是,在续书里写道,宝玉因为弄丢了一直戴着的那块玉,整个人变得越来越糊涂,以至于后来像个小傻子。为此,贾母和王夫人希望尽快给他办婚事来冲冲喜。

当时宝玉正陷入迷糊,王熙凤竟使了一招"**调包计**":就是用"宝钗代替黛玉"给宝玉做新娘。大婚那天,王熙凤告诉宝玉将娶林妹妹进门,前来成婚的却是薛宝钗。为了计策周全,还让黛玉的丫头雪雁搀扶新娘子。宝玉本来意识就不清醒,就这样与红盖头之下的薛宝钗拜了堂。而林黛玉知道此事后,病情迅速恶化。

1.刨根问底

冲喜:民间的一种迷信,让久病不愈的病人和别人结婚,用这个"喜事"来"冲掉"不好的运气,以期达到治疗疾病的目的。有时也可以让子女结婚给生病的父母冲喜。

拜堂:中国婚礼的一种仪式,又称拜天地,起源于北宋时期,一直流传至今。指新郎新娘一起参拜天地、祖先、高堂,最后是夫妻对拜。

2.引申词释义

熬油费火:意思是耗费灯油,用于形容日夜忙碌。

3.说文解字

射覆（fù）

中国民间的一种猜物游戏。在瓯、盂等器具下覆盖某一物件，让人猜测里面是什么东西。射覆也是较早的酒令游戏，在固定的规则下，以诗词咏史、对句接场的方式进行，增加饮酒活动的乐趣。

敲断玉钗红烛冷

这句诗出自宋代郑会的《题邸（dǐ）间壁》，意思是因思念远方的亲人而敲断玉制的头钗，红烛也因夜深而变得清冷。

雅谑（xuè）

意思是趣味高雅的戏谑。

4.细挖《红楼梦》

其实，关于二宝成婚，曹雪芹早在第六十二回"憨湘云醉卧芍药裀 呆香菱情解石榴裙"就已有过预示。那日，宝玉过生日，集齐一众人等，不仅处处充满了机缘巧合，而且此后再无这样齐整的相聚。

众人在**红香圃**（pǔ）内玩**射覆**的游戏，这个"射"字就是猜测的意思，玩法是一人覆（即在器具下覆盖某一物或某字），一人猜。当时，宝钗覆了一个"宝"字，宝玉想了一想，笑道："姐姐拿我作雅谑，我却射着了。说出来姐姐别恼，就是姐姐的讳'钗'字就是了。"众人问缘由，宝玉道："她说'宝'，底下自然是'玉'了。我射'钗'字，正应了旧诗'敲断玉钗红烛冷'，岂不射着了。"

"敲断玉钗红烛冷"一句中，"敲断"和"冷"将二人新婚之夜的清冷与寂寞表现得淋漓尽致，一边是红烛摇曳，一边却是烛泪纷纷，洞房里的宝玉是何等的决绝冷漠，宝钗又是何等的清冷与寂寞。这一幕恰巧也对应了蘅芜苑院内雪洞一般的清冷，这就是宝钗的婚后生活，守着窗儿，独自到天黑，令人唏（xī）嘘（xū）。

你猜是什么？

酿成大错

鸳鸯
老太太，宝二爷和林姑娘真是一对苦命鸳鸯啊。

贾母
我也不想硬生生地拆散他俩呀。

鸳鸯
谁都知道他俩从小青梅竹马，可惜呀。

贾母
可能这就是命吧。

鸳鸯
也不知道林姑娘那么纯真无邪的人，往后怎么活呀？

贾母
我这个外孙女，生来聪敏机灵，就是总爱长吁短叹。

鸳鸯
听说林姑娘病情又加重了，真让人担心哪。

《红楼梦》另类研究

※虽说宝玉对黛玉动了情，可是贾母却不赞成他俩的婚事。黛玉天生多愁善感，身体也不好，虽然聪慧机敏，但她总是长吁短叹。贾母就算真心疼惜黛玉，但是在那个时代，这样的人做儿媳，理所当然觉得不够好。另外，最重要的就是他俩并非门当户对。黛玉虽然不是小户人家，但是家底仍然没法和薛家相比。

大语文拓展

1. 人物鉴赏

《红楼梦》在续书中写到，贾母、王熙凤用调包计促成这场婚姻，可是对宝黛钗三人来说却是一个悲剧。娶亲一事让宝玉看到现实的残酷和人心的险恶，最终促使他出家，完全脱离尘世生活；黛玉的病情持续加重；宝钗知道真相后，虽然事已至此，却只能独自苦楚。

2.《红楼梦》冷知识链接

宝钗大婚之日，身为贵妃的元春送来一匹锦缎作贺礼，贾母、凤姐等人见到这匹锦缎的时候，当即大惊失色。因为这匹锦缎是之前被王熙凤和其他一些布料一起送进宫的，送礼的对象正是元春，而且凤姐还拿这匹锦缎询问过贾母的意见。这不禁让贾母联想到，元春很可能是拿不出什么像样的东西，所以只能把贾府送给自己的礼物当成"贺礼"送了回来。锦缎事件后没多久，元春便过世了。再之后，贾府就走向了被抄家的命运。

3. 冷知识探真

虽然宝钗冠压群芳、饱读诗书，而且又是当时社会好妻子、好管家的形象，可悲的是，宝玉和黛玉终究成了一对苦命鸳鸯。然而，当宝玉得知新娘不是黛玉而是宝钗时，又是何种心情呢？**鲁迅**先生在《中国小说史略》评论《红楼梦》时写道："悲凉之雾，遍被华林，然呼吸而领会之者，独宝玉而已。"意思是说，悲凉的气氛就像雾一样笼罩繁华，能随时感受这种悲凉的，就只有宝玉一人而已。

4. 歇后语

林黛玉的性子——多愁善感。
崔莺莺送郎——一片伤心说不出来。

1. 《红楼梦》中，金玉良缘指的是 _____ 与 _____ 的婚姻。

2. 《红楼梦》中，_____ 巧施"调包计"，让 _____ 嫁给 _____；黛玉得知后，病情更加严重。

3. 宝玉成家后不久，_____；宝钗最终 _____，成了悲剧性人物。

4. 《红楼梦》的通行本是一百二十回，一般认为后四十回是 _____ 所作。

5. 关于宝玉和宝钗结婚这一情节，下列说法中哪一个选项不对。（　　）

　　A. 二宝的婚姻是两个没落贵族家庭的抱团取暖。

　　B. 贾母支持凤姐提出的调包计，于是促成二宝成婚这一情节。

　　C. 在二宝成婚的那一天，黛玉香消玉殒。

　　D. 二宝成婚后，宝玉和宝钗从此过上了幸福安宁的生活。

6. 黛玉得知宝玉与宝钗成婚的消息后，她有哪些反应。（　　）

　　A. 黛玉将题诗的绢帕和诗稿统统烧毁。

　　B. 黛玉刻意糟蹋自己，甚至绝食。

　　C. 黛玉知道实情后，急得吐了一口鲜血。

　　D. 黛玉因郁积在内心无法化解的忧伤而死。

7. 《红楼梦》第九十六回，"瞒消息凤姐设奇谋"，有人戏称"奇谋"为"调包计"。请你说一说"奇谋"的具体内容。

_____

有缘无分

黛玉
今天外面怎么这么闹腾？

紫鹃
几个混小子在玩摔炮，小姐别理他们。

黛玉
我怎么听得像是有什么喜事？

紫鹃
小姐，你是睡迷糊了吧，哪有的事。

黛玉
紫鹃，你扶我到门口坐会儿。

紫鹃
小姐，门口有风，我还是陪你在这说会儿话吧。

黛玉
你们不会是有什么事瞒着我？

《红楼梦》悬疑

※在高鹗所续的版本中，宝玉和黛玉虽然有前世情盟，但是俩人终究有情无缘。当一切都已成定局，黛玉心如刀割，身体一下子就垮了。最终，黛玉带着对宝玉无尽的恨意，孤独地离开了人世。在生命的弥留之际，黛玉究竟经历了什么呢？

关于林黛玉因何而死，始终争论不休，最可靠的说法就是**林黛玉泪尽而亡**。林黛玉前世因得神瑛侍者的甘露浇灌，从而得以久延岁月。因此，为了下凡报恩，黛玉对警幻仙子道："他既下世为人，我也去下世为人，但把我一生所有的眼泪还他，也偿还得过他了。"由此看来，林黛玉大概率是因泪尽而逝。

在《红楼梦》第九十八回"**苦绛珠魂归离恨天**"，林黛玉在贾宝玉和薛宝钗成婚的时刻凄惨地告别人间，结束了她清白干净的一生。在她即将泪尽身亡之际，守在她身旁的李纨、紫鹃、探春都哭得如同泪人一般，可是黛玉竟没有一滴泪水、没有一丝哽（gěng）咽抽泣。

这位昔日的望族小姐，一扫过去的娇柔纤（xiān）弱，显得异常严肃冷峻（jùn），曾经她对爱情和幸福是那么的向往和执着。可是如今，当这些封建家长撕破了平日慈祥、和善的面纱，显露出狰（zhēng）狞（níng）的面目时，她所有的幻想都化为泡影。此时的黛玉一边口吐鲜血，一边将自己的后事托付给与她**朝夕相处**的亲人紫鹃——"妹妹，我这里并没亲人。我的身子是干净的，你好歹叫他们送我回去。"

1. 刨根问底

苦绛珠魂归离恨天：指黛玉去世。绛珠，指黛玉。离恨天，道教说的第三十三重天阙。古语有云，三十三天，离恨天最高。比喻男女抱恨长期不得相见。

2. 引申词释义

哽咽：因悲痛气塞，不能痛快地出声。

狰狞：指性情、行为或状貌十分可怕。

朝夕相处：从早到晚都在一起，形容关系非常密切。

第十一章 · 摇摇欲坠——大观园的腐朽与衰败

3.说文解字

奄（yǎn）**奄一息**

形容气息微弱,濒于死亡;也比喻事物即将消亡、湮（yān）没或毁灭。

难分伯仲

伯仲:兄弟长幼的顺序,老大、老二。比喻人或事物不相上下,难分优劣高低。也指兄弟之间美好的情谊。

4.细挖《红楼梦》

黛玉奄奄一息之际,一边是二宝婚礼的吹吹打打,一边是无人问津的寂寞凄凉。垂死挣扎的她让紫鹃找出了**题诗的旧帕子**,由于病体危急,撕不动绢子,于是用最后的力气将帕子扔进了火盆里,泪尽而逝。

"**黛玉焚稿**",其实是暗效"**伯牙绝弦**"的典故。俞伯牙、钟子期可谓世间知己,俞伯牙弹琴,钟子期便能从琴声中听出他的心声。后来,当俞伯牙听说钟子期离世的消息,自知世间再无知音,便当即拔掉琴弦,摔毁古琴,终身再没有弹过琴。

黛玉与宝玉的关系也是如此。王熙凤生日那回,宝玉偷偷出城去祭奠（diàn）金钏,旁人都以为他又跑出去疯了,只有黛玉一人知道今日是金钏的生日,宝玉专门去祭拜她。又如,在诗社活动中,黛玉和宝钗难分伯仲,甚至在李纨定下宝钗是魁首后,宝玉依然欣赏黛玉的诗词,赞其立意新、堪称绝品。这样的心灵相通,世间能有几人?

宝玉婚后才知道自己迎娶的是宝钗,而黛玉已离他而去,宝玉到潇湘馆痛哭祭奠,却已于事无补。此后每每说起黛玉,宝玉都难免哭泣。

红颜薄命

黛玉

烧掉，把它们都给我烧掉！

紫鹃

姑娘何苦自己又生气呢。

黛玉

如今姻缘无望，留着它们又有何用！

紫鹃

小姐，求你别再折磨自己了。

黛玉

宝玉、宝玉，你好……

紫鹃

烧掉了诗帕，那就是和宝二爷的爱情永诀了。

黛玉

我的泪已经流完，我的心也已枯死……

《红楼梦》另类研究

※就在贾府为宝玉和宝钗举办婚礼之际，黛玉知悉情况后，急痛攻心，一面吐血，一面焚烧了她写给宝玉的诗稿，再现了"冷月葬化魂"的场景。这题了诗的旧帕是宝玉给黛玉的定情信物，而那上面的三首诗是黛玉写给宝玉的定情诗。黛玉和宝玉原本两情相悦，只可惜宝玉的新娘不是她，所以黛玉的人生希望就此幻灭了。

大语文拓展

隐藏在红楼梦里的大语文

1.人物鉴赏

随着宝玉疯癫（diān）病的复发，贾府逐渐走向衰落，为了给贾府冲晦（huì）气，在贾政、王夫人的商议下，决定促成宝玉与宝钗的完婚，而黛玉与宝玉的"木石前盟"也不再得到贾府的认可与支持。毕竟在当时的社会背景下，"白玉为堂"的贾府与"珍珠如土"的薛府实行政治联姻，更有利于维系没落的贾府实际利益。

2.《红楼梦》冷知识链接

林黛玉出场时，曹雪芹对她的描述是：两弯似蹙（cù）非蹙笼烟眉，一双似喜非喜含情目。态生两靥（yè）之愁，娇袭一身之病。还提及她平日常吃"人参养荣丸"，可见黛玉素来身体羸（léi）弱。好在贾府那时还没有没落，贾母又极疼爱黛玉，时常派人给她送人参汤药。后来，贾府日渐衰弱，开支捉襟（jīn）见肘，给林黛玉配药都排不上日程，长时间下去，对黛玉的身体疗养影响很大，反而加重了病情。

3.冷知识探真

黛玉泪尽之后，病逝于潇湘馆。恰如她在《葬花吟》一诗中所说："未若锦囊收艳骨，一抔净土掩风流。质本洁来还洁去，强于污淖（nào）陷渠沟"。在这里，黛玉以鲜花喻己，暗示自己要保持身心的纯洁，决不能让世俗的泥淖给污染了。在她看来，鲜花原本是纯洁地来到世上，还应该让她纯洁地离去，不要教她陷落于泥沼、沟渠之中。看得出，黛玉的身上透着不与世俗同流合污的高尚品质。

4.歇后语

林黛玉葬花——情悲意冷。

胸口贴膏药——伤心。

1. 林黛玉与贾宝玉共读＿＿＿＿＿＿，然后偶然聆听十二女伶演习＿＿＿＿＿＿，于是大受感动，不觉眼中落泪。受这两本爱情教科书的启蒙，宝黛爱情开始萌芽。

2. 四月二十六日葬花，林黛玉感花伤己，吟唱＿＿＿＿＿＿。恰好宝玉寻来，听见"侬今葬花人笑痴，他年葬侬知是谁""一朝春尽红颜老，花落人亡两不知"，不觉恸倒山坡之上。林黛玉要躲，宝玉连忙赶上去，解释误会，这是宝黛＿＿＿＿＿＿诉肺腑。

3.《葬花吟》反映了林黛玉＿＿＿＿＿＿＿＿的个性，全诗充满了落花飘零、人去楼空的生命悲哀。

4. 下列对于黛玉之死的分析恰当的选项是（　　　　）。

　　A. 紫鹃是黛玉的侍女，也是黛玉的知心，林黛玉临终前，是她处处照顾、时时安慰黛玉，紫鹃是一个善良聪慧而又细心的姑娘。

　　B. 黛玉病重期间，贾府上下没有一个人来问过他，她也没有得到关怀和及时的治疗，这也直接导致了黛玉的死亡。

　　C. 黛玉临终前的一句"宝玉！你好……"倾泻了黛玉的满腹幽怨，伤痛令人流泪。

　　D. 黛玉在宝玉和宝钗结婚之日死去，她的死具有悲剧意义，也表现了人格的纯洁和对爱情的忠贞。

5. 请你简述一下林黛玉焚稿这一情节的故事内容。

＿＿＿＿＿＿＿＿＿＿＿＿＿＿＿＿＿＿＿＿＿＿＿＿＿＿＿＿＿＿＿＿＿＿

＿＿＿＿＿＿＿＿＿＿＿＿＿＿＿＿＿＿＿＿＿＿＿＿＿＿＿＿＿＿＿＿＿＿

出大事了

小厮
老爷，不好了！出事了！

贾政

慌张什么，没看到，屋里都是有头有脸的人吗？

小厮
大门被官员给封了！

贾政

什么？再说一遍？

小厮
门口的官员说，府上有人干了违法的事，要查抄！

贾政

混账东西，这是你能乱说的话吗？我去看看！

小厮
老爷，官员冲进来了！

《红楼梦》悬疑

　　※《红楼梦》里，贾府富贵繁荣，主子们整天锦衣玉食，就连丫鬟们为了享福，也宁死不想出去。其实贾府众人早就骄奢淫逸，罪恶多端，实在难容于世。在一片富贵繁华的背后是数不尽的肮脏龌（wò）龊（chuò），暗地里的堕落败坏早已将贾府腐蚀成一个空壳。查抄贾府到底发生了哪些事情？人物的命运又是如何呢？

释义故事

抄家那天，贾政正在家里宴客。他刚回京赴任不久，家里设宴接风。就在这时，突然大门被封。涉事的是贾赦，罪名是私自结交外任官员，谋反朝廷。因为当时贾政、贾赦并没分家，因此贾政也受了牵连。贾琏作为贾赦的儿子，他也跑不了。一时间，贾赦、贾琏被抓，大房被封，财物抄没，凤姐昏倒在地，全府上下乱作一团。

前文说过，由于贾府没有了稳定的经济来源，正在走下坡路，但是为了维持世家大族的名声，为了继续保持奢华的生活状态，哪怕日落西山，也要勉力支撑，于是贾府的有些操作就触犯了皇家的大忌，这就为被查抄埋下了祸根。比如，贾赦干扰衙门的正常的运作，这件事在当时可是大罪过，绝对不是贾赦这种有世袭官爵的人应该做的事情，所以事发时，他对自己的所作所为才会一言不发。

1. 刨根问底

抄家是一种对罪人的惩罚，把罪人的家产充公，把家人抓起来、流放边地或贬为奴。曹雪芹小时候就经历过抄家，当时雍正皇帝收缴了曹家的财产，导致家族由盛转衰。这段过往的经历对他《红楼梦》的创作或许也有一定影响。虽然贾府抄家的内容出现在续书中，但曹雪芹的原文里也有这一部分。

2. 引申词释义

接风：接待亲友的一种礼仪，为交际风俗，即设宴款待远来或远归的人。

日落西山：意为太阳快要落山，形容人到老年将死或事物接近衰亡。

衙门：是旧时官吏办事的地方，也比喻官僚机关。

3.说文解字

悉数

指——列举细说;全数、全部。

包揽词讼

意思是指招揽承办别人的诉讼,从中谋利。词讼,法律诉讼。

树倒猢（hú）狲（sūn）散

树倒了,树上的猴子就散去。比喻有权势的人一垮台,依附他的人就跟着散伙了。猢狲,泛指灵长类动物,特指猕猴。

惊弓之鸟

原义是指被弓箭吓怕了的鸟不容易安定;后比喻经过惊吓的人碰到一点动静就非常害怕。

4.细抠《红楼梦》

眼看荣府这边被吓得上下没了主意,谁知宁府那边的情况更严重。贾敬因为修仙悟道,不理家事,将家中生计悉数交给贾珍、贾蓉,以致贾珍骄奢淫（yín）逸,闹出事来,毁掉了宁国府。原来是贾珍犯了领着世家子弟**聚众赌博**,**包揽词讼**（sòng）,还有逼抢良民之妻为妾等多项罪名。结果,贾珍和贾蓉被抓走了,尤氏等内眷（juàn）也被关了起来,值钱的财物被抄出来,另外一些东西也被打得破烂。

一时间,宁荣两府前四代之力打拼建立起来的家业,说垮下就垮下,贾家宁、荣二府世袭的爵位被削去了,府中银库及财宝一并失去。俗话说,**打江山易**,**守江山难**,贾家先祖拼下来的家业,却没有一个能挑大梁的人来守住。树倒猢狲散,贾家一朝倾覆,可谓万劫（jié）不复,那些依靠贾家而生存,背靠大树乘凉的人,如惊弓之鸟,四下逃窜。不得不说这是一种悲哀。

贾府一败涂地

贾母
唉，养不教母之过啊！

王夫人
老太太，您别自责了，保重身体要紧。

贾母
你们都说我是主心骨，现在家族一败涂地，我有罪啊。

王熙凤
又不是一败涂地，俗话说，物极必反，往后兴许就好转了。

贾母
是我把你们给宠坏了，要不也不会付出这么惨重的代价。

王夫人
教子失败是我的错，我也有责任。

王熙凤
怎么说得跟检讨大会似的，当务之急是想想往后日子该怎么办。

《红楼梦》另类研究

※当贾家遭遇抄家覆亡的结局，贾母这位睿智的老祖母，又该为家族的败亡负什么样的责任呢？贾母嫁进贾家时，正是宁荣二公最鼎盛的时期，贾府位极人臣，富贵无比。但是到了贾母儿子这一代，鼎盛的贾家轰然倒塌。贾母每天只知享乐，对家族衰败视而不见。不得不说，在贾家衰败一事上贾母负有重要的责任。

大语文拓展

1. 家族鉴赏

《红楼梦》里,几乎所有的故事,都围绕贾府发生。贾府是在当时社会上很有地位的一个贵族宅院,分为宁国府和荣国府两部分。然而,贾府曾经有多辉煌,如今就有多衰落。一个家族要想屹立不倒,自然要懂得居安思危,而不是任由后人胡作非为。而贾府的败亡,也暗示了故事中的各个人物接下来悲惨的人生舛(chuǎn)途。

2.《红楼梦》冷知识链接

其实,贾家被抄家之前,早已入不敷出。比如,元妃省亲一事,凤姐和贾琏就背地里抱怨银子"哗哗哗"地花出去。贾蓉也说:"再两年再省一回亲,只怕就精穷了。"而且平常日子里,主子们的开销用度也是肆意挥霍。凤姐吃一顿饭,要摆一桌子的酒肉,很多饭菜动都没动一下,就全撤了下来;贾府主子们身边的丫鬟也是一个比一个多,仅宝玉身边就有十几个丫鬟伺候着。

> 银子花得太快了!

> 说没就没了!

3. 冷知识探真

贾府的衰败也是必然的,原因之一就是遭到皇上的忌惮(dàn)。贾家以前深受皇帝的庇(bì)护,难保不会骄横跋(bá)扈(hù),再加上四大家族之间的互相扶持,更是不把现任皇帝放在眼里。典型事例就是秦可卿的丧葬,在这件事上,贾府的大张旗鼓无疑更是惹怒了皇上,成为皇帝心中忌惮的对象,自然会将其除之而后快。

4. 歇后语

> 鸡飞蛋打——一切都完。
>
> 戳破了的灯泡——冒火。

1. 秦可卿的判词里说："漫言不肖皆荣出，造衅开端实在宁。"意思是说，贾府的衰败是从_____开始的。

2. 下面哪些原因导致贾府被抄家。(   )

　　A. 子孙不争气，德与行都托不住祖宗创下的基业。

　　B. 贾元春在宫中失势，又毫无征兆地毙命，贾府失去宫中的靠山。

　　C. 贾雨村为了升官发财，在背地里进行了告发。

　　D. 贾府窝藏犯官的财物，这是欺君罔上的重罪。

3. 关于贾府被查抄的描述，与原文相符的是(   )。

　　A. 贾家正在家中设宴，忽然来了几位官老爷，把贾赦的家产都查抄了去。

　　B. 贾赦、贾珍等人平日倚财仗势，欺压百姓，被皇上派锦衣官查抄，革去世职。

　　C. 查抄贾府的过程中，凤姐历年盘剥的银子，一朝俱尽。

　　D. 在贾琏房中，抄出两箱房契、地契和高利贷借票。

4. 通过查抄贾府这件事，揭示了哪些问题？(   )

　　A. 贾府从繁盛走向衰败，反映了封建社会的日趋衰亡。

　　B. 元春是贾家最大的政治靠山，她的命运也预示着贾府的衰亡。

　　C. 揭示了贾府主子们的罪行，以及封建统治集团黑暗腐败的面貌。

5. 请简述一下查抄贾府的故事。

压箱底的老存项

贾政
老祖宗，这就是府上所有的家业了。

贾母
这是要寅吃卯粮吗？

贾母
鸳鸯，把我压箱底的箱子拿来。

贾政
老祖宗，那可是您的养老钱哪。

贾母
这都什么时候了，一家老小连口粮都快吃不上了。

贾政
老祖宗，是儿不孝，让您跟着过苦日子了。

贾母
我的时日不多了，你们好自为之吧。

《红楼梦》悬疑

※自从贾府被抄家后，贾家的事情就接连不断：贾母分给各房家产后寿终正寝，王熙凤主持丧礼，吐血病倒，众人对王熙凤指指点点、说三道四……是伶牙俐齿的王熙凤主持贾母的葬礼不上心？还是贾府因抄家一蹶不振，根本不可能和昔日同日而语呢？这期间究竟发生了哪些事情呢？

释义故事

　　贾府被查抄后，贾赦和贾珍被削了世袭的官爵，各自发配边疆。再加上，此前宝玉已经疯疯癫癫，这接连不断的事，让贾母倍受打击，而抄家事件更是让她惊惧万分。作为贾家定海神针的贾母，可以说是亲眼见证贾家由盛转衰，当她问到贾政家里抄没的情况，以及土地、田产还剩多少时，这才知道贾家早已 寅（yín）吃卯（mǎo）粮。

　　此时的贾府除了贾政还有收入，其他人完全就是 坐吃山空。贾母一听，泪流不止，唤来鸳鸯，把自己仅剩的私房钱和金银器物，全都开箱倒出来，分给各房儿孙。接着，又命贾政散去部分仆妇众人，田亩该卖的卖、该留的留。其实在此之前，贾府已经时不时暗中窥伺贾母的财物，老太太对此也是睁一只眼闭一只眼。

　　贾政等人一边听命贾母的安排，一边跪地不起，众人都觉得无地自容。此后皇帝开恩，将荣府的爵位给了贾政承袭，贾母虽然 强颜欢笑，但身体明显撑不住了。不久，一病不起，驾鹤而去。鸳鸯没了老太太的保护，又看到贾家如此衰落，越想越悲伤，最终上吊自尽。

1. 刨根问底

　　寅吃卯粮：十二地支中寅排在卯前面，意思是指寅年吃了卯年的粮食。比喻经济困难、入不敷出，提前支用了以后的收入。

2. 引申词释义

　　坐吃山空：意思是只坐着吃，山也要空，指光是消费而不从事生产，即使有堆积如山的财富，也要耗尽。

　　强颜欢笑：意思是心里不畅快，但脸上勉强装出喜笑的样子。强：勉强。

3.说文解字

口齿伶俐

意思是谈吐麻利,应付自如;比喻说话流畅,能言善道。

贪赃枉法

贪赃:官吏接受贿赂;枉法:歪曲和违背法律。指贪污受贿,违法乱纪。

赤字

指经济活动中支出多于收入的数字,因簿记上用红笔书写,故称赤字。

甄家

甄家与贾家是故交,又有亲眷关系,也是金陵人,但是甄家并不在"四大家族"之列。不过,家底比贾家还要富足。贾家抄检大观园之前,江南甄家突然传来抄家的消息。

4.细挖《红楼梦》

贾府被抄之前,王熙凤可以说是府上数一数二、口齿伶俐之人,可是抄家一事,对她的影响也是极大的。首先,凤姐积攒了许多年的几万两银钱全部被抄没;其次,她假借贾琏之名,背负了贪赃枉法的罪名,甚至还涉及两条人命;而且她还在明知贾府财政赤字的情况下,通过早领晚发月银的方式,派人在外面放高利贷。另外,江南甄家被抄,王夫人私下窝藏甄家财物,而罪责全算到了王熙凤的身上。这一宗宗与她有关的祸端,不仅导致贾家财政亏空,而且还给贾府埋下了抄家的隐患,作为管家的凤姐,的确负有很大的责任。

而且,此时的凤姐早已跟贾琏不再是夫妻,贾琏对她心灰意冷,不闻不问,再加上贾母去世,凤姐更是失去了最大的保护伞。结果,凤姐因之前生气、劳累而落下的病都集中在一起发作了。

久病缠身的她,本来就要强能干,可是现如今精力、体力都不如从前,不光太太们埋怨她把老祖宗的丧礼办得不周到,就连下人们都会对她指指点点,这一切,让凤姐又气又急,最后竟然吐血病倒了。

风光一世，结局凄凉

王熙凤
> 刘姥姥来了，快屋里坐，现在只有您还惦记着我。

刘姥姥
> 我要是不来，良心就让狗给吃了。

王熙凤
> 唉，您也看到了，我的日子恐怕不多了，今儿有一事相求。

刘姥姥
> 奶奶快别这么说，您是我的恩人，奶奶的事就是我的事。

王熙凤
> 巧姐还小，今天您无论如何都得收她作干女儿。

刘姥姥
> 奶奶啊，这可是我上辈子修来的福哇。

王熙凤
> 有姥姥这句话，我就算是死，也能瞑目了。

《红楼梦》另类研究

※刘姥姥听闻贾母去世，急忙从乡下赶过来。与前两次进大观园不同的是，如今的贾府已经彻底衰落，贾府被抄家、贾母去世、凤姐重病……病中的王熙凤还托刘姥姥认巧姐当干女儿，在把女儿交给刘姥姥后不久，她就命丧黄泉了。可悲的是，凤姐的丧礼根本没有钱办，还是平儿拿出她的私房钱给凤姐办了丧事。

大语文拓展

1.人物鉴赏

一直以来,贾母和王熙凤都是贾府里春风得意的人物,王熙凤更是威风八面,把个荣国府治理得服服帖帖。然而,随着贾府运势的衰退,王熙凤再无往日的长袖善舞,应付自如,只能勉强硬撑,贾母亡故,更是让王熙凤积劳成疾、病倒在床。

2.《红楼梦》冷知识链接

王熙凤在《红楼梦》办过两次丧礼,一次是秦可卿的,风光排场,众人称赞。另一次是贾母的,可是贾母的葬礼却非常(冷)(清)(寒)(酸)。其实,贾母对自己的后事早有考虑,为自己预留了一笔可观的安葬费,可是却办得一团糟。原因主要有:贾政担心刚被抄家,不主张大操大办;王夫人对王熙凤高调嚣张的作为不满已久,如今失去了贾母这座靠山,就会处处为难,不给她颜面;邢夫人有意报复、处处挟制,就是想看她的笑话;王熙凤一贯骄横,树敌太多,仆人们都恨她,而且此一时彼一时,众人群起攻之,巴不得让她出丑。

3.冷知识探真

古人关于"死"有很多说法,比如,皇帝去世叫作(驾)(崩),意思是说皇帝是国家的支柱,皇帝死了,支柱就崩塌了。与帝王的死有关的称谓还有很多,比如宾天、升霞、晏(yàn)驾、星驾等。皇帝的子民死了,说法也不一样。《礼记》是这样记载的:"天子死曰崩,诸侯曰薨(hōng),大夫曰卒,士曰不禄,庶人曰死。"可见在中国古代,不同阶层的人依据其不同的身份,"死"的说法也各有不同。

4.歇后语

狗熊跑到戏台上——(当)(面)(出)(丑)。

矮子坐高凳——(上)(下)为(难)。

1.《红楼梦》中，有一个女子，她模样标致，语言爽利，心机极深细，但"机关算尽太聪明，反误了卿卿性命"，这个人是_____。

2. 下列有关《红楼梦》小说情节的描述中，不能体现贾府必定走向衰亡的这一结局的一项是（　　）。

　　A. 贾敬和贾赦从来不想着如何为家族做贡献、为子孙做表率。

　　B. 贾珍和贾琏，做尽礼崩乐坏、倒行逆施之事，招致抄家之祸。

　　C. 宁荣两府贪图过豪华奢侈的生活。

　　D. 探春是嫡女，精明有才干，能够挽救贾府的衰败。

3. 下面哪些情节，加剧了贾家入不敷出、寅吃卯粮的窘境。（　　）

　　A. 贾家为了准备迎接元春省亲，光银子就花费了两三百万。

　　B. 贾府一年到头有摆不完的盛筵，吃不完的酒席，花钱如流水。

　　C. 贾府主仆上千人，每年开销小十万银子都打不住。

　　D. 贾府太太、小姐们每月的脂粉钱也是一笔不小的数目。

4. 王熙凤做过很多为人所不齿的"恶行"，哪些事件可以说明这一行为？（　　）

　　A. 王熙凤设计害死了本族兄弟贾瑞。

　　B. 贾琏偷娶尤二姐，王熙凤得知后，对她百般凌辱，还逼其自杀。

　　C. 用贾府的钱放高利贷，填补自己的花销。

　　D. 刘姥姥两次到贾府，都得到了王熙凤的善待。

只有林妹妹最懂我

宝玉

甄宝玉？这世上还有跟我名字相似的人？快让我见一见。

宝钗

他和你的脾气、性格、志趣都非常相似。

宝玉

莫非我们会成为知己？

宝钗

多结交一些仕途上的人，对你以后的发展会有帮助。

宝玉

哼，又是这一套，我最不爱听别人跟我说这些！

宝钗

甄宝玉在仕途经济上学问很深，你多和他交流交流。

宝玉

你们都来骗我！只有林妹妹最懂我，只可惜……

《红楼梦》悬疑

※宝玉自从丢了玉，神志愈发糊涂，就算娶了宝钗也并没有好转。毕竟宝玉一贯特立独行，在他的心里，只有林黛玉这个知己才是他最值得珍惜的人。面对生活的巨大挫败，宝玉的心里充满了失望和孤独感。这也是他出家的主要原因，而宝钗的命运又将如何呢？

前文提到,江南甄家和贾家是 世交,甄宝玉是甄家的公子哥,宝玉见了他,以为会和自己成为知己,却发现甄宝玉热衷谈论仕途经济。宝玉悲从中来,一时神志不清。众人见宝玉又开始 疯癫,担心不已。

就在这时,来了一个癞头和尚,手中捧着宝玉丢失的那块玉。众人觉得这是喜事,却只有宝玉知道发生了什么。转瞬,宝玉又来到太虚幻境,领悟了家族的命运,从此 了却尘缘,只等时机一到就出家为僧。

不久后,宝玉开始 苦读八股,当年便和贾兰一起参加了科举考试。然而,就在家人苦苦等待他们 凯旋时,却只等回了贾兰,还大哭着说,宝玉丢了。于是,贾家四处寻找,终于在南方某处的一个河边渡口找到了宝玉,但眼前所站之人竟然光着头,穿着大红猩猩毡(zhān)的斗篷,只倒头拜了四拜。正待众人要追上他时,他却没了踪影。

1. 刨根问底

了却尘缘:了断世俗的关系。"尘"字在佛教里指现实世界,如"红尘",指的是繁华热闹的社会。

僧:出家修行的男性佛教徒,和尚。

八股:明清科举制度的一种考试文体,要求文章必须由规定的八个段落组成。现在常用来比喻空洞死板、不切实际的文章、讲演等。

2. 引申词释义

世交:指两家上一代或是数代之间有交情。反义词是世仇。

凯旋:凯旋指战争获胜,军队奏着得胜乐曲归来,泛指获胜归来。

3.说文解字

功名

旧指科举称号或官职名位。泛指功业和名声。

五味杂陈

指各种味道混杂在一起,形容感受复杂而说不清楚。五味,泛指各种味道。

一败涂地

原指一旦失败就肝脑涂地,形容失败到了不可收拾的地步。

暴毙

突然死亡。带有感情色彩,含贬义。

戏子

古时候对职业戏曲演员的称呼。从业者社会地位低下,被人视为玩物,没有人身自由,含贬义。

4.细挖《红楼梦》

宝玉想娶的人明明是林黛玉,可是却和宝钗拜堂成了亲。之后宝玉就**时而清醒**,**时而糊涂**。而宝钗呢,在宝玉最糊涂的时候,冒充林妹妹成了亲,却没有人问过她愿不愿意。宝钗嫁到贾府后,宝玉本就没有功名,又不会赚钱养家,可以说,她几乎没有过过一天好日子。眼下,宝玉又出家为僧,就算科举放榜之日,高中第七名,宝钗心里也是**五味杂陈**。

眼下的贾府简直就是一败涂地,家中哥哥又被判死罪收监,嫂子大闹家宅后竟暴毙。想想看,昔日的宝钗是那么一个沉静自持的高贵女子,今天还得承载这么多悲伤的遭遇。而袭人呢,本来已经确定要给宝玉当小妾,可是宝玉出家为僧,她也只好听从家里的安排,嫁给戏子蒋玉菡。

劫后余生

贾赦
皇恩浩荡，感激涕零啊！

贾珍
唉，往后得洗心革面，痛改前非了。

薛蟠
老天爷啊，真没想到我的这条命还能捡回来。

贾雨村
我被贬为庶民，大难不死呀。

贾赦
皇恩在上，黄土在下，从今往后，上报国家，下安百姓。

贾珍
咱哥几个，余生得好好做人哪。

《红楼梦》另类研究

※续书里，贾府留下了一线生机。宝玉和贾兰叔侄俩，科举考试都中了，宝玉的考卷更是让主考官大悦。皇帝仁慈，下旨大赦天下，贾家有了最后的希望。贾赦接到大赦的旨意，得以回家；贾珍蒙恩免了罪；犯了死罪的薛蟠被花钱赎出；犯了罪的贾雨村革了官位，被贬为民。《红楼梦》的故事就此完结。

大语文拓展

1.人物鉴赏

贾宝玉最终还是迎娶了薛宝钗,只是在成亲后,他对林黛玉仍有眷恋。如薛宝钗的红楼梦判曲《终身误》中所唱:"……空对着,山中高士晶莹雪;终不忘,世外仙姝寂寞林。叹人间,美中不足今方信:纵然是齐眉举案,到底意难平。"此时的宝玉受尽了人间的世态炎凉,但最终还是放弃了薛宝钗,选择出家为僧。

《终身误》

都道是金玉良缘,俺只念木石前盟。空对着,山中高士晶莹雪;终不忘,世外仙姝寂寞林。叹人间,美中不足今方信,纵然是齐眉举案,到底意难平。

2.《红楼梦》冷知识链接

千金小姐史湘云的命运也是挫折不断,令人心疼。她嫁给卫家的公子卫若兰,夫妻和睦,美满幸福。可是人生无常,卫公子突然得了暴病,医治无效,年纪轻轻就命丧黄泉,结果史湘云一个人孤独终老。

3.冷知识探真

《红楼梦》自问世以来,有很多版本:一是脂本,即由笔名是脂砚斋的人评语的各种版本,从头到尾品读《红楼梦》原本,同时给曹雪芹的创作提供意见,曹雪芹会根据意见进行修改。二是程本,也叫程高本,分为程甲本和程乙本,以及一些翻刻本。这一版本由程伟元、高鹗编辑、续写之后集合出版而成。另外,还有绘画插图本,由清代及现当代大家对《红楼梦》进行评、序,并绘制绣像、插图的版本。

4.歇后语

大小乔嫁人——孤独终老。

绣球里面藏红豆——暗里相思。

1. 元春省亲时，黛玉替宝玉创作了一首《杏帘在望》："杏帘招客饮，在望有山庄。菱荇鹅儿水，桑榆燕子梁。一畦春韭绿，十里稻花香。盛世无饥馁，何须耕织忙。"元春看到这首诗十分开心。关于元春开心的原因，以下分析**不正确**的是（　　　）

　　A. 读到诗中的太平景象，因此开心。

　　B. 发现黛玉替宝玉写诗，为二人感情和睦而开心。

　　C. 认为宝玉文采有所长进，因此开心。

　　D. 在其他很平庸的作品里，发现了一首佳作，因此开心。

2. 下面有关《红楼梦》情节的描述，不正确的一项是（　　　）。

　　A. 宝玉在经历了黛玉之死、误娶宝钗、抄家等一系列人生变故后，心灰意冷，斩断尘缘出家做了和尚。

　　B. 宝玉出家为《红楼梦》中的重要情节之一，讲述了宝玉经历大起大落的感情后，看破红尘之后的事情。

　　C.《红楼梦》中，不只宝玉一人出家，还有迎春、甄士隐、紫鹃等人。

　　D. 宝玉与薛宝钗完婚后不久，义无反顾地选择出家做了和尚。

3. 请你简述一下宝玉出家的故事。

_____

4. 在《红楼梦》第六十二回，宝玉过生日，群芳开夜宴。行酒令射覆游戏中，香菱引李商隐《残花》的诗句"宝钗无日不生尘"，笑说宝钗名字的出处原在唐诗上。请你分析曹雪芹这样写有何用意？

_____

_____

第十二章

奇幻红楼

——解码大观园里的秘闻

吓得心脏扑通扑通

板儿
奶奶，快看，那儿有个怪物！

刘姥姥
不知道别瞎说，奶奶家怎么会有怪物，不过到处是稀奇玩意儿。

板儿
奶奶，那个秤砣一样的东西，晃起来了。

刘姥姥
这到底是个啥玩意儿呢？看得我心扑通扑通的。

板儿
不好，地震了！奶奶，快跑！

刘姥姥
奶奶呀，吓死我了，摸摸头，摸摸头，长命百岁！

《红楼梦》悬疑

※《红楼梦》中，贾府作为"诗礼簪(zān)缨(yīng)之族，钟鸣鼎食之家"，其生活起居自然非同凡响。很多器物不仅精美绝伦，而且价值不菲(fēi)，不仅展现了一个时代的文化背景，而且很多器物还贯穿了许多情节，成为不可或缺的线索。

释义故事

(挂)(钟)是大家都非常熟悉的生活物品之一,但是早在《红楼梦》那个时代,这种颇有现代感的物品就已经成为大户人家的日常摆设。在 "贾宝玉初试云雨情 刘姥姥一进荣国府" 一回,曾这样描述:

刘姥姥只听见咯当咯当的响声,大有似乎打箩柜筛面的一般,不免东瞧西望的。忽见堂屋中柱子上挂着一个匣(xiá)子,底下又坠着一个秤砣(tuó)般一物,却不住的乱晃,刘姥姥心中想着:"这是什么爱物儿?有甚用呢?"正呆时,只听得 "当" 的一声,又若金钟铜磬(qìng)一般,不防倒唬得一眨眼,接着又是一连八九下。

这个让刘姥姥感到神奇莫测的物件就是挂钟,确切地说叫(西)(洋)(自)(鸣)(钟)。然而,就在刘姥姥正不知道它是做什么用时,只见钟摆锤突然乱晃起来,还发出 "当" 的一声震响。刘姥姥不禁被吓了一大跳,心中忐(tǎn)忑(tè)不安,整个人瞬间手足无措。

1. 刨根问底

西洋自鸣钟从明朝万历年间陆续传到中国,开始为宫廷御用,清朝前期则是达官显贵必备的奢侈品。从西方传来时,有三种形式:一为挂钟,二为座钟,三为怀表。刘姥姥看到这一款是挂钟,需要挂在墙上或者柱子上。当年贾家已经普及这种自鸣钟,几乎每房都有几座。

2. 引申词释义

(堂)(屋):传统中国民居中的礼仪空间,一般设在房屋中间,又称客堂。因平时敞开,有的地区又称 "明间"(卧室则称 "暗间")。多用于尊祖敬神、祭天拜地、婚丧寿庆、趋吉避凶。

(忐)(忑)(不)(安):忐忑:心神不定。形容心神非常不安。

3.说文解字

夔（kuí）**龙**

神话传说中的单足神怪动物。也指相传舜的两位臣子的名字，夔为乐官，龙为谏官。或指古器物上的夔龙纹饰。

短榻（tà）

低矮的卧榻。本意是指狭长而较矮的床形坐具，泛指床。

引枕

意思是一种圆墩形的倚枕。

皮褥（rù）

意思是用毛皮做的垫褥。

洋巾

指西洋细布做的手巾。

4.细抠《红楼梦》

和挂钟一样，**眼镜**在《红楼梦》中的出现也让你我又一次大开眼界。贾母不仅有近视镜，还有远视镜，堪称荣国府的"双镜老太婆"。

在《红楼梦》第五十三回"宁国府除夕祭宗祠，荣国府元宵开夜宴"中，曹雪芹向我们展示了贾母的近视镜。当日荣国府正举办一次夜宴，在东边单设一席，乃雕**夔龙护屏矮足短榻**，榻上靠背、引枕、皮褥一应俱全；还摆着一个轻巧洋漆（qī）描金小几，几上摆着茶碗、漱盂（yú）、洋巾之类，有趣的是，几上一角，还放着一个小巧精美的眼镜匣（xiá）子。

当时，贾母正歪在榻上，和众人说笑，没一会儿工夫，只见她取出眼镜向戏台看去，还说："恕（shù）我老了骨头疼，容我放肆些，歪着相陪罢。"贾母看远处戏台上的表演，用的是近视镜，而看眼前的红楼女儿们，则用的是远视镜，也就是中老年常用的老花镜。

演得真好！

这姑娘可真俊

贾母
琴姑娘，那个女孩儿，又是谁呢？

宝琴
老祖宗，您说的是哪个女孩啊？

贾母
就是那个身披大红猩毡的花姑娘，看起来还挺俊俏呢。

宝琴
老太太，那是宝玉。

王熙凤
老祖宗，您是看花眼了吧，哈哈。

贾母
鸳鸯，快把我的眼镜拿来，离了它，还真是老眼昏花啊。

《红楼梦》另类研究

※有一次，宝琴踏雪寻梅，贾母见了，被她的貌美如花所吸引。众人说宝琴像仇（qiú）十洲画的《艳雪图》里的美人。贾母摇头笑道："那画的哪里有这件衣裳，人也不能这样好。"一语未了，宝琴身后又出现了一个披大红猩毡（zhān）的人。贾母好奇这漂亮女孩是谁家孩子，众人听了，不由得大笑起来。

1.名物鉴赏

说起《红楼梦》中的时尚物件,真是数不胜数:黛玉的(红)(香)(羊)(皮)(小)(靴)(子),宝玉的(雀)(金)(裘)(qiú),还有(香)(囊)(儿)、(扇)(坠)(儿)、(玉)(佩)(玉)(珏)(jué)、姑娘们的(胭)(脂)……每一样放到今日,其精致做工,不菲价值,都会让人咋(zé)舌不已。当然从这些小物件,也可见贾府还真担得起"钟鸣鼎食"之家的名头。

2.《红楼梦》冷知识链接

(荷)(包)是《红楼梦》记载的物件之一,在第四十二回,鸳鸯把贾母的赏赐拿给刘姥姥看,最后从两个荷包里掏出银锞(kè)子,这里的荷包装的是(金)(银)(锞)(子)、钱币。荷包还可以装香料,如散香、香饼子等,又叫(香)(袋)(或)(香)(囊)。荷包在古代还可以演化成男女定情的信物。当时林黛玉将自己亲手做的荷包送给贾宝玉,即是一种情投的暗示,宝玉收下佩戴,意味着二人心意相通。这个荷包也是林黛玉送给宝玉的第一件礼物,而林黛玉是芙蓉花,俗称又是荷花,寓意显而易见。

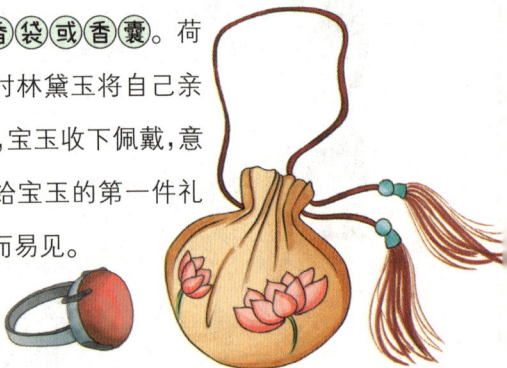

3.冷知识探真

有一回,湘云不知从哪里弄来一大堆(绛)(jiàng)(纹)(石)(戒)(指)。一回送给黛玉等主子姑娘们,一回亲自用手帕装了四个,送给袭人等几个大丫鬟。绛纹石戒指就是我们现在常说的石榴石,之所以叫绛纹,是因为底色为红色,间以杂色条纹。这绛纹石戒指虽然价廉,想来也十分好看,否则见惯了世间珍宝的宝玉也不会一见湘云便道:"什么好的? 你倒不如把前儿送来的那种绛纹石的戒指儿带两个给她。"

4.歇后语

两口子唱戏——(一)(唱)(一)(和)。

姑娘绣荷包——(专)(心)(致)(志)。

1.《红楼梦》中出现了许多小物件，在推进情节方面起了一定作用，其中与宝玉、黛玉的情感发展无关的物件是（　　）。

    A. 手帕　　　　　　B. 金锁　　　　　　C. 金麒麟　　　　　　D. 戒指

2.《红楼梦》中人物的配饰很有讲究，宝玉佩戴的是（　　），薛宝钗佩戴的是（　　），史湘云佩戴的是（　　）。

    A. 金麒麟　　　　　　　　B. 通灵宝玉　　　　　　　　C. 金锁

3.＿＿＿是元妃送给贾宝玉和薛宝钗的，两人各一串，想让他俩喜结连理，但是贾宝玉却未遂她愿。

    A. 红麝(shè)串　　　　B. 香袋　　　　C. 香念珠　　　　D. 金项圈

4. 红楼梦里多处写到扇子，下面哪些情节描写与扇子相关。（　　）

    A. 宝钗扑蝶　　　B. 晴雯撕扇　　　C. 贾赦夺扇　　　D. 靓儿寻扇

5. 红楼梦里，汗巾子是一种常见物件，以下对其描述正确的是（　　）。

    A. 汗巾子就是常说的手帕，大观园的小姐们都会随身携带一块。

    B. 宝玉派晴雯给林黛玉送手帕，黛玉情不自禁写下《题帕三绝》。

    C. 手帕虽然是古人贴身之物，但是可以随意赠给他人。

    D. 帕被当作定情之物，也正源于其隐私的寓意。

6.《红楼梦》中，许多情节都出现了"手帕"，请选择一个情节，简要概述一下，并说明手帕在其中的作用。

_____

_____

金陵十二钗之谜

贾宝玉

这是什么地方？我怎么会在这里？你是谁？

警幻仙姑

宝玉，欢迎你来到太虚幻境，我是专管薄命司的女神。

贾宝玉

太虚幻境？薄命司？我不会是在做梦吧。

警幻仙姑

你没有做梦，看看你手里拿的，这是"金陵十二钗"册子。

贾宝玉

金陵十二钗？这些女子到底是谁呢？

警幻仙姑

她们是你身边的十二位貌美女子，可惜都是苦命人，因而入得太虚幻境薄命司。

《红楼梦》悬疑

※提到《红楼梦》，就一定绕不开"金陵十二钗"，她们个个都是貌美如花的女子，只可惜每个人都有着不同的悲剧人生。当然，金陵十二钗的排序也很有意思，看似杂乱无章，实际上却有迹可循。你知道金陵十二钗的排序究竟隐藏着怎样的秘密吗？

释义故事

《红楼梦》的金陵十二钗指的是《金陵十二钗正册》包含的十二个女子，她们在册中的排列顺序是：林黛玉、薛宝钗、贾元春、贾探春、史湘云、妙玉、贾迎春、贾惜春、王熙凤、贾巧姐、李纨、秦可卿。

曹雪芹先把贾府四春分为两部分，一部分是元春、探春，一部分是迎春、惜春；还把探春排在迎春的前面。更令人不解的是，居然把王熙凤这个非常重要的人物放在了第九的位置。对于这个排序，很多人一直百思不得其解。这个顺序虽看似难以捉摸，其实却有迹可循。

要想理解这个排序要从宝玉说过的一段话来切入："女孩儿未出嫁是颗无价宝珠，出了嫁不知怎么就变出许多不好的毛病儿来；再老了，更不是珠子，竟是鱼眼睛了！"可见，在宝玉心中，女性分三个层次，最高的是未出嫁的女孩，接着是虽出嫁但未老的女子，最后是年老的女人。不过，这个看法却不能当着王熙凤、李纨说。

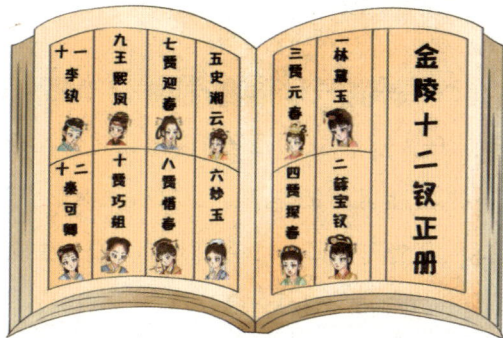

1.刨根问底

排在王熙凤之前的女子，几乎都是未婚女孩，而元春除外。因为元春和宝玉从小生活在一起，那时她还是一个未出嫁的女孩，也就是说，金陵十二钗的前八位都是作为未婚女孩陪伴宝玉一起成长的女子。

2.引申词释义

百思不得其解：形容对事情感到十分意外或不可思议，也比喻对事情百般思索也没有结果。百，多次；解，理解，解释。

耐人寻味：形容意味深长，值得仔细体会思索。

3.说文解字

世外仙姝寂寞林

世外仙姝：指林黛玉本为绛珠仙子。姝：美女。寂寞林：写明黛玉孤独死去。

山中高士晶莹雪

山中高士，指宝钗，喻其清高、洁身自好。雪：即"薛"的谐音，指宝钗，兼喻其冷。

4.细抠《红楼梦》

那么，对于陪伴宝玉一起长大的八个女子，又是按什么顺序排列的呢？首先，林黛玉与薛宝钗和宝玉的关系是最近的，一个是灵魂伴侣，是宝玉始终不忘的世外仙姝（shū）寂寞林；一个是和宝玉有着肌肤之亲，宝玉曾经夜夜面对的山中高士晶莹雪。

第二对是贾元春和贾探春，元春是宝玉一奶同胞的亲姐姐，比宝玉大十一二岁，两人既为姐弟，又似母子。宝玉正式进入私塾前，所读的书、所学的字都是元春教的。探春是宝玉同父异母的三妹妹，虽然和宝玉不是一母所生，但是她的容貌、气质、才华和宝玉都有相似之处，所以他俩不是亲生胜似亲生。

另外，排在元春和探春后面的不是迎春、惜春，而是史湘云和妙玉。史湘云和宝玉从小青梅竹马，即使黛玉来到贾府后，两人的关系也未受影响，他俩一起烤鹿肉的情节就是最好的例证。而且史湘云还是贾母的娘家人，从小就被接到贾府，由贾母亲自照顾抚养。妙玉名字中的"玉"字，已经注定她和黛玉一样，与宝玉有着不解之缘。

哇！好香！

再来点料！完美！

一切都是命运，终究已注定

宝玉
常听人说，金陵极大，怎么这个册子只记录了十二个女子？

警幻仙子
金陵女子固然多，不过择其紧要者录入罢了。

宝玉
也是，单我们家里就几百个女孩，要是都录入，得多大的工程。

警幻仙子
除了正册、副册、又副册，其他平庸无奇之辈是不可能被录入的。

宝玉
怎么林妹妹在正册里？还有云妹妹，宝姐姐……

警幻仙子
不足为奇，这都是这些姑娘们前世今生注定的结局。

宝玉
什么破烂东西，都是瞎说的，扔掉，快扔掉！

《红楼梦》另类研究

※贾宝玉游太虚幻境，看见"金陵十二钗正册"的封条时，对为什么只有十二个女子感到疑惑。其实，"金陵十二钗"有正册、副册、又副册之分，正册收录的十二位女子是"最薄命"的"冠首"，为"紧要者"。副册次之，又副册再次之。也就是说，金陵最薄命的十二位女子收录于正册之中。

1. 人物鉴赏

金陵十二钗，是出自《红楼梦》第五回 "游幻境指迷十二钗 饮仙醪（láo）曲演红楼梦" 中的人物。贾宝玉梦游太虚幻境时，在随幻仙姑前行时于 "薄命司" 中发现 "金陵十二钗" 的册子，分为 正册、副册、又副册 三等，每册 12 人，共 36 人。金陵十二钗正册 为金陵十二冠首女子之册。《红楼梦》塑造的金陵十二钗不仅是中国文学史上经典的艺术群像，在世界文学史上也是一道靓丽的风景。

2.《红楼梦》冷知识链接

第四对是 迎春和惜春，一个是宝玉亲伯父家的堂姐，一个是宝玉的远房堂妹。宝玉和惜春的关系比较远，因为他俩的爷爷一个是贾代善、一个是贾代化，是亲兄弟的关系，而宝玉和迎春是同一个爷爷。

王熙凤排在李纨前面，是因为王熙凤不仅是宝玉的堂嫂，还是他的亲表姐。巧姐排在李纨前面，因为她不仅是宝玉的侄女，还是他的外甥女，她与宝玉的关系自然比李纨与宝玉的关系更近一层。另外，李纨是宝玉的亲嫂子，秦可卿是宝玉的远房侄媳妇，按照亲疏排列，李纨在前，秦可卿在后负责收尾。

3. 冷知识探真

《金陵十三钗》是著名作家严歌苓（líng）的中篇小说，"金陵" 指南京，"十三钗" 指十三位侠肝义胆的风尘女子。2011 年，这部小说被改编成同名电影，是一部由张艺谋执导的战争史诗电影。

4. 歇后语

八竿子打不着边——远 着 呢。

同锅吃饭——一 家 人。

1. ＿＿＿＿＿是《红楼梦》中的女主角，金陵十二钗正册之首、群芳之冠。

    A. 林黛玉　　　　B. 薛宝钗　　　　C. 王熙凤　　　　D. 史湘云

2. "金陵十二钗"中，＿＿＿＿＿嫁入了皇宫，并被封为贤德妃？

    A. 元春　　　　　B. 探春　　　　　C. 迎春　　　　　D. 惜春

3. 贾府四春中，出生在宁国府的是＿＿＿＿＿。

    A. 迎春　　　　　B. 元春　　　　　C. 探春　　　　　D. 惜春

4. "金陵十二钗"中，带发修行的是哪位女子？（　　　）

    A. 惜春　　　　　B. 妙玉　　　　　C. 巧姐　　　　　D. 迎春

5. 下列人物中不是"金陵十二钗"的是＿＿＿＿＿。

    A. 薛宝钗　　　　B. 薛宝琴　　　　C. 史湘云　　　　D. 巧姐

6. "金陵十二钗"中，最早香消玉殒的是＿＿＿＿＿。

    A. 林黛玉　　　　B. 秦可卿　　　　C. 李纨　　　　　D. 妙玉

7. 古典名著《红楼梦》中著名的金陵十二钗指的是？

＿＿＿＿＿＿＿＿＿＿＿＿＿＿＿＿＿＿＿＿＿＿＿＿＿＿＿＿＿＿＿＿

8. "可叹停机德，堪怜咏絮才。玉带林中挂，金簪雪里埋。"是"金陵十二钗正册"中的一段判词，暗指两个女子的命运。请指出她们是谁，并简述其身世与命运。

＿＿＿＿＿＿＿＿＿＿＿＿＿＿＿＿＿＿＿＿＿＿＿＿＿＿＿＿＿＿＿＿

＿＿＿＿＿＿＿＿＿＿＿＿＿＿＿＿＿＿＿＿＿＿＿＿＿＿＿＿＿＿＿＿

玩花名签的游戏

晴雯
小姐们，看我拿来了什么，咱们玩花名签好不好？

史湘云
这个好玩，我也要加入！

晴雯
我先来！哇，我掷了5点，是宝姐姐啊。

宝钗
好期待啊，不知道我会抽到什么。

探春
是艳冠群芳，宝姐姐，这个太符合你了。

李纨
还真挺准的呀，咱们这个园子里，只有宝姑娘最配牡丹了。

宝钗
好了好了，你们快别夸了，该轮探春了……

《红楼梦》悬疑

※花名签是酒令中的一种，深受女性喜爱。《红楼梦》里的女儿们个个才华横溢，出落得大方得体，花名签酒令诗也因她们而更显动听。不过，这个简单的游戏，也能将红楼女儿的人生命运悉数盘点，这里又藏着哪些秘密呢？

在《红楼梦》第六十三回"寿怡红群芳开夜宴 死金丹独艳理亲丧"中，曹雪芹提到了有关花名签玩法的详细描写。当时正值宝玉生日，夜宴行酒令时，众人玩起了这个游戏。

花名签是**酒令**的一种，即酒席上的一种助兴游戏。玩法是由一人掷骰子，所掷之数从掷骰人那里数到谁，谁就要先抽花名签。抽完签后，抽签者按照签上的指令作出相应反应；然后，抽签者再掷骰子，按照骰子上所掷的数字，数到谁，谁再接着抽花名签。

晴雯拿来一个签筒，里面装着象牙花名签子；又取了骰子，摇出五点，正好数到宝钗。宝钗抽到"**艳冠群芳**"的花签，还有一句诗"**任是无情也动人**"。众人见后，赞叹只有她才配牡丹。探春抽到杏花，写着"**瑶池仙品**"，诗句是"**日边红杏倚云栽**"，预言她必得贵婿。

"任是无情也动人"出自唐代罗隐的《牡丹花》（"若教解语应倾国，任是无情也动人。"），意为尽管牡丹花没有感情，却也能让人怦然心动，符合薛宝钗沉着冷静的性格，隐指其终生寂寞的命运。

"日边红杏倚云栽"出自唐朝诗人高蟾（chán）的《下第后上永崇高侍郎》，描写了日边的红杏靠着云霞而栽。引申意思是探春将嫁得贵婿。红杏指探春，倚云说明她是倚靠他人。

瑶池：仙界的天池。

婿：这里指丈夫。

酒令：汉族风俗，酒席上的一种助兴游戏。起于西周，完备于隋唐。

3.说文解字

荼蘼

春末夏初开花，它的开放代表春天的结束。

并蒂花

指两朵花并排开在同一根茎上。古代常用来比喻夫妻恩爱。

4.细挖《红楼梦》

探春又掷骰子，正好到李纨，抽到一枝老梅，写着"霜晓寒姿"，诗云："竹篱茅舍自甘心。"下面是湘云，她抽到一枝海棠花，题字"香梦沉酣（hān）"，诗云："只恐夜深花睡去。"花睡去，隐含时光短暂，婚姻不幸。湘云后来虽然嫁给如意郎君，但最终离散。

之后轮到麝月，她抽到"荼（tú）蘼（mí）花"，题字"韶（sháo）华胜极"，写道"开到荼蘼花事了"，要在座各饮三杯送春。麝月是最后留在宝玉身边的丫鬟，这里的"花事了"有两个意思：一是指大观园里众女孩最终都是"诸芳尽"，所以说大家都"送春"；另一个是指袭人姓花，"花事了"就是袭人嫁人的意思。

麝月一掷，轮到香菱，她抽了一根并蒂（dì）花，题字"联春绕瑞"，诗云："连理枝头花正开。"香菱的花签看似喜庆，但并不是喜事，隐喻薛蟠娶了悍（hàn）妇后，香菱被摧残至死的不幸命运。

接下来是黛玉，她抽到芙蓉花，题着"风露清愁"四字，诗云："莫怨东风当自嗟（jiē）。"暗示黛玉思念忧伤，泪尽而亡。再下来是袭人，她抽到一枝桃花，题着"武陵别景"四字，诗云："桃红又是一年春。"隐喻袭人嫁给蒋玉菡。

人生如诗，诗如人生

李纨
"竹篱茅舍自甘心"，这不说的就是我吗？

史湘云
对啊，我们的大嫂子就叫稻香老农啊。

李纨
云姑娘，轮到你了。让我瞧瞧，你抽的是什么？

史湘云
海棠花，哈哈，我与海棠花有缘哪！只恐夜深花睡去……

林黛玉
依我看，把"夜深"改为"石凉"，岂不更好？云妹妹，你说呢？

史湘云
林姐姐，你那么娇柔的人，也会开玩笑了。

薛宝钗
云妹妹，多么洒脱、豪爽的一个人，当然得超然脱俗了。

《红楼梦》另类研究

　　※花名签这一酒令，深受大观园女儿们的喜爱，而且人越多越好玩。才华横溢的女儿们，一个个不光出落得大方得体，就连花名签这样的酒令诗也能玩出别具一格的花样来。这场青春的宴会是那么的吉庆祥瑞，幸福美好。

大语文拓展

1.人物鉴赏

《红楼梦》里的花名签是夜宴上的重头戏。在这场青春的盛宴上，不仅有美若天仙的众小姐们，还有袭人、晴雯、麝月这些丫鬟。当她们接连抽出一个个花名签时，也暗示了她们如流星一般短暂而璀（cuǐ）璨（càn）的命运。

2.《红楼梦》冷知识链接

《红楼梦》中，花名签上所镌（juān）的诗句，大部分均可在古代流行的《千家诗》选本中找到。《千家诗》是明清两代流传广泛、影响深远的儿童普及读物。它所选的诗歌大多是唐宋时期的名篇佳作，题材丰富，内容广泛，文字浅显，易于记诵，是古典文学的入门佳作。

3.冷知识探真

说到花名签，就离不开植物，而且不少植物都有着不同寻常的深意。古往今来，有四种植物以它们各自的特点和高尚的品格，引来无数文人墨客的竞相赞赏，它们就是我们都非常熟悉的松、竹、梅、兰这四种植物，故而有"植物四君子"的美称。

除了这"四君子"，很多植物的寓意也非常深刻。荷花因其生长在污泥中，却有"出淤（yū）泥而不染"的特质，所以常用来比喻内心的纯净。荷花又叫"莲花"，因"莲"与"怜"同音，所以，莲花通常象征纯洁的爱情。"柳"与"留"谐音，因此主人送客时，常会赠予对方柳枝，有留恋之意。红豆代表相思，"愿君多采撷（xié），此物最相思"（唐代王维《红豆》）两句就是最好的说明。

4.歇后语

> 池塘里的荷花——出淤泥而不染。
> 莲花出水——一尘不染。

1. 在"寿怡红群芳开夜宴"一回，有人抽的花签为梅花，题字是"霜晓寒姿"，附诗是"竹篱茅舍自甘心"。这人是谁？（　　）

    A. 李纨   B. 宝钗   C. 黛玉   D. 史湘云

2. 下列花名与花签的对应关系中，牡丹的花签是（　　）。

    A. 只恐夜深花睡去   B. 竹篱茅舍自甘心

    C. 任是无情也动人   D. 莫怨东风当自嗟

3. 怡红夜宴酒令，有八人掷了骰子，八人抽得了花名，请你用线连一连。

    袭人   宝钗   麝月   探春   黛玉   李纨   史湘云   香菱

    海棠花   牡丹   芙蓉花   并蒂花   杏花   桃花   梅花   荼蘼花

4. 在《红楼梦》"寿怡红群芳开夜宴"一回，众人行酒令，玩抽花名签的游戏，请将下列花名签上的诗句与对应的题字连一连。

    风露清愁   只恐夜深花睡去

    武陵别景   任是无情也动人

    香梦沉酣   桃红又是一年春

    艳冠群芳   莫怨东风当自嗟

5. 宝玉生日，怡红院通宵玩乐，众姊妹齐为宝玉庆贺。行花名签酒令时，黛玉掣的签上诗句是"莫怨东风当自嗟"，签上画了一枝什么花？题了哪四个字？又暗示了什么？

会不会过关题典参考答案

第一章

第7页

选择题:1.B 2.B 3.B 4.A

填空题

5.女娲补天

6.无材可去补苍天 倩谁记去作奇传?

第13页

1.B 2.C

填空题

3.通灵宝玉

4.《石头记》《情僧录》《金陵十二钗》

5.满纸荒唐言,一把辛酸泪

赏析题

6.(1) 这首诗出自中国四大古典文学名著之一的《红楼梦》,作者是清曹雪芹,原诗题目是《自题一绝》。

(2) 全诗大意是满篇都是荒唐话,其实饱含着一把把辛酸的泪水。都说作者太痴迷,谁能了解这书中的真正意味呢? 其中,荒唐指说话浮夸、不实际,或是行为放荡;此处指浮夸不实际。辛酸指辣味和酸味,比喻悲痛苦楚。痴即不聪明、呆笨。

第19页

填空题

1.神瑛侍者;绛珠仙草 2.木石前盟;以泪还债

3.(1) "神瑛侍者""绛珠仙子"分别指的是小说中的贾宝玉、林黛玉。

(2) 凡心偶炽:凡心就是凡人的心、凡人的欲念、需求;凡心偶炽,就是说凡人的欲念、需求偶然间炽热、躁

动了起来。

第25页

1.C 2.A 3.A

4.(1) "木石前盟"这个神话的具体指向是宝黛之间的爱情。

(2) 全书以"木石前盟"这个神话故事作为引子,引出下文。同时,也为塑造贾宝玉的性格,描写贾宝玉和林黛玉的爱情故事奠定了基调,并且染上一层浪漫主义色彩。

第31页

填空题

1.真事隐、假语村、 2.进士、状元、榜眼、探花。

选择题:3.B 4.D

连线题

5. 赖头 ╳ 道人   茫茫大士

   跛足   和尚   渺渺真人

赏析题

6.当时贾雨村还没有考取功名,吟诵此诗是想表达自己不甘于济济无名的现状,相信自己总有一日一定会一飞冲天。

第37页

选择题:1.D 2.A 3.B

填空题

4.(1) 惯养娇生笑你痴;好防佳节元宵后 (2) 惟有功名忘不了;荒冢一堆草没了

赏析题

5.(1) 这首诗的前四句讲的是人人都知神仙好,

只有功名是没法忘记的，从古至今的将领和丞相都在哪里，如今只剩下一堆荒坟。文中划线词是荒冢，"冢"读作zhǒng，本义指高而大的坟；这里指荒凉的坟墓。

(2) 这首诗不仅是曹家自身败落的缩影，也警示世人不要为功名利禄而争斗。作者借破足道人之口，形象地刻画了社会的人情冷暖，世事无常，也预告了整个封建社会末日即将来临。

第二章

第45页

选择题：1.D　2.D

赏析题

3.(1) 无缘无故自寻愁和恨，有时像傻瓜有时候发狂。虽然表面上生得风流倜傥，肚子里全是杂草装。

(2) 这首词用了反语这一手法。从字面上看，这组词是对贾宝玉的嘲笑和否定，但实际上句句都是反话，颂扬了贾宝玉身上的那种倔强、善良、不苟且、不随俗的个性。

4.B

第51页

选择题：1.C　2.B　3.C

赏析题

4.(1)C

(2) 抓周是中国传统风俗，起源于中国魏晋南北朝时期，是小孩周岁时预卜其前途的一种习俗。宝玉抓周时，单挑脂粉之类物品，表现了他对青春女性的喜爱，对待一切美好的事物都怀着欣赏的态度，为其日后在脂粉堆和姐姐妹妹们打成一片做好铺垫。

5.首先，因为红色本身具有强烈的视觉效果，可以令人产生激动、热烈的情绪，这与贾宝玉热情的性格相符合，体现出宝玉的个性特征和心理状态。红色体还原了贾宝玉尊重女性的心理特征。在中国传统文化中，红色经常是女性的代名词，这也体现了宝玉对女性的推崇、爱慕和关心。

另外，红色还是贾宝玉反抗封建礼教、追求个性解放的象征。虽然贾宝玉被视为掌上明珠，但是现实生活中却处处受到羁绊与束缚，而红色能使人产生积极进取的态度，这正是宝玉性格的写照。

第57页

填空题

1.贾宝玉　2.水、泥巴

选择题：3.D

赏析题

4.(1) 贾宝玉

(2) 表面上看，这句话表达了贾宝玉对贾府男人们的否定，其实暗含了他对封建家庭统治者、整个家庭统治秩序的否定。贾府俨然成了封建社会的一个缩影，是漫长封建历史的产物，所以对贾府的否定也意味着对整个封建制度的挑战，因此，贾宝玉的这种言论在当时一定会惊世骇俗，被视为"奇谈怪论"。

5.对贾宝玉来说，并非喜欢天下所有的女人，或者厌恶所有的男子。对于那些受到世俗沾染的女人，比如为了柴米油盐算计的女人或是那些婆子们，他并不将她们称之为"水做的骨肉"，而是称她们为"鱼眼睛"。又比如，对于像秦钟、北静王等这些男子，贾宝玉也并没有将他们列入厌恶的范围，至多说他们"俗"而已。可见，贾宝玉讲"女人是水，男人是泥"是以受沾染程度来归类的。

第三章

第65页

填空题

1.林如海、探花 2.贾敏、林黛玉

选择题：3.B 4.A 5.A

赏析题

6.林黛玉之所以这样做，是因为古代有避讳的习俗，是指人们在说话或者写文章时，如果遇到要忌讳的人物的名字，不能直接说出或写出，必须用音同或音近的字来代替，或用其他办法来改说或是改写。黛玉的母亲叫作贾敏，为了避讳"敏"这个字，要把"敏"念成别的音，比如"密"；写的时候或是少一笔，或是用其他字代替。这里的"避"是指躲开，回避；"讳"是指忌讳。

第71页

选择题：1.A、B 2.A 3.B、D 4.C

赏析题

5.冷子兴虽说是一个小人物，却是《红楼梦》中的关键人物。全书通过他对贾雨村介绍荣国府，使贾家众人在他口中整体亮相。

第77页

填空题

1.贾府、邢夫人、王夫人、王熙凤、贾宝玉

选择题：2.D

赏析题

3.(1) 宝玉话中的"见过"与黛玉心中的"眼熟"彼此呼应，这种心有灵犀的感觉恰好与《红楼梦》中"木石前盟"的故事背景相暗合，增添了全书的浪漫主义色彩。

(2) 宝玉口齿伶俐，善于讨女孩的欢心，喜欢在心仪女子面前展示自己的才华；黛玉细心机敏，善于随机应变，并且聪慧过人，才思敏捷。

第83页

选择题：1.A、C 2.A 3.C 4.C

赏析题

5.(1) 黛玉远离父亲，寄人篱下的遭遇，以及自身敏感多疑的性格，让她在贾府步步留心，时时在意，不肯轻易多说一句话，多行一步。在与贾母的交谈中，她听到老太太对女子读书的不屑，所以当宝玉再问她同一个问题时，她自然改变了自己先前的答复。

(2) "四书"指的是《论语》《孟子》《大学》《中庸》。

第89页

填空题

1.本意是糊里糊涂，这里指枉法断案。 2.冯渊、薛蟠、甄士隐、甄英莲 3.《石头记》，贾宝玉、林黛玉、薛宝钗、四大家族 4.贾、史、王、薛

选择题：5.A 6.C

第四章

第97页

填空题

1.之首 2.花谢花飞花满天、林黛玉

选择题：3.D

赏析题

4.(1) 黛玉进贾府的第一晚，最应该陪伴她、安慰她的人应该是贾母和宝玉。可是喧闹过后，大家都已入睡，唯独黛玉睡不着，而袭人却知晓她的心思，便过来看她。虽然在此之前，丫鬟鹦哥已经安抚过她。但其分量远不如袭人，单单一句"将来只怕比这个更奇怪的笑话儿还有呢！"就轻松地化解了黛玉的自责。所以，是袭人的细心与关怀才让黛玉的心理负担减轻了许多。

(2) 作者的安排特别巧妙,暗示了黛玉日后会有难以计数的"还泪",她要把一生泪水还给在那三生石畔用甘露浇灌她的神瑛侍者,神瑛侍者下凡成贾宝玉后,她为报恩选择还泪下凡,从此,她的悲喜哀乐皆为宝玉而生。

第103页

选择题:1.D

赏析题

2.(1) 说明薛宝钗是个品味清高、人淡如菊的人。

(2) 说明薛家的经济不同往日,而薛宝钗又很有自知之明,收敛了大小姐的奢靡之风,养成了低调简朴的生活习惯。

3.(1)脸若银盆,眼似水杏,唇不点而红,眉不画而翠。

(2) "脸若银盆"中的"银"指肤白,说明宝钗生得肌肤胜雪,莹润无骨;"盆"不是指使用的器皿,而是指"满月"。

第109页

选择题:1.A　2.A　3.C　4.B

填空题

5.大观园

第115页

填空题

1.贾赦、贾琏　2.二木头、孙绍祖、中山狼　3.司棋、《太上感应篇》　4.懦弱和退让

赏析题

选择题:5.A、C　6.D

第121页

填空题

1.贾政、贾宝玉、三姑娘　2.玫瑰花　3.诗书双绝

4.实干家

选择题:5.A　6.D

第127页

填空题

1.贾敬、贾珍　2.孤僻冷漠　3.入画

选择题:4.B　5.C

赏析题

6.(1) 缁衣指黑色的衣服。僧尼穿黑衣,所以出家也叫"披缁"。青灯指的是寺庙里的灯围着青色的布,故叫青灯。

(2) "勘破三春景不长"一句语带双关,字面上看,说的是春光短促;实际上,说的是惜春的三个姐姐元春、迎春、探春好景都不长,让惜春感到人生幻灭。

第133页

填空题

1.史家、史大姑娘、贾母　2.魏晋风度、男装　3.史湘云、史湘云　4.贾、史、王、薛

选择题:5.A

赏析题

6.(1) 襁褓:意思是指包裹婴儿的被子和带子;现在借指未满周岁的婴儿。违,丧失、失去。斜晖,指傍晚的太阳。

(2) "富贵"二句意思是说,史湘云从小失去父母,由亲戚抚养,因而"金陵世勋史侯家"的富贵对她来说没有什么用处的。

第139页

填空题

1.居士、栊翠庵

选择题:2.C

赏析题

3.沏的是老君眉茶，这种茶属白茶，味香稍淡，不寒不热，老年人喝好，且老君眉的茶名也与贾母的身份相匹配。

4.妙玉把自己的茶器给宝玉用了，这一饮茶之道是说给宝玉听的，生动地反映出了她对宝玉的情谊。

5.(1) 梅花上的雪水

(2)《红楼梦》中，众人皆知黛玉孤高自许，但妙玉偏要和她比雅，以显示自己更雅。同时，也暗藏了妙玉对宝玉隐隐的爱慕，在宝玉面前，她说黛玉俗，就可以在高雅上碾压对方，以显示自己的优越感。

第145页

选择题 1.C 2.A 3.B 4.A

问答题

5.太虚幻境、薄命司 6.正册、副册、又副册 7.贾珍 8.束之高阁

9.秦可卿临死前，给王熙凤托梦。秦可卿提醒凤姐家族盛极必衰，富贵不可常保，要有深谋远虑、居安思危的意识；同时，她提醒王熙凤要在祖茔边多置田产，并把家熟设到这里，为后代留好退路。

10.贾珍花大价钱给秦可卿买了一块珍贵的樯木棺材板。贾珍还给贾蓉捐了个龙禁尉的前程，并请凤姐来协理丧事。出殡那天，宁国府街上，诸王孙公子，不可枚数；人来人往，哭声摇山震岳。

151页

填空题

1.贾珠、贾兰 2.国子监祭酒 3.菩萨 4.D

赏析题

5.女四书是中国封建社会对妇女进行女德教育的四本书的总称，包括《女诫》《女论语》《内训》《女范捷录》。

6.(1) 带领诗社兴旺发达；(2) 凤姐生病不能理事

时，李纨在大观园内协理家事。

7.(1) 春风里的桃李结果后，花儿就凋谢了，暗喻婚姻中的李纨，丈夫英年早逝后，幸福也跟着完结了。不过还好，丈夫留下儿子贾兰，后来科举得中，到头来哪个比得上李纨。李纨恪守妇道，教子成才，品格如冰之洁、水之清，但荣华富贵不长久，人们羡慕她或嫉妒她都是徒劳的，只不过是谈话的谈资而已。

(2) 一盆兰指的是李纨的儿子贾兰。

第157页

填空题

1.王熙凤

选择题：2.D 3.C 4.B 5.ACD 6.A 7.A、D

第163页

填空题

1.贾琏、王熙凤 2.乞巧节

选择题：3.B 4.D 5.D

赏析题

6.(1) 巧姐。

(2)"势败"句是说，贾府后来一败涂地、子孙流散，所以说"势败""家亡"。"偶困"句是说，刘姥姥进荣国府告艰难，王熙凤给了她二十两银子。后来贾家败落，巧姐遭难，幸亏有刘姥姥相救，所以说她是巧姐的恩人。

(3)"巧"字，语意双关，意思是凑巧，同时也指巧姐。

第五章

第171页

填空题

1.贾政、贾珠、贾元春、贾宝玉、王熙凤、薛姨妈

选择题：2.C 3.A 4.B 5.A 6.C 7.C

第六章

第179页

填空题

1.贾赦、贾琏、贾母

选择题：2.B 3.D 4.D

赏析题

5.(1) 邢夫人是一个贪婪吝啬、把钱看得比命还重的人。

(2) 邢夫人没有王夫人那样的后盾，也就是可以撑腰的娘家。邢夫人本身是贾赦续娶的妻子，又无儿无女，这样的身份注定在贾府不被尊重、没有底气，因此邢夫人贪财完全是为了自保。

第七章

第187页

填空题

1.贾敬、贾代化、贾珍 3.吞食秘制丹砂 4.贾赦，贾代善和贾母，贾政和贾敏，邢夫人

选择题：4.D 5.D 6.C

赏析题

7.(1) 鸳鸯，是贾母最认可的贴身丫鬟，她不仅照顾贾母尽职尽责，对贾母的家私、财富也十分清楚。贾赦作为荣国府的大老爷，为了获得更大的利益，提出想要娶鸳鸯为妻的想法，本质上打的是贾母的主意。贾母得知此事后，大发雷霆。后来，在她的干涉下，贾赦未能得逞。

(2) 在讨要鸳鸯一事上，可以看出贾赦自私自利的一面，他丝毫不顾及贾母年老对鸳鸯的依赖，而是费尽心机地要把鸳鸯弄到自己身边。同时也显示了贾赦的势利和极尽奢靡的作风。

第193页

选择题：1.A 2.B 3.A

填空题

4.贾政

赏析题

5.(1) 元春所作爆竹，此乃一响而散之物。迎春所作算盘，是打动乱如麻。探春所作风筝，乃飘飘浮荡之物。惜春所作海灯，一发清净孤独。

(2) 贾政一心想做好贾府的传承工作，希望贾家能香火延续，光宗耀祖。可是，贾政参与猜灯谜活动时，却发现众人的谜底都是不祥之物，为此贾政非常烦闷，伤悲感慨，担心会有什么意外发生，导致贾府遭殃。

第199页

填空题

1.贾琏、贾琮

2.同知

选择题：3.D

赏析题

4.在《红楼梦》中，平儿是王熙凤嫁给贾琏时陪嫁的丫头，但在小说中，小姐的配房常常成为其出嫁后男主人的侍妾，平儿即属于这种情况。

5.(1) 贾赦是个无恶不作、占有欲极强的人，为了得到自己喜欢的人或物，可谓不择手段。贾琏的内心还是比较善良的，他有自己的道德底线，在大是大非面前并不糊涂。

(2) 这一惨案反映出在当时的社会背景下，穷人面对权贵的巧取豪夺时，根本无计可施，不仅自己的生命和财产难以得到保障，甚至还会成为无辜的牺牲品。

第205页

填空题

1.贾珍、三品爵威烈将军 2.文、玉、草

选择题:3.A 4.A 5.A 6.A 7.D

第211页

选择题:1.B 2.D 3.C

赏析题

4.(1) 封建大家族有长幼有别、嫡庶差异的规矩,贾环在贾家虽然是正经主子,但因是庶出,所以成了宝玉继承家业的潜在威胁,遭到王氏姑侄的一致贬抑,加之贾母又不喜欢他,众人更是踩到他头上。

(2) 首先龙生九子各有不同,探春精明能干,能决断,贾环则给人猥琐,举止轻浮的感觉;贾环和探春的处境不一样,探春是女儿出身,不会因继承人的问题和兄弟发生利益之争,所以王夫人对探春的敌意和防备,肯定没有贾环的大;再次,两个人的成长环境不一样,探春从小在贾母身边长大,脱离了赵姨娘主导的原生家庭,而贾环受赵姨娘的影响,内心充满不平和愤恨,性格和母亲一样扭曲、阴郁。

第八章

第219页

填空题

1.薛蟠、薛宝钗 2.香菱、黛玉

选择题:3.A 4.B

5.连线题

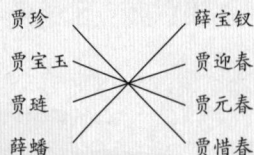

贾珍　　　薛宝钗
贾宝玉　　贾迎春
贾琏　　　贾元春
薛蟠　　　贾惜春

赏析题

6.薛蟠虽然是个骄纵成性的纨绔子弟,却非常疼爱妹妹。妹妹生气了,他又是赔礼道歉,又是哄开心。在母亲面前,也是一个孝子。

第255页

填空题

1.尤三姐、柳湘莲

选择题:2.C 3.D 4.C.

第231页

选择题:1.A 2.C 3.C、D 4.A 5.C

填空题

6.焦大 7.贾瑞、贾瑞、贾代儒

第九章

第239页

选择题:1.B 2.C

问答题

3.香菱学诗

4.不矛盾。宝钗所说的"呆头呆脑"并不是贬语,而是对香菱的一种戏评,是出于对香菱专注、入神学诗的形象评说。

赏析题

5.原文①这段文字描写香菱苦苦学诗,达到如痴如醉的地步,表现了她构思时的专注神情。原文②表现了诗社发起人探春对诗歌爱好者的关心,通过香菱的答非所问表现了香菱苦心构思的专心。

第245页

填空题

1.袭人

选择题：2.B 3.D 4.C 5.D 6.C

7.袭人与黛玉的关系最开始很亲密，黛玉初入贾府，"惹"得宝玉摔了自己的玉，晚上独自哭泣。后来，袭人来看望黛玉，不仅出言宽慰她，还把宝玉的玉拿来给她看，让她宽心。可见，袭人与黛玉在最初的时候，关系还是很好的。后来，两个人的关系逐渐疏远，一是袭人不喜欢黛玉尖酸刻薄、爱耍小性子、爱生气的性格，另一个是袭人发现林黛玉从来不规劝宝玉好好读书。因此，袭人从心底不喜欢林黛玉。

第251页

选择题1.B 2.C 3.C 4.A 5.B 6.A、B、C、D
填空题
7.晴雯、龄官 8.《芙蓉女儿诔》

第257页

选择题：1.C 2.C 3.A 4.A、D 5.D

第263页

填空题
1.鹦哥 2.不如归去、病逝归天
选择题：3.B、C 4.D
赏析题
5.紫鹃为宝玉、黛玉的爱情而担忧，对宝玉谎说"林姑娘要回自己家里去了"，以此来试探宝玉对黛玉是否真心，结果宝玉信以为真，急得几乎疯狂，宝黛之恋公开暴露，贾母、王夫人等大为吃惊，紫鹃劝宝玉对自己的终身大事要早拿主意。

第269页

填空题
1.王熙凤、贾琏

选择题：2.A 3.A 4.A、C 5.B、D
赏析题
6.反映了平儿的通达与机灵。不过，平儿对贾琏的"保护"也是无可奈何的，因为事情闹大了，对她也不利。可以说，平儿这么做也是在"自保"。

第十章

第277页

填空题
1.大观园、元春省亲 2.海棠、芭蕉、怡红快绿
3.顾恩思义
选择题：4.A、B、C、D
赏析题
5.主题是贾府给元妃省亲建造的大观园题写匾额。主考官是贾政。被测试人是贾宝玉。
6.在古代巨鹿之战中，项羽打出自己"楚霸王"的神武，这就是他的"霸主戏"。贾宝玉的"霸王戏"体现在他脱口而出的文采风流。正是这场"霸王戏"将主人公与古典文学紧密联系到了一起。
7.宝玉的题名别出心裁，是"沁芳"二字。这个题名可谓一题两意，既点出花木映水的佳境，也暗合元妃省亲的盛事，颇得贾政的赞许。

第283页

填空题
1.探春、李纨、迎春、惜春 2.薛宝钗、林黛玉、贾宝玉、稻香老农、蕉下客、枕霞旧友、菱洲、藕榭
3.林黛玉、贾宝玉 4.桃花社
选择题：5.A、D 6.B
排序题：7.①宝玉、②黛玉、③宝钗、④史湘云

第289页

选择题：1.A、B、C、D　2.D　3.B

第295页

填空题

1.薛宝钗；贾宝玉；《咏菊》《问菊》《菊梦》　2.宝玉、螃蟹诗

选择题：3.B　4.A　5.A、B、C、D

第301页

填空题

1.怡红院、潇湘馆、蘅芜苑、稻香村、缀锦园、秋爽斋、藕香榭

选择题：2.B　3.A　4.A　5.A、B、C、D

连线题

6.薛宝钗　　宝玉　　林黛玉　　李纨　　贾探春

潇湘馆　　蘅芜苑　　秋爽斋　　稻香村　　怡红院

第十一章

第309页

选择题：1.B　2.A、B、C、D　3.C

赏析题

4.策划者是凤姐。探春理智清醒，但是对检抄行为非常反感，先命丫鬟点上蜡烛，开门而待，然后流泪叹息，"这样大族人家……必须先从家里自杀自灭起来，才能一败涂地"，最后给了带头检抄的王善保家的一记耳光，让凤姐很难收场。惜春胆小怕事，极力拥护，积极配合，请求凤姐严惩丫鬟入画，因其箱内有男人的靴袜。

第315页

填空题

1.薛宝钗、贾宝玉　2.王熙凤、宝钗、宝玉　3.出家当了和尚、独守空房　4.高鹗

选择题：5.D　6.A、B、C、D

赏析题

7.宝玉丢失通灵宝玉，举止疯癫，贾府拟为宝玉迎娶宝钗冲喜消灾。施计者王熙凤深知宝玉心里只有黛玉，于是哄骗宝玉，并让黛玉身边的丫鬟雪雁在婚礼时搀扶宝钗。虽然名为娶黛玉，实际是娶宝钗。

第321页

填空题

1.《西厢记》；《牡丹亭》　2.《葬花词》、第一次

3.多愁善感

选择题：4.A、B、C、D

赏析题

5.这段情节出自《红楼梦》第97回，是高鹗所续，写的是林黛玉得知贾宝玉和薛宝钗订婚的消息后，一病不起。后来，她挣扎着在卧榻边，狠命撕宝玉送给她的旧帕和写有诗文的绢子，又叫紫鹃点灯笼上火盆，将绢子撂在火上焚烧，之后黛玉便含泪而逝。

第327页

填空题

1.宁国府

选择题：2.A、B、C、D　3.A、B、C、D　4.A、B、C

赏析题

5.元春死后，贾府种种行为触怒皇上，贾府被奉旨查抄。贾赦、贾珍、贾琏被押走；在贾琏房中，抄出两箱房契、地契和高利贷借票；贾母、凤姐惊吓病倒；后来贾琏放回，贾赦、贾珍被除去世袭官职，发配边疆。

填空题

1.王熙凤

选择题:2.D 3.A、B、C、D 4.A、B、C

选择题:1.A、B、C、D 2.C

赏析题

3.贾政从任上写信回家,嘱咐宝玉和贾兰(李纨之子)准备赴考。赴考前,宝玉向王夫人磕头,与宝钗话别,并夜访潇湘馆,和黛玉告别。宝玉就趁赴考的机会,独自出走了。不知过了多久,大雪封江,贾政官船停于渡口岸边,忽遇见宝玉,而此时的宝玉已出家做了和尚。

4.香菱引用诗句,并且与薛宝钗的名字关联起来,表现了香菱学诗后,读书多,学问渐长;其次,用先发的花、镶着珠玉的钗子比喻才华能力出众的薛宝钗,是在借物喻人;另外,"宝钗生尘"一句暗示宝钗的命运,预示她出嫁后会独守空房。这个情节含蓄地表达了作者对薛宝钗才华、能力被无可奈何的命运埋没的同情与惋惜。

第十二章

选择题:1.D 2.B、C、A 3.A 4.A、B、C、D 5.A、B、D

赏析题

6.《红楼梦》第三十四回"情中情因情感妹妹,错里错以错劝哥哥",宝玉挨打后,宝黛二人因相互牵挂,黛玉眼睛哭成桃大,宝玉担心黛玉,于是派晴雯去探望,还把自己两块旧帕子让晴雯送去,说"你放心,她自然知道。"黛玉顿时心领神会,研墨蘸笔,在那两块旧帕子上题了三首诗(诗帕),其一为:"眼空蓄泪泪空垂,暗洒闲抛却为谁?尺幅鲛绡劳解赠,叫人焉得不伤悲!"

选择题:1.A 2.A 3.D 4.B 5.B 6.B

赏析题

7.金陵十二钗是中国古典小说《红楼梦》中最优秀、最薄命的十二位清净女儿。按照顺序,依次是林黛玉、薛宝钗、贾元春、贾探春、史湘云、妙玉、贾迎春、贾惜春、王熙凤、巧姐、李纨、秦可卿。

8.这两个女子分别是薛宝钗和林黛玉。薛宝钗出生于富豪的皇商家庭。她挂有一把金锁,与宝玉"通灵宝玉"恰成一对。但宝玉与黛玉才是心心相印的,于是贾母、王夫人、凤姐等人使用"调包计"促成宝钗的婚姻。后来宝玉出家,宝钗独守空闺,抱恨终身。

选择题:1.A 2.C

连线题

3.袭人 宝钗 麝月 探春 黛玉 李纨 史湘云 香菱

海棠花 牡丹 芙蓉花 并蒂花 杏花 桃花 梅花 荼蘼花

4.风露   只恐夜深花睡去

武陵别景   任是无情也动人

香梦沉酣   桃红又是一年春

艳冠群芳   莫怨东风当自嗟

赏析题

5.黛玉掣的签上画了一枝芙蓉花,题着"风露清愁"四字,暗示黛玉思念忧伤,泪尽而亡。